企业高技能人才职业培训系列教材

城轨接触网检修工（四级）

CHENGGUIJIECHU WANGJIAN XIUGONG

编审委员会

主　　任　　仇朝东
委　　员　　顾卫东　葛恒双　葛　玮　孙兴旺　刘汉成
执行委员　　孙兴旺　瞿伟洁　李　晔　夏　莹　叶华平　李　益　杜晓红

主　　编　　赵　越
副 主 编　　李跃进
编　　者　　（按姓氏笔画排序）
　　　　　　林鑫辉　郦春龙　薛旻超
主　　审　　刘　刚

中国劳动社会保障出版社

图书在版编目（CIP）数据

城轨接触网检修工：四级/人力资源和社会保障部教材办公室等组织编写.—北京：中国劳动社会保障出版社，2016

企业高技能人才职业培训系列教材

ISBN 978–7–5167–2343–2

Ⅰ.①城… Ⅱ.①人… Ⅲ.①城市铁路-接触网-维修-职业培训-教材 Ⅳ.①U239.5

中国版本图书馆 CIP 数据核字(2016)第 035693 号

中国劳动社会保障出版社出版发行

(北京市惠新东街 1 号　邮政编码：100029)

*

三河市华骏印务包装有限公司印刷装订　　新华书店经销

787 毫米×1092 毫米　16 开本　13.75 印张　245 千字

2016 年 3 月第 1 版　2016 年 3 月第 1 次印刷

定价：32.00 元

读者服务部电话：(010) 64929211/64921644/84626437

营销部电话：(010) 64961894

出版社网址：http://www.class.com.cn

版权专有　　侵权必究

如有印装差错，请与本社联系调换：(010) 50948191

我社将与版权执法机关配合，大力打击盗印、销售和使用盗版图书活动，敬请广大读者协助举报，经查实将给予举报者奖励。

举报电话：(010) 64954652

内容简介

本教材由人力资源和社会保障部教材办公室、中国就业培训技术指导中心上海分中心、上海市职业技能鉴定中心、上海申通地铁集团有限公司轨道交通培训中心依据城轨接触网检修工（四级）职业技能鉴定细目组织编写。教材从强化培养操作技能，掌握实用技术的角度出发，较好地体现了当前最新的实用知识与操作技术，对于提高从业人员基本素质，掌握城轨接触网检修工（四级）的核心知识与技能有直接的帮助和指导作用。

本教材以既注重理论知识的掌握，又突出操作技能的培养，实现了培训教育与职业技能鉴定考核的有效对接，形成一套完整的城轨接触网检修工培训体系。本教材内容共分为3章，主要包括：接触网设备检测、接触网部件装配与计算、设备检修等。

本教材可作为城轨接触网检修工（四级）职业技能培训与鉴定考核教材，也可供本职业从业人员培训使用，全国中、高等职业技术院校相关专业师生也可以参考使用。

前言

  企业技能人才是我国人才队伍的重要组成部分,是推动经济社会发展的重要力量。加强企业技能人才队伍建设,是增强企业核心竞争力、推动产业转型升级和提升企业创新能力的内在要求,是加快经济发展方式转变、促进产业结构调整的有效手段,是劳动者实现素质就业、稳定就业、体面就业的重要途径,也是深入实施人才强国战略和科教兴国战略、建设人力资源强国的重要内容。

  国务院办公厅在《关于加强企业技能人才队伍建设的意见》中指出,当前和今后一个时期,企业技能人才队伍建设的主要任务是:充分发挥企业主体作用,健全企业职工培训制度,完善企业技能人才培养、评价和激励的政策措施,建设技能精湛、素质优良、结构合理的企业技能人才队伍,在企业中初步形成初级、中级、高级技能劳动者队伍梯次发展和比例结构基本合理的格局,使技能人才规模、结构、素质更好地满足产业结构优化升级和企业发展需求。

  高技能人才是企业技术工人队伍的核心骨干和优秀代表,在加快产业优化升级、推动技术创新和科技成果转化等方面具有不可替代的重要作用。为促进高技能人才培训、评价、使用、激励等各项工作的开展,上海市人力资源和社会保障局在推进企业高技能人才培训资源优化配置、完善高技能人才考核评价体系等方面做了积极的探索和尝试,积累了丰富而宝贵的经验。企业高技能人才培养的主要目标是三级(高级)、二级(技师)、一级(高级技师)等,考虑到企业高技能人才培养的实际情况,除一部分在岗培养并已达到高技能人才水平外,还有较大一批人员需要从基础技能水平培养起来。为此,上海市将企业特有职业的五级(初级)、四级(中级)作为高技能人才培养的基础阶段一并列入企业高技能人才培养评价工作的总体框架内,以此进一步加大企业高技能人才培养工作力度,提高企业高技能人才培养效果,更好地实现高技能人

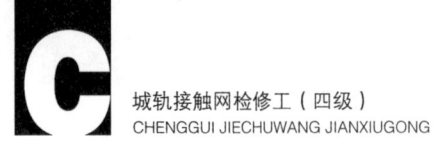

才培养的总体目标。

为配合上海市企业高技能人才培养评价工作的开展,人力资源和社会保障部教材办公室、中国就业培训技术指导中心上海分中心、上海市职业技能鉴定中心联合组织有关行业和企业的专家、技术人员,共同编写了企业高技能人才职业培训系列教材。本教材是系列教材中的一种,由上海申通地铁集团有限公司轨道交通培训中心负责具体编写工作。

企业高技能人才职业培训系列教材聘请上海市相关行业和企业的专家参与教材编审工作,以"能力本位"为指导思想,以先进性、实用性、适用性为编写原则,内容涵盖该职业的职业功能、工作内容的技能要求和专业知识要求,并结合企业生产和技能人才培养的实际需求,充分反映了当前从事职业活动所需要的核心知识与技能。教材可为全国其他省、市、自治区开展企业高技能人才培养工作,以及相关职业培训和鉴定考核提供借鉴或参考。

新教材的编写是一项探索性工作,由于时间紧迫,不足之处在所难免,欢迎各使用单位及个人对教材提出宝贵意见和建议,以便教材修订时补充更正。

企业高技能人才职业培训系列教材
编审委员会

第1章 接触网设备检测   PAGE 1

- 1.1 接触网下部工程 ·········· 3
  - 1.1.1 接触网下部基础 ·········· 3
  - 1.1.2 混凝土基坑 ·········· 6
  - 1.1.3 接触网设备外观检查 ·········· 16
- 1.2 接触网检测 ·········· 16
  - 1.2.1 施工测量 ·········· 16
  - 1.2.2 接触网检测 ·········· 20
- 1.3 触网检查全程横断面巡视 ·········· 22
  - 1.3.1 巡视 ·········· 22
  - 1.3.2 步行巡视 ·········· 23
  - 1.3.3 车梯巡视 ·········· 23
  - 1.3.4 登电客车巡视 ·········· 24
  - 1.3.5 注意事项 ·········· 24
- 技能要求 ·········· 25
  - 柔性接触网架设 ·········· 25
  - 接触网测量导高和拉出值 ·········· 35
  - 测量导线磨耗 ·········· 36
- 本章测试题 ·········· 36
- 本章测试题答案 ·········· 37

第2章 接触网部件装配与计算   PAGE 39

- 2.1 支柱装配 ·········· 41
  - 2.1.1 接触网支柱 ·········· 41
  - 2.1.2 锚柱 ·········· 45

I

2.1.3 支柱的限界	56
2.1.4 支柱承受的负荷	56
2.1.5 钢柱	60
2.2 腕臂预配计算	60
2.2.1 支持装置	60
2.2.2 腕臂	61
2.2.3 弓形腕臂与弹性支架	67
2.2.4 腕臂检调	68
2.3 基础浇制与养护知识	68
2.3.1 基础浇注材料	68
2.3.2 基础拆模	72
2.4 柔性设备安装	73
2.4.1 接触网中心锚结	73
2.4.2 接触网线岔	74
2.4.3 电连接器	77
2.4.4 避雷器与放电间隙	79
技能要求	82
预制、安装吊弦及吊索	82
吊弦和吊索的更换作业内容	83
刚性接触网设备的安装	84
本章测试题	101
本章测试题答案	102

第3章 设备检修

PAGE 103

3.1 柔性接触网的检修	105
3.1.1 接触网检修原则	105
3.1.2 接触网检查要求	114
3.1.3 状态修	115
3.2 接触网定位方式及拉出值调整要求	121
3.2.1 定位装置	121

目录

　　3.2.2　定位方式 …………………………………………………………… 122
　　3.2.3　定位器 ……………………………………………………………… 123
　　3.2.4　吊弦与吊索的检修调整方法 ……………………………………… 128
　　3.2.5　补偿装置 …………………………………………………………… 128
　　3.2.6　补偿绳 ……………………………………………………………… 141
　　3.2.7　接触网线索 ………………………………………………………… 141
　　3.2.8　锚段 ………………………………………………………………… 149
　　3.2.9　接触悬挂 …………………………………………………………… 150
3.3　线路的相关知识 …………………………………………………………… 154
　　3.3.1　道岔 ………………………………………………………………… 154
　　3.3.2　起道 ………………………………………………………………… 155
　　3.3.3　拨道 ………………………………………………………………… 156
3.4　检修刚性接触网 …………………………………………………………… 157
　　3.4.1　刚性架空接触网 …………………………………………………… 157
　　3.4.2　刚性架空接触网分段 ……………………………………………… 164
　　3.4.3　刚性架空接触网汇流排的定位与支撑 …………………………… 165
　　3.4.4　汇流排接头 ………………………………………………………… 166
　　3.4.5　刚柔过渡 …………………………………………………………… 166
　　3.4.6　刚性悬挂接触线 …………………………………………………… 167
　　3.4.7　刚性悬挂安装 ……………………………………………………… 168
　　3.4.8　接触轨调整及其设备的安装 ……………………………………… 169
　　3.4.9　接触轨安装后的检测和运行前的验收 …………………………… 176
3.5　绝缘支座 …………………………………………………………………… 182
　　3.5.1　绝缘支座的类型、结构、作用、材质 …………………………… 182
　　3.5.2　整体绝缘支架的检修维护 ………………………………………… 183
　　3.5.3　绝缘支座的维修方法 ……………………………………………… 183
技能要求 …………………………………………………………………………… 184
　　接触线拉出值调整 ………………………………………………………… 184
　　导线高度调整 ……………………………………………………………… 185
　　刚性设备调整 ……………………………………………………………… 186
　　接触轨垂直高度、水平距离的测量 ……………………………………… 186

本章测试题 …… 189
本章测试题答案 …… 190

理论知识考试模拟试卷及答案 …… 191
操作技能考核模拟试卷 …… 200

第 1 章

接触网设备检测

学习目标

- ☑ 掌握混凝土与钢柱基坑的开挖及其要求。
- ☑ 了解安息角与承压力和线路标志与组成。
- ☑ 掌握接触网设备参数的检测。
- ☑ 了解接触网设备参数的概念和各种信号定位。
- ☑ 掌握接触网检查全程横断面巡视内容和安全要求。
- ☑ 了解步行巡视和车梯巡视的方法。

知识要求

1.1 接触网下部工程

1.1.1 接触网下部基础

1. 土壤分类

工程上按土壤的外观分成七类：

（1）松土类。用铁锹稍用力可将锹头全都插入的土壤。包括松散的、水分不大的各色黏土、砂黏土和各色粗细砂土、砂夹石等。这类土壤取土容易，但结构力差，容易塌方，开挖时须进行防护。

（2）普通土类。用铁锹开挖时，须脚用力踏铁锹才能插入的土壤。包括水分较大的各色黏土、密实的砂黏土、干燥黄土、碎石夹土等。这类土壤取土较易，但结构力差，开挖时应注意防护。

（3）硬土类。铁锹已不能插入，必须用镐刨才能取土的土壤。包括各色硬黏土、密实的硬黄土、大块石夹土、风化砂石等。这类土壤取土困难，结构力较强。

（4）软石类。部分用十字镐刨挖，部分需要爆破开挖的石类。包括各种顽石、风化粗砂岩、硬质风化页岩、较软的石灰岩等。

（5）次坚石类。必须采用爆破法开挖，可以人工打眼爆破的石类。包括页岩、砂岩、石灰岩、石英岩等。

（6）坚石类。人工打眼困难，须用风枪打眼爆破的石类。包括密实的石灰岩、大理石、粗粒花岗岩等。

(7) 黏性土。按工程地质可分为老黏土、一般黏土、淤泥和淤泥质土、红黏土四种。

2. 安息角与承压力

接触悬挂的重量通过支持装置传给支柱和基础，支柱和基础又把这一重量连同它们本身的负荷传给大地。支柱和基础对土壤的作用力和倾覆力矩被土壤的反作用力和抗倾覆力矩所平衡，支柱和基础处于稳定状态。支柱和基础的稳定决定于基础类型，而土壤的承压力是决定基础类型的主要依据。土壤的承压力就是单位面积上土壤承受的压力，单位为 Pa。一般工程上使土壤正常工作面不发生破坏的承压力，称为土壤的允许承压力。土壤的密实程度是用土壤的承压力表示的，土壤的允许承压力不仅与土壤的种类有关，也与土壤的物理状态有关。比如，密实的砂土比松散的砂土承压力大；而黏土在潮湿的情况下，由坚硬变为流动状态承压力大大下降。通常情况下，普通土、硬土的允许承压力为 0.1~0.3 MPa，而软石类在 0.3 MPa 以上。土壤的允许承压力是根据实验测定的。工程中，除采用允许承压力表示土壤的工作性质外，还常采用土壤的安息角来表示。在散粒土壤自然堆积时，与水平面形成斜坡，当继续增加散粒而这个斜坡不再增大时，这个斜坡与水平面的夹角叫做土壤的安息角，用 φ 表示，如图 1—1 所示。土壤的安息角和允许承压力之间的关系见表 1—1。

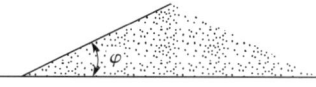

图 1—1　土壤的安息角

表 1—1　　　　　　　土壤的安息角与允许承压力的关系

土壤的安息角	17°~22°	30°~32°	33°~37°	38°
土壤的允许承压力（MPa）	0.15	0.25	0.3	0.4

3. 线路标志与组成

(1) 铁路线路的组成。城市轨道线路由上部建筑、路基及桥隧建筑物等部分组成，城市轨道线路上部建筑包括道床、轨枕、钢轨、连接零件、防爬设备等。

铁路线路是列车运行的基础，施工中应保证列车运行安全。铁路线路由路基、轨道、及桥隧建筑物组成，如图 1—2 所示。

1) 路基。路基横断面呈梯形，根据填、挖土方分为路堤、路堑、半堤半堑和不挖不填式。

路堤由填方筑成，路堑由挖方筑成，半

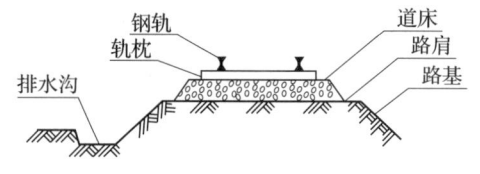

图 1—2　铁路线路横断面

堤半堑式由部分填方部分挖方筑成。路基承受轨道传来的各向负荷，要求路基稳固，排水畅通。

2）轨道。轨道由道床、轨枕、钢轨及连接零件组成，工程上称为上部建筑。上部建筑高度根据铁路线路等级不同而不同，一般为 0.8 m。

道床是轨枕的基础，承受钢轨传来的负荷并均匀地传递给路基。道床主要由碎石材料构成，要求稳定性好，弹性好，排水好。因此，在施工过程中应保持道床清洁，不得把弃土等杂物抛在道床上，从而保证道床良好的工作性能。

钢轨通过连接零件固定在轨枕上，完成列车导向和承载列车负载的作用。

3）轨距。轨距是指轨顶面下 16 mm 处的两轨内侧之间的距离。在直线区段为 1 435 mm，称为标准轨距。在曲线区段由于曲线半径不同相应加宽。

施工图中，接触网技术参数常以铁路线路中心为参照，而施工中往往以钢轨内缘为基线进行测量，测量中应注意二者的换算关系。

（2）线路标志。线路标志是表示铁路线路建筑物及设备的状态或位置，以及表示铁路各级管理机构管界范围的标志。常见的有以下几种：

1）里程标。里程标是自铁路起点开始计算的连续里程，里程标有公里标、半公里标和百米标；公里标安设在整公里的地方，半公里标安设在半公里的地方，百米标安设在百米的地方。里程标均埋设在计算里程方向线路的左侧，距轨头外侧不小于 2 m 处，双线区段埋设在列车运行方向的左侧（城市轨道交通通常设置在列车运行方向的右侧）。在站内，一般车站可设在最外线路的外侧，区段站及其以上的车站可设在正线与到发线之间，有站台时可设在站台一侧，并在钢轨明显处标示。

2）曲线标。曲线标设在曲线的中部，上面标明圆曲线、缓和曲线以及曲线半径的长度、外轨超高和轨距加宽度。

圆曲线和缓和曲线始终点标在标志上，分别写明缓圆、圆缓或直缓、缓直字样，表明其对应的方向是直线、缓和曲线或圆曲线。车站内安设的要求同公里标，在桥梁上用木板或铁板写好挂在人行道栏杆上，在隧道内用油漆写于隧道边墙上。

3）坡度标。坡度标安设在变坡点处，其正面和背面分别标明两边的坡度和坡段长度值。箭头表示上坡或下坡，箭尾处数字表示坡度，下面数字表示坡段长度，侧面标明变坡点的里程。

4）桥梁标。桥梁标标明桥梁编号及桥梁中心里程，安设在计算里程方向线路的左侧桥头前。

5）管界标。管界标表示铁路局、工务段、领工区、养路工区、供电段和水电段的管界划分。设于线路计算里程方向左侧距轨头外侧不小于 2 m 处。

6）线路标。线路标是为建立正确的线路中心位置而设立的永久标志。Ⅱ级铁路直线上约 1 000 m 设一个，曲线上在曲线起点、中间点、终点各设一个，双线设在两线路中间，单线设在计算里程方向线路左侧道床坡脚处。

7）水准点标。水准点标为测量线路路肩高程所设的永久标志，沿线路方向不大于 30 km 设一个，设在线路两侧附近便于寻找的地方。

8）地界标。地界标表示铁路两侧地界的标志，埋设间距直线为 200 m，曲线为 40 m。

1.1.2 混凝土基坑

1. 混凝土与钢柱基坑

接触网基坑包括钢筋混凝土支柱基坑、钢柱基础基坑及拉线坑等。

为保证行车安全，接触网基坑挖好后，暴露时间应尽量短，一般不超过一昼夜，雨天要加强巡视检查。

为了统一使用防护板，一般钢筋混凝土柱常用套板，统一坑形状，用 $\delta = 50$ mm，宽 200 mm 木板制成 1 500 mm × 1 200 mm 木框，每挖 200 mm 就下一层。方框长、宽边固定方式要交替使用。

2. 钢筋混凝土支柱基坑确定

（1）根据接触网平面图中规定的支柱类型，支柱侧面限界及中心线位置复核钢轨上测量标记。

（2）根据支柱侧面限界确定坑口至线路中心的距离。

1）钢轨轨平面内支柱宽度：

$$a_{轨} = a_{下} - (a_{下} - a_{上})/l \times H$$

式中　$a_{轨}$——钢轨轨平面内支柱宽度，mm；

$a_{下}$——支柱下部宽度，mm；

$a_{上}$——支柱上部宽度，mm；

l——支柱高度，mm；

H——基坑深度，mm。

2）坑底支柱外缘至线路中心线距离：

$$S_{外} = C_{x} + a_{轨}$$

式中 C_{x}——侧面限界度，mm；

$a_{轨}$——钢轨轨平面内支柱宽度，mm。

3）坑底支柱内缘至线路中心线距离：

$$S_{内} = S_{外} - a_{下}$$

式中 $S_{外}$——坑底支柱外缘至线路中心线距离，mm；

$a_{下}$——支柱下部宽度，mm。

4）实际开挖时，内缘至线路中心线距离小于计算值，外缘至线路中心线距离大于计算值，即可满足要求。

（3）确定基坑深度。基坑深度又称坑深，是指坑底至钢轨平面（线路中心线标高面）的垂直距离。各个类型的钢筋混凝土支柱基坑深度是一定的，支柱深埋（地面下挖深度）是针对钢轨轨平面至地面垂直距离（线路上部建筑高度）为 850 mm 线路等级时而言的。如果地面至钢轨轨平面的垂直距离发生变化，那么从地面下挖的垂直深度也发生变化，相应支柱埋深也发生变化。所以现场开挖基坑时，必须从钢轨轨平面测量起。

（4）确定基坑坑口宽度。坑口宽度一般以一个人能在坑内作业方便为原则，在不考虑横卧板和底板的情况下，坑口宽度 $b = 600$ mm，即从坑口中心平行于线路两侧各量 300 mm。

对于安装有横卧板和底板的基坑，坑口应根据横卧板和底板的尺寸确定。

1）底板的作用：为防止钢筋混凝土锚柱或软横跨柱受垂直负荷后下沉，需在土质基坑中加设底板，以增大支柱对地的接触面积，减小对地的压强。

2）锚板的作用：承受接触悬挂的下锚张力。

3）横卧板的作用：根据土质、杆型和支柱的受力情况加设横卧板，以增大支柱侧面与土壤的接触面积，保证支柱的稳定性。

4）为了减轻基坑开挖工作量，对支柱上部安装横卧板的基坑，只加大基坑内缘上部的尺寸。

对于有横卧板和底板的基坑坑口宽度 b，只加横卧板。

$$b = 800 + 20（1\,000 + 20）= 820（1\,020）（\text{mm}）$$

加横卧板和底板。

$$b = 1\,200 + 20 = 1\,220（\text{mm}）$$

3. 钢柱基础坑确定

钢柱的侧面限界是指钢轨轨平面处钢柱内缘至线路中心的距离，而不是指基础内缘至线路中心的距离。因此，确定基础坑位时应进行计算。

确认钢柱基础坑位关键是求出钢轨轨平面处钢柱内缘至基础内缘的水平距离 S。查有关数据得知 $S_1 = 125$ mm。

$$S = S_1 + S_2$$
$$S_2 = (a_{下} - a_{上})/2l \times H$$
$$S = 125 + (a_{下} - a_{上})/2l \times H$$

式中　S——钢轨轨平面处钢柱内缘至基础内缘的水平距离，mm；

S_1——钢柱在基础面处距基础内缘的水平距离，mm；

S_2——钢轨轨平面钢柱的偏距，mm；

$a_{上}$——钢柱上部宽度，mm；

$a_{下}$——钢柱下部宽度，mm；

l——钢柱高度，mm；

H——钢轨轨平面处钢柱距钢柱底部垂直距离，mm。

由此可算出 S 在 125～150 mm 范围内，当基础面低于相邻钢轨轨平面 200～500 mm 时，S 值可简化为 50～100 mm，钢柱的侧面限界保证误差在 0～100 mm 范围内。

（1）钢柱基础坑位的测量步骤如下：

1）确定坑口的中心线。根据钢轨轨腰上的测量标记，用测量绳（或线坠）对准该组软横跨两钢柱位置标记中心，在基础位置后侧钉一个木桩。

2）确定坑口内缘位置

$$S_{内} = C_x - S = C_x - (S_1 + S_2) \text{（mm）}$$

3）确定坑口外缘位置

$$S_{外} = S_{内} + a + 20 \text{（mm）}$$

其中，a 是根据基础类型、基础顶面尺寸定出的基础顶面长度。

4）确定坑口宽度。在垂直于坑口中心线两侧，各量出基础顶部宽度的一半（$b/2$）即为基础坑口宽度。在灌注之前每边应加大 10～30 mm。

钢柱基础坑位确定之后，就要进行基坑的开挖，钢柱基坑深度（坑深）与钢筋混凝土支柱一样，均为钢轨轨平面至坑底的垂直距离。地面下挖的深度，视基础与地面及基础面至钢轨轨平面的距离而定。

（2）拉线坑确定。拉线坑的位置应在下锚支的延长线上，测量坑位的方法如下：

1）一人站在与锚柱相邻的转换柱中心与线路中心线的交点上。通过锚柱中心目测一条直线，另一人在此直线上距锚柱中心10.4 m处定点，此点就是拉线坑的中心。

2）拉线坑长1.2 m，宽0.6 m，拉线坑口的横中心线应垂直于延长线（拉线）。

4．基础坑位开挖

（1）施工准备

1）劳动组织。土质坑开挖，一般需要2人，坑下1人，坑上1人。

2）工具及材料。基坑开挖常用工具及材料，见表1—2。

表1—2　　　　　　　　　基坑开挖常用工具及材料

序号	名称	规格	单位	数量	附注
1	铁锹	长把	把	1	坑浅时挖坑用
2	铁锹	短把（600 mm、800 mm）	把	1	坑深时挖坑用
3	十字镐	—	把	1	刨土用
4	土篮	—	个	1	提土用
5	棕绳	φ10 mm，长度5 m或7 m	条	1	提土用
6	刀锯	—	把	1	制作防护板用
7	锤子	1～1.25 kg	把	1	—
8	钢卷尺	5 m	盒	1	
9	撬棍	—	根	1	碎石坑及流沙坑开挖用
10	防护板	—	若干	若干	用于碎石类基坑防护
11	防护圈	—	若干	若干	用于流沙类基坑防护
12	木桩	长0.5 m	若干	若干	安置挡板用
13	木板	长1 m	若干	若干	防道碴坠落

（2）开挖方法

1）清理工作面。将坑口处地面清理干净。

2）安置防碴板。在线路侧距坑口约1 m处，将2～3个长约0.5 m的木桩打入路基内，外露约200 mm。在道碴与木桩之间放置一块横板，防止道碴落入坑内，如图1—3所示。

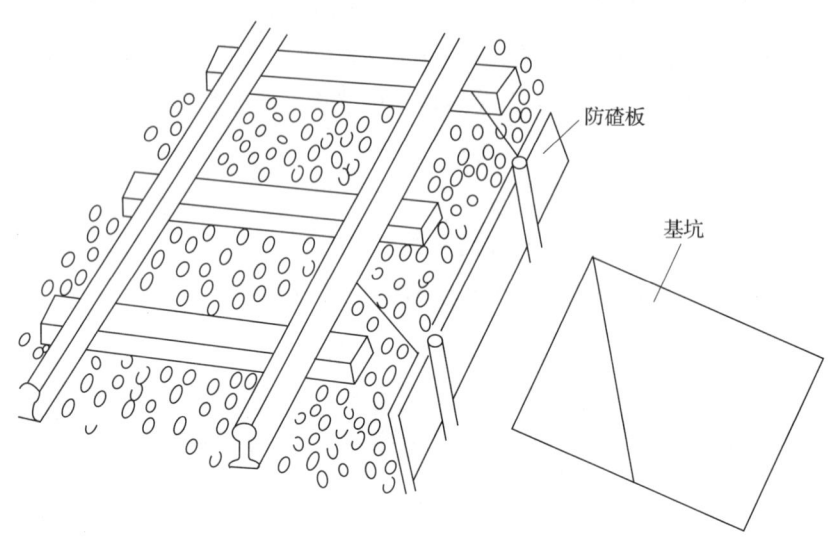

图1—3 防碴板设置图

3)开挖。确定弃土地点,估计地下埋设物深度,按坑口标记分层开挖。先用铁锹挖去地表松土,若遇硬土用镐刨开后再用铁锹取土。弃土应放置在离坑口0.6 m以外,避免压塌坑壁。开挖到一定深度时可选用短把铁锹甩抛弃土,也可以用吊篮提土。对设有下部横卧板的基坑,连同横卧板槽沟一同开挖。

4)质量检查。在开挖过程中对基坑质量进行检查,确保基坑满足立杆和浇制基础的要求。基坑横线路方向中心线应对准纵向测量标记并垂直线路(软横跨支柱坑垂直于正线)中心线。

5)填写隐蔽工程记录。检查基坑质量合格,确认基坑无塌方危险,填写隐蔽工程记录。

(3)基坑开挖防护。碎石坑、松土坑、流沙坑及高水位坑在开挖过程中容易塌方,必须进行防护确保基坑坑壁稳固。

1)碎石类基坑开挖防护。碎石类及松土类基坑开挖,一般采用防护板防护。

防护板用两块宽200 mm、厚30 mm不同长度的高强度木板绑扎而成,如图1—4a、b所示。根据坑口长和宽制成两种,分别用于坑宽边和坑长边。两块防护板交替安装,用于支撑坑壁,如图1—4c、d所示。其防护方法如下:

①根据基坑尺寸预制防护板。

②修理坑壁安装防护板。

③每挖坑200 mm安装一层防护板,并随时用碎石或土将防护板与坑壁间隙填满。

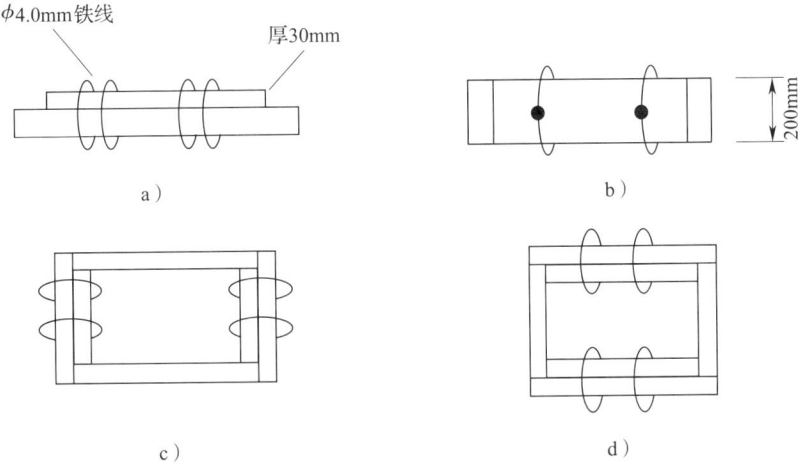

图 1—4　防护板构造与安装示意图

上、下层防护板长和宽的固定方式应交替进行。防护板安装应符合基坑结构尺寸要求，应随时检查防护板的状态。防护板应无变形、开裂现象，受力均匀。防护板的受力可通过敲击防护板发出的声音判断，受力小者声音钝，受力大者声音脆，受力过大变形的松木、杉木会发出"咯咯"声。对受力过大的防护板应预先加固，加固方法是打紧受力较小防护板侧的楔子或增加立木和横撑。

2）流沙、高水位类基坑开挖防护。流沙、高水位基坑开挖一般采用水泥防护圈作防护进行开挖。防护圈是内径为 1 480 mm、壁厚 60 mm、高 400 mm 的钢筋混凝土制品。防护圈防护安全可靠，造价低廉，安装方便。其防护方法如下：

①将防护圈置于基坑开挖位置，防护圈中心与坑中心重合。

②沿防护圈壁均匀取土，使防护圈均匀下沉。

③第一层防护圈沉下地面后，在其上加第二层防护圈，直至坑底。

防护圈防护要随时调整防护圈的倾斜和位移，防护圈应垂直于坑底，防护圈中心应与基坑中心重合。

防护圈倾斜时可在较高一侧防护圈下多取土，或在其上外加载荷，或在较低一侧防护圈下填碎石进行调整。当防护圈位移时，可以偏取土，使防护圈向位移的反方向倾斜下沉，待防护圈位置准确时再均匀取土使防护圈均匀下沉。

(4) 安全注意事项

1) 开挖基坑不得少于 2 人，一人作业一人防护，坑下作业人员要佩戴安全帽，列车通过时坑下作业人员应提前上坑，并站于基坑的田野侧。严禁在钢轨上坐卧、休息，不得在线路上放置任何物品。

2）开挖基坑必须保证路基稳固，遇有大雨、暴雨及阴雨天不得开挖基坑。

3）弃土应在坑口0.6 m以外，坑口积土较多时应及时移土，不得让弃土混入道碴及排水沟内。弃土不得抛掷过远以方便回填。

4）坑口边缘不得放置重物和工具。

5）开挖基坑过程中，若遇有硬物或接近地下埋设物深度时，不得硬刨硬挖，待弄明情况后再行开挖。若遇电缆、管道，应从电缆、管道两侧用锹轻挖，不得用镐刨。不能自行处理时，可报告施工负责人联系有关部门处理，确保地下设施安全。确定坑位时，应根据地下设施调查情况，采取躲开或其他安全措施。

6）开挖基坑过程中，随时注意基坑的稳固情况，如有变化应及时加强防护措施。

7）基坑地段必须设专人巡回检查，发现问题及时处理上报。开挖完毕的基坑，收工前必须进行检查，当确认路基稳固、坑壁坚固、无塌方危险时方能撤离现场，必要时可设专人看守。

8）在站内或有行人的地点开挖基坑时，应采取防止人、畜坠落的安全措施。如设置桩绳防护栏、悬挂警示牌、用木板覆盖坑口、设专人防护等，夜间应加设灯光防护，但注意不得与行车信号混淆。

5. 石质基坑开挖

石质基坑采用爆破法开挖。为了保证铁路线路及附近建筑物不受损坏，接触网基坑一般采用控制爆破。

控制爆破主要有爆破参数确定、凿孔、爆破、修坑等工作。控制爆破技术复杂，危险性较大，必须由专业人员并取得爆破操作证后实施。这里只介绍凿孔作业的基本方法。

凿孔作业有人工凿孔和机械凿孔两种。人工凿孔劳动强度大、效率低，只有在不能实施机械作业的情况下进行，在有条件的情况下尽量使用机械凿孔。

（1）人工凿孔。人工凿孔一般由两人进行，一人扶钎，一人打锤。一般使用3～6 kg大锤，一字形钢钎。钢钎刃口根据岩石类型有平行钎头、内凹月牙形、外凸三角形几种。

人工凿孔的操作要领：扶钎要平稳，打锤要准确，每打一锤钢钎要上提一下，并转动30°角，落锤要有冲击力。打孔一段时间后，用掏勺将孔中石粉掏出。

注意事项：

1）检查锤头锤柄连接是否牢固。

2）锤柄木质无接疤、裂纹、腐朽等现象。

3）钢钎和铁锤顶有凹凸不平和严重毛刺者不得使用。

4）扶钎人和打锤人不得面对面，应侧对面操作。

5）打锤人不得戴手套，扶钎人必须戴安全帽。

（2）机械凿孔。机械凿孔所用的主要机械为空气压缩机和风动凿岩机，凿孔操作要领及注意事项如下：

1）检查凿岩机各部件是否良好无缺，若有损伤和缺失应及时更换或补齐。

2）安装钎子，注油机构注满润滑油。

3）接通捕尘器输尘软管并畅通。

4）检查钎子尾部形状、尺寸，不合格者禁止使用。

5）凿岩定位要准确，进退钎子要垂直平稳。根据风枪座力和摆动调整风枪的轴推力，保证风枪平稳钻进，勤排石粉，以避免夹钎。

6）注意凿岩机排气、钎杆回转、润滑是否正常，是否有局部过热现象。

7）凿岩完毕需要拆下凿岩机时，需先将水管拆下，凿岩机空转半分钟，以迅速排除机内水分和油污。各运动部位加润滑油，并用棉纱将风管、进水管、排气口、钎套堵好。

6．基础坑位质量要求

基坑开挖完毕应严格检查基坑质量，确保后续施工顺利进行。基坑质量主要包括基坑位置、基坑尺寸、基坑深度。

（1）基坑位置。基坑应满足支柱纵向、横向位置的要求。

基坑纵向位置应与纵向标记相对应，若由于地形，地物必须移动时，可按跨距允许调整范围进行调整，调整后的跨距不得大于最大允许跨距值。调整软、硬横跨基坑位置时，同一组基坑应同时位移。道岔柱基坑应符合设计要求。

基坑横向位置应满足支柱侧面限界的要求。

（2）基坑尺寸。支柱基坑尺寸应按坑口定位尺寸直壁开挖，应满足立杆、整正的要求。对需要安装防护板的基坑，其尺寸要相应加大。

基础坑应按测量尺寸开挖，并考虑现场灌注、支模、拆模、修补活动余地。

（3）基坑深度。基坑深度应符合下列要求：

1）支柱基坑深度。支柱坑深是指线路中心线标高平面至坑底的垂直距离，位于站台上的支柱坑深为站台面至坑底的垂直距离。

①直线区段。轨面与线路中心线标高平面重合，基坑深度即为直线区段；两轨平面到坑底的垂直距离，如图1—5a所示，基坑深度由下列方法确定。

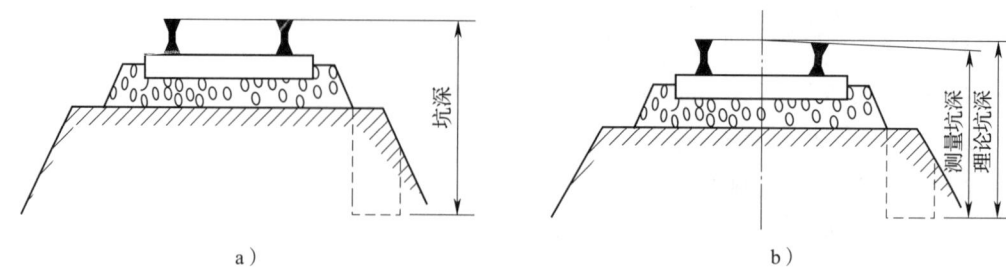

图1—5 基坑深度示意图

a) 直线区段 b) 曲线区段

坑深：支柱规定埋深＋线路上部建筑高度，如果设有底板再加底板厚度。线路上部建筑高度根据线路等级不同而异，一般为0.8 m。

例如，$H\dfrac{48}{8.7+2.6}$支柱，坑深＝2.6＋0.8＝3.4（m）。

②曲线区段。由于外轨超高，轨面与线路中心标高平面不重合，施工中以支柱侧轨面确定坑深，如图1—5b所示。坑深确定的方法如下：

坑深：支柱规定埋深＋线路上部建筑高度±1/2外轨超高，如果设有底板加底板厚度。

基坑位于曲线外轨侧取"＋"，基坑位于曲线内轨侧取"－"。

例如，$H\dfrac{48}{8.7+2.6}$型支柱，支柱位于曲线区段，线路外轨超高60 mm，支柱不设底板。

则：支柱位于曲线外轨侧，坑深＝2.6＋0.8－1/2×0.06＝3.37（m）。

支柱位于曲线内轨侧，坑深＝2.6＋0.8＋1/2×0.06＝3.43（m）。

测量基坑深度时，将丁字尺卡在支柱侧钢轨内缘，调整水平，用钢卷尺测量出尺底面至坑底的垂直距离。

位于站台上的支柱，坑深＝支柱规定埋深，如果设底板加底板厚度。

2）基础坑深度。位于线路两侧的基础顶面应低于轨面200～500 mm。

坑深：基础高度＋轨面至基础顶面的距离＋垫层厚度。

位于站台上的基础应高于站台面100～200 mm，考虑到垫层厚度。

坑深＝基础高度

基坑深度施工误差为±100 mm。

7. 基础开挖安全规定

（1）基坑开挖作业应引起各级施工人员的高度重视，基坑开挖应"先点后面"，即土质相同、地形相似的地段先开挖 2~3 处，根据具体情况制定相应的可操作办法。

（2）基坑开挖前，开挖地点应得到技术人员现场指认（或施工表上的书面交底）有无地下埋设物，以及应采取的措施。

（3）基坑开挖必须设专人防护，在列车通过坑口位置前作业人员必须到路肩的安全地方待避列车，待列车通过后检查坑壁无异常情况，方可继续施工。

（4）基坑开挖每坑不得少于 2 人，基坑内及基坑上人员均应戴安全帽，穿工作衣，但严禁穿红色外罩，进入施工现场禁止吸烟。

（5）距离线路较近且有可能影响到路基稳固的基坑（如塌方坑、水坑），开挖时要合理安排，组织足够的人员、机械突击开挖，突击安装（浇注），既保证行车安全又减少基坑暴露时间。

（6）土质松软地段支柱基坑开挖尽可能在封闭点前完成，不要提前时间太长，以减少基坑暴露时间，避免不测发生。

（7）雨季施工尽可能控制基坑开挖数量，以确保当天开挖基坑能及时安装整正（浇注），确实不能及时完成的应回填或派人看守。

（8）基坑开挖弃土应放置在离坑口 1 m 以外，以保证弃土不回落伤人，支柱安装时扶杆作业人员应能够站立，堆积高度不超过轨平面高度。冬季基坑开挖，施工人员严禁在坑边和道边生火取暖。

8. 基础开挖安全准备工作

（1）高填方地段的弃土应用编织袋等物堆放保存，为支柱整正做好准备；桥头地段弃土等杂物严禁抛撒在桥下。

（2）道床较高地段需清理道碴面积较大时，应用编织袋将道碴堆积在基坑边沿线路侧，既满足环保要求又确保道碴不下滑伤人。

（3）两线间的基坑开挖时，应配备足够人员和编织袋、彩条布，既确保施工安全又保证不污染线路和道床。

（4）防护用木板厚度不少于 5 cm，木方的厚度不少于 10 cm，安装密度要确保能承受坑壁的侧压力，确保路基稳固。

（5）基坑敞口较大，需地面人员辅助作业时，必须在坑口横架木板，既有利于作业，又能确保安全。

（6）在车站站台或经常行人的地段，开挖基坑时设危险标志，夜间设醒目标志并加围栏或覆盖。

（7）各车站特别是基坑开挖前必须先做水沟改移，不堵塞正常排水。

1.1.3 接触网设备外观检查

接触网零件发生断裂、破坏、过量磨损及严重变形，无法继续使用的现象统称失效。接触网零件的检验，是根据接触网零件的使用要求，检验被检零件是否符合其技术性能、所具有的安全系数以及零件的失效期及失效形式。

1. 整体的断裂

零件在受拉、压、弯、剪、扭等外载荷作用时，由于某一危险截面上的应力超过零件的强度极限而发生的断裂，或者零件在受变应力作用时，危险截面上发生的疲劳断裂均属此类。例如螺栓的断裂、抱箍件的折断等。

2. 过大的残余变形

如果作用于零件上的应力超过了材料的屈服极限，则零件将产生残余变形，这种过大的残余变形，将造成整个零件失效。

3. 零件的表面破坏

零件的表面破坏主要由腐蚀、磨损和接触疲劳造成。腐蚀是发生在金属表面的一种电化学或化学侵蚀现象。腐蚀的结果是使金属表面产生锈蚀，从而使零件表面遭到破坏。与此同时，对于承受变应力的零件，还会产生腐蚀疲劳的现象。

腐蚀、磨损和接触疲劳都是随工作时间的延续而逐渐发生的失效形式。处于潮湿空气中或与水、气及其他腐蚀性介质相接触的金属零件，均有可能发生腐蚀现象；所有作相对运动的零件接触表面都有可能发生磨损；在接触变应力条件下工作的零件表面将有可能发生接触疲劳。

1.2 接触网检测

1.2.1 施工测量

施工测量的目的是把施工图纸上的支柱、基础及隧道悬挂点等接触网建筑物的位置落实到实体施工地点。在测量的同时，要核对平面设计图与施工是否相符，检验设计是否合理，判定基坑土质条件，调查施工干扰，为施工提供依据。施工测量的主要依据就是接触网平面布置图。

1．基坑测量

（1）基坑位置。基坑横线路方向中心线应对准纵向测量标记并垂直线路（软横跨支柱坑垂直于正线）中心线，如必须移动时，可按设计跨距 $-2\ m \sim +1\ m$ 进行调整，调整后的跨距不得大于设计允许最大跨距；软横跨支柱坑应相对移动；道岔柱坑应符合设计要求。

（2）基坑尺寸。各类支柱基坑应能满足立杆、整杆要求。采用就地灌注的基础坑，长宽尺寸应各加大 $10 \sim 30\ mm$。

（3）基坑深度。混凝土支柱坑坑深为线路中心线标高面至坑底的距离，当支柱位于站台上时，坑深为支柱的设计埋深，由站台面至坑底测定。

当支柱设置底板时，坑深应为设计坑深加底板厚度。

位于站台上的基础坑深等于基础高度。

坑深的施工允许误差为 $±100\ mm$。

2．杆位测量

根据支柱位置的不同可以分为区间杆位测量和站场杆位测量。

3．隧道测量

（1）纵向测量。按隧道接触网平面布置图，由起测点开始，依据跨距沿钢轨用钢尺沿线路中心丈量悬挂点的纵向位置。在轨腰和隧道壁上做出标记。

（2）横向测量。将丁字尺卡在纵向标记处的轨面上，并利用水平尺、垫块将其调平。在丁字尺上找出悬挂埋入杆至线路中心的距离，将隧道测量仪垂直置于丁字尺所确定的位置上，打开开关，测量仪照射到拱顶处的光点即为水平悬挂埋入杆的位置。

4．地面区间杆位测量

地面区间杆位测量包括区间杆位纵向测量和横向测量。区间杆位纵向测量根据接触网平面图标出的测量起点，沿线路中心按照图纸上的跨距依次测量。为了方便，在直线区段，可沿靠支柱位置一侧或另一侧的钢轨进行测量。在曲线区段，无论支柱位置在曲线外侧还是在曲线内侧，均应沿着曲线外侧钢轨进行测量。在测量过程中应该常考虑隧道、桥涵等固定建筑物的影响，如有积累误差，应重新测量。在遇到直、曲线转换或曲线内、外侧转换的区段时，应注意将测量过渡到曲线外侧的钢轨上进行测量。其方法可用丁字尺从测量位置转换到另一根曲线外侧钢轨再继续测量。测量转换点一般选择在直缓点（ZH）附近。

（1）由测量起点出发，使用钢尺（或皮尺）沿钢轨轨面（曲线区段沿钢轨外侧）进行测量。测量起点在接触网平面图已标出，一般选择在站场最外侧道岔的标准定位处，或是大型建筑物处，如桥梁、隧道等。

（2）根据接触网设计平面图标出测量起点位置，再按规定沿公里标前进方向并按接触网设计平面图中设计跨距，定出接触网支柱纵向位置，先用粉笔在钢轨面上画出位置，在轨枕上写出标记，供写白色油漆标记和横向测量时使用。

区间杆位横向测量是根据接触网设计平面图中规定支柱侧面限界来确定接触网支柱的横向位置的。

接触网区间杆位纵向测量和横向测量完成后，接触网支柱的位置就确定了。为了便于基础开挖和立杆、架设接触网时查询，必须在钢轨上作出标记。油漆标记应写在轨腰上并要求除锈和擦拭干净后再写。字体要端正、醒目，标记的内容包括：顺线路方向的支柱中线标记，杆号、支柱型号、基础型号，支柱侧面限界及底板和横卧板数量。

（3）测量注意事项

1）测量中，遇到大型建筑物，如桥、隧、立交道口时，应分段进行闭合，其精度要求为1∶2 000，如有差错应写明原因，必要时加以复测确认。由于涵洞、平交道口、公里标、曲线标等固定建筑里程往往不够精确，故测量中仅供参考，不得作为根据来修正测量结果。

2）对挖坑困难，影响路基安全或支柱稳定的区段，如支柱位于高路堤、上下挡墙、排水沟中，桥梁两端等处时，应作出相应的、准确的线路横断面图，以便采取相应的防护办法、处理措施或提出变更意见。

3）信号机位置应事先与信号专业部门联系，派人赴现场共同确认，以便按规定调整接触网杆位，满足信号显示要求。

4）注意架空线路、架空建筑物及机械化养路作业平台的干扰，尽量调整支柱远离它们，以减少拆迁和特殊处理的工作量。

5）分段绝缘器位置宜事先征得运营单位的确认，供电分界点应与工务分界点里程一致。

6）桥支柱和避车台干扰时，宜将支柱位置进行调整。

7）发现设计图和现场实际情况相差很大，或有明显不合理以及遗漏时（如曲线里程不符、锚柱拉线位于平交道口、锚段关节的转换柱跨距过大、限界门遗漏等），宜采取以下措施：

①按现场实际情况变更跨距，事后补办设计变更手续。

②如情况复杂，不宜在现场变更，应提交设计部门，待设计变更后补测。

5. 站场杆位测量

（1）一般以正线为基线进行测量，必要时也可使用与正线平行的直线站线作测量基线。测量时，一般以区间锚段关节衔接处或测量起点（一般选自站场最外道岔的标准定位处）开始，先在基线上用钢尺拉通，然后再测杆位。腕臂柱与区间测量相同。软横跨柱则先用经纬仪或测量绳测出杆位点的基线垂线（或曲线的法线），放出站场软横跨（或硬横跨）柱位，在最外侧轨轨腰上书写标记。标记格式和区间相同。

（2）采用测量绳基线垂线（或曲线的法线）的方法。

（3）定测应在初测中提出的问题解决方法落实后进行，一个站场不宜分批分段测量施工，以免造成大返工。为了尽量避免差错，提高测量效率，可按以下原则分步进行：

1）先测道岔区，后测股道区。

2）先测控制柱，后测一般柱。

3）软（硬）横跨（基础）应成对定位，当一侧柱（基础）位有干扰，且处理方案未落实时，另一侧柱（基础）不得定位。

（4）道岔柱的标准定位。对于单开道岔，定位柱位于道岔导曲线外侧两线间距为 600 mm 处的线路一侧，可使接触线相交于道岔导曲线间距为 690 mm 处两合拢轨中间点的上方，则此时道岔柱处两轨道的拉出值为 720 – 690/2 = 375（mm）。

对复式交分岔道，定位柱位于线间距 a 为 167 mm（1/9）或 125 mm（1/12）线路的一侧（接触线交叉点位于线路的对称中轴的上方）。

（5）道岔柱非标准定位。单开道岔一般取导曲线外侧两钢轨距离道岔中心 400 ~ 700 mm 处，复式交分道岔取距离道岔中心 1 500 ~ 2 500 mm 处。支柱位置应满足下列条件：

线岔交叉点距受电弓和另一导线的始触点（距受电弓中心 630 mm）的距离必须控制在一个安全长度内，保证不刮弓，经验安全长度为 7 500 mm。支柱上方有高压线时，应避开 5 000 mm 以上。

（6）道岔柱定位注意事项

1）线路改造工程尚未竣工时，不宜进行定测，不得已时，应取得工务部门的交桩资料，进行现场交桩，并请设计人员共同参加，以便确定需要解决的问题。

2）工务部门应提供既有线路起拨道量、标准、换岔型号、里程等资料。

3）对以下重点杆位应注意进行校核：

①道岔定位柱尽可能位于满足标准定位处。

②站台柱是否影响交通，对站台美观有无影响，与风雨棚及其基础有无干扰。

③锚柱拉线是否妨碍交通，或影响扳道等站方作业。

④地道口附近支柱是否影响交通，与其基础有无干扰。

⑤变电站（或分区亭）供电线柱或合架柱是否得当，供电线、回流线跨越建筑物距离是否够。

⑥分段绝缘器位置是否合理。

⑦信号机前支柱是否影响信号显示。

⑧平交道口附近支柱宜尽量使道口接近跨中。

⑨支柱上方有高压线时，应根据电压确定其与支柱间的最小距离。

⑩位于股道间的支柱，应考虑拉线是否侵入限界。

1.2.2　接触网检测

1．接触网测量方式

测量地铁接触网，不同时期产生了不同的测量方法。主要有静态测量、接触式检测方式、非接触式激光雷达扫描测量法、非接触式图像测量法和地铁网轨检测车动态测量。

2．静态测量方式

静态测量就是测量地铁接触网接触悬挂各个部位的静态尺寸，主要是测量接触线导高、拉出值以及下锚 A/B 值。静态检测可以检验出接触网是否按照设计要求设计，是否完全符合设计标准。

静态测量的局限性就在于，静态测量只能够反映接触网的静态位置。接触网安装使用后，经过一定的时间，要检查它的几何尺寸是否符合设计给出的数据标准，这就需要对接触网进行动态测量。列车低速运行时，检测数据可以作为接触网静态测量参数参考。

3．接触式检测方式

接触式检测方式是指在受电弓上按照给定的距离安装光电传感器开关。

当受电弓接触到接触线的时候，接触线带电产生磁场，使受电弓和接触线接触处的光电传感器产生感应信号，根据光电传感器在受电弓上的位置，测量接触线的拉出值。这种测量方式简单且容易进行，但是缺乏一定的精准度。

4．非接触式激光雷达扫描法

非接触式激光雷达扫描法是指通过在车顶安装激光雷达，发射不间断扫描的激光来检测。如果发射的激光碰到障碍物，激光就会反射回来，并被雷达接收。

计算从发射到接收的时间和激光速度，可以掌握激光的整个行程，计算导高和拉出值。这种测量方式比较精准，但容易受到外部的干扰，影响测量结果。

5．非接触式图像测量法

非接触式图像测量法是指使用线结构光三维视觉原理，通过在车顶安装线激光器和高速数字摄像机来进行测量。当线激光器倾斜到了一定角度，像接触线照射，高速数字摄像机拍摄光线条在接触线上的图像，用成像位置计算接触线相对摄像机的高度和偏移，通过摄像机在车顶的具体位置，计算导高和拉出值。这种测量方式不受外部的影响，比较精准，但是要求非常先进的相机。此方式可以广泛使用。

6．地铁网轨检测车动态测量

要定量反映描述接触网和受电弓的运行状况，只有通过检测受电弓滑板和接触线之间的动态接触力与其分布情况。由于地铁的行驶速度在加快，加强了动态分量对抬升力的影响，动态测量在实际工作中越来越重要。接触网的专业技术人员经常在接触网带电情况下使用检测车对各项检测参数进行测量。地铁接触网的动态检测测量可以保证列车的正常行驶，是重要的技术和措施。检测车是对柔性接触网检测的动态测量重要方式，对列车取流正常和预防事故起着举足轻重的作用。

（1）检测参数的几方面。接触线网压、线岔状态、离线状态、硬点，这几个参数是检测的重中之重。接触线网压是指接触网某一点的电压。线岔是两支接触线交汇，在交汇处相交点的一种转换设置，线岔状态是指测量其始触区两支接触线之间的高度差。离线状态是指列车行驶时，受电弓和接触线的接触程度。离线状态可以判断受电弓是否离线。当受电弓与接触线发生离线现象时，就会造成接触线烧坏和拉弧等现象。硬点是指列车高速运行时受电弓垂直方向的振动和冲击值，"硬点"可以反映接触导线是否平滑。对接不在一条直线上，接触导线的对接处会产生凸面，受电弓会发生烧坏、刮弓的现象，从而引起接触网故障，因此需要提高检测质量，降低硬点。此外，还有定位点位置也很重要，在进行接触网检测的时候，检测参数应该对应实际检测位置点，否则就不能准确反映出检测实际情况。还有一些辅助性的参数，比如速度、定位点位置、振动移量补偿等。

（2）动态检测中的注意事项

1）动态检测中需注意检测参数是否完整。"硬点"检测中，水平冲击参数值可以反映接触线的磨损情况，垂直冲击参数值可以直接反映接触线对受电弓在垂直方向受冲击力影响产生的离线状态，因此检测车更加需要对垂直冲击参数值进行检测，发现是否存在事故隐患点。JJC-2A型检测车的"硬点"检测只是检测水平冲击参数值。另外，网压检测参数值需要控制在一定范围内，过高会损坏检测网压的传感器。

2）动态检测中需注意检测参数是否可靠。检测车在动态工作的时候，由于轨道的振动，车速和受电弓抬升以后与接触线压力等一些数值就与实际值存在差异，就不能判断检测参数是否精准。因此，要再一次校准整体导高、拉出值等重要参数。地铁接触网检测车工作了一段时间以后，因为受到内部和外部的作用，系统就会产生一些误差，就无法精准反映检测数据。因此，需要定期检查检测车系统，才可以保证检测数据的可靠性。

3）检测参数需要重视数据库杆号和里程相吻合。检测参数需要反映实际所在的位置，才可以准确发现事故隐患并及时校正。这要求数据库中的杆号和里程要相符合。动态检测中要注意核对数据库杆号和里程。

4）动态检测中需注意检测系统定位点检测是否准确。有些情况下，不存在数学上的拐点，如果利用速度传感器测量跨距结合数据库确定的定位点，由于检测车车轮的行走误差和皮带误差，就会造成无法准确定位。

1.3 触网检查全程横断面巡视

1.3.1 巡视

1. 巡视操作的要求

（1）接触网巡视应由技术等级不低于初级的接触网工进行。

（2）巡视检查中发现的缺陷纳入检修计划，对危及安全的缺陷应及时向调度汇报，并及时有效地处理。

（3）车梯巡视应由技术等级为中级的接触网工负责，对接触网设备进行检查，以保证接触网处于良好的技术状态，对一时无法处理的设备缺陷或障碍应向主管部门汇报，并由维修部门报临时计划进行处理。

2. 巡视方式的主要内容

（1）巡视分为以步行巡视为主、车梯巡视、登电客车巡视三种。

（2）停车场步行巡视、车梯巡视可在白天进行，正线在夜间停运后进行。

1.3.2　步行巡视

（1）绝缘部件（包括所有绝缘子、绝缘杆、绝缘护套等绝缘材料）无破损和烧伤情况。

（2）补偿装置无损坏，转动灵活、无卡滞，A/B 值在极限温度时大于 200 mm。

（3）各种线索（包括接触线、承力索、馈线、电连接线、加强线，软横跨等）无散股、断股，零部件无烧伤和损坏。

（4）无因外界施工、绿化树木等侵入接触网限界危及供电和行车安全的现象；无固定渗漏点侵蚀接触网设备。

（5）接地连接良好。

（6）分段绝缘器导滑板、绝缘杆无严重磨损、撞击痕迹、烧伤。

（7）关节处无严重烧伤，绝缘子无破裂。

（8）中心锚结绳无侵限，两侧受力均匀，线夹无裂纹。

（9）线岔无偏磨，无烧伤。

（10）标志牌表面清洁、无遗漏。

（11）支柱、基础无裂纹及损坏。

注：当遇大风、大雨、大雾、高温等恶劣天气时，增加巡视次数。

1.3.3　车梯巡视

（1）接触线无烧伤或异常磨损情况。

（2）绝缘子无闪络、破损情况。

（3）螺栓是否有松动、脱落和锈蚀情况。

（4）支持装置、定位装置无裂缝、锈蚀，连接状态良好。

（5）电连接线无断股、散股、腐蚀情况。

（6）中心锚结两端拉线装置的张力相等，线夹处接触线平顺无负弛度。

（7）下锚钢丝绳无断股、散股，A/B 值在允许的变化范围内，并留有余量。

（8）线岔处在受电弓可能同时接触两支接触线范围内两支接触线应等高。

（9）分段绝缘器无拉弧、烧伤、异常磨损情况。

（10）锚段关节无拉弧、烧伤、异常磨损情况。

（11）标志牌固定牢靠，字迹清晰。

1.3.4 登电客车巡视

(1) 日常周期巡视

1) 观察异物侵入限界及漏水情况。

2) 观察触网设备(如电连接线脱落、定位线夹脱落、号码牌损坏等)损坏、线索弛度过大造成侵入限界。

3) 观察触网绝缘部件无闪络或机械损坏。

4) 晚高峰巡视中观察下锚装置 a、b 值是否符合安装要求。

5) 晚高峰巡视中观察定位管坡度及偏移、吊弦偏移是否过大。

6) 高架段、地面段广告牌及雨棚等的状况。

(2) 恶劣天气巡视

1) 观察异物侵入限界及漏水情况。

2) 观察触网设备(如电连接线脱落、定位线夹脱落、号码牌损坏等)损坏、线索弛度过大造成侵入限界。

3) 观察触网绝缘部件无闪络或机械损坏。

4) 观察定位管坡度及偏移、吊弦偏移是否过大。

5) 避雷器无损坏,引线是否脱落。

6) 上网电缆、电连接无侵限。

7) 绿化不侵限。

8) 漂浮物是否侵限。

9) 高架段、地面段广告牌及雨棚等的状况。

(3) 临时登车巡视

1) 观察异物侵入限界及漏水情况。

2) 观察触网设备(如电连接线脱落、定位线夹脱落等)损坏造成侵入限界。

3) 观察触网绝缘部件无闪络或机械损坏。

4) 下锚装置 a、b 值是否符合安装要求。

5) 观察分段绝缘器、锚段关节是否有拉弧痕迹。

1.3.5 注意事项

(1) 接触网的巡视工作,要由岗位等级不低于五级(包括五级)的人员担任。

(2) 登车巡视前巡视人员需在车控室登记。

（3）发现异物侵限时，巡视人员可联系行调，在许可的情况下临时停车进行现场处理。

（4）巡视流程图，如图1—6所示。

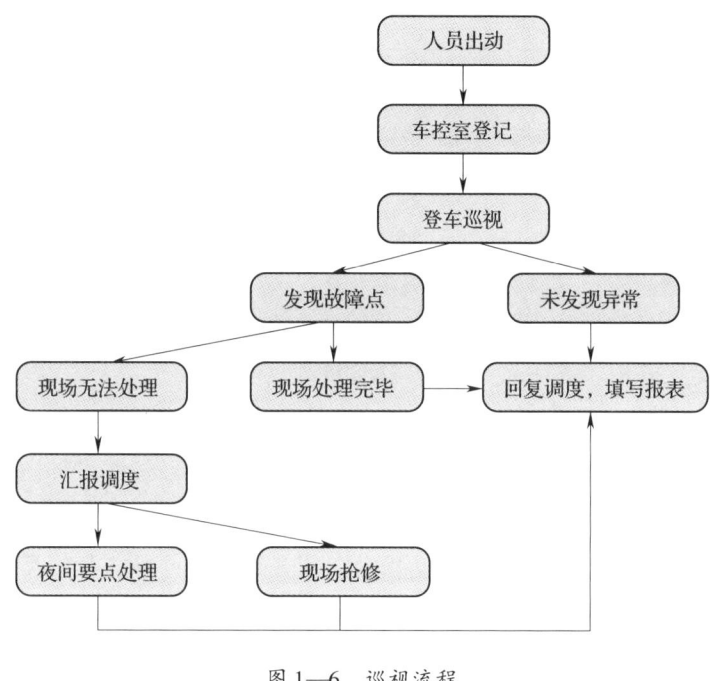

图1—6　巡视流程

技能要求

柔性接触网架设

接触网架设主要是指承力索、接触线架设和接触悬挂的调整。接触网架设与调整的质量直接影响着列车运行速度和供电质量，因而接触网架设与调整是接触网施工中非常重要的环节。

操作准备

接触网架设的工作一般是利用架线作业车组来完成的，需要占用站场或区间的运行线路，因此架线前必须先做好人员组织、工器具材料的准备工作，以免过多地占用线路时间。

接触网架线前应派专人检查架线区段内有无与线路交叉的电力线、通信线，检查这些线路跨越接触网时其间距是否符合相关技术管理规程的规定：110 kV 及以下电线路不少于 3 000 mm；220 kV 电线路不少于 4 000 mm；330 kV 电线路不少于 5 000 mm。特别是架线车通过高压电力线下方时，应保持一定的安全距离，具体数据见表1—3。

表1—3　　　　　　　　线车通过高压电力线下方时最小安全距离表

电压（V）	10	35	44	66	110	154	220
距离（mm）	2 050	2 500	2 500	3 000	3 500	4 000	4 500

要保证架线时不发生危险、不影响通信线路，还应检查线路中有关平交道口的限界门是否安装合格。

在股道较多的站场上架设接触线时，为了减少架线时的穿线次数，应根据设计图纸上接触网布置的情况，事先做好接触网架设程序表。

为了使每个锚段中线索的接头数不超过规定的数量，并节省线材，应合理选择不同长度的线盘，做到长锚段用大盘，短锚段用小盘，也可以按照设计图纸中的各个锚段长度订购接触线，彻底杜绝接触线浪费。

架线前应将起锚和下锚柱上的补偿装置全部安装好，并准备架线所用的各种工具和材料。目前接触网架设已采用较为先进的专用架线车和线盘车，因此可保证架线作业的顺利进行。

操作步骤

步骤 1　承力索架设

采用链形悬挂的接触网，其放线的先后程序是先架设承力索，后架设接触线。从技术角度考虑，当承力索无补偿下锚时，应预先准备好承力索无载弛度—温度安装曲线图。有补偿下锚时，应准备好承力索补偿坠砣安装曲线，由 1 人负责测量。

承力索的弛度测量方法是，首先根据平面图计算该锚段的当量跨距，然后查出在此当量跨距下的承力索无载弛度—温度曲线，得出该检测跨距和温度下的弛度设计值。一般在锚段中部附近选择 1~2 个大跨距进行实际弛度的测量，激光测距仪量出每跨两侧悬挂点及跨中承力索到轨面的垂直高度，如图1—7所示。

承力索实际弛度由下式确定：

$$f = \frac{a-c}{2} - b$$

式中　f——承力索在跨中的弛度值，m；

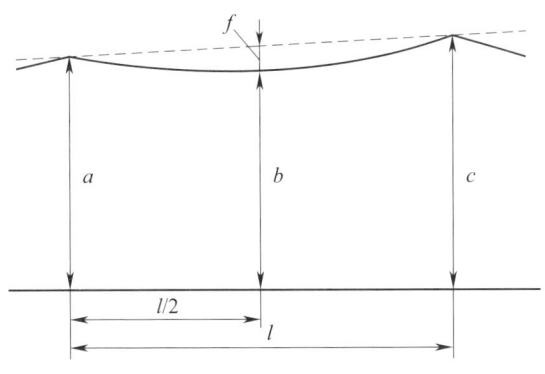

图 1—7 承力索弛度测量

a、c——两悬挂点到轨面的高度，m；

b——跨中承力索距轨面的高度，m。

由于新承力索承载后会伸长，所以实际弛度应比设计值小 10 mm。测量弛度的人员应随时将测量情况通知下锚端的紧线人员，当实际弛度满足要求后即可停止紧线，承力索弛度误差在接触网检修规程上规定：半补偿链形悬挂和简单悬挂为设计值的 15%，全补偿链形悬挂为设计值的 10%。

承力索有补偿下锚时，坠砣高度在符合补偿坠砣安装曲线要求并加上初伸长后停止紧线。紧线时应先将起锚坠砣拉到规定高度，再调整下锚坠砣高度。

承力索架设应该由专人统一指挥。采用新型架线车作业时，一般有 4 人在架线台上，其中 1 人利用架线引导装置控制承力索走向，另两人负责把偏斜的腕臂摆正，并同时将承力索挂在腕臂端部的开口滑轮中（开口滑轮可事先挂好），最后由两人在台架控制器旁负责控制作业台架的升降与旋转。线盘上有两人负责放线和制动线盘，其余每隔几个支柱设防护员 1 人，禁止无关人员在承力索下方行走，并观察承力索是否从滑轮中脱落。

架线车速度一般不超过 5 km/h，启动、停车时要平稳，不能急停、急开。线盘架前不得站人，以防意外。

当采用先进的架线车组施工时，可实行带张力放线，张力可控制在 1.5~3.0 kN 范围内。目前的架线车组均可利用旋转、升降作业台同时完成起锚和落锚作业，比以前提高效率 30% 左右。对未采用新型架线车作业的区段，可将承力索用楔型紧线器临时固定于架线车尾部，由架线车带紧承力索，再用紧线装置正式紧线，以缩短紧线时间。线索架设如图 1—8 所示。

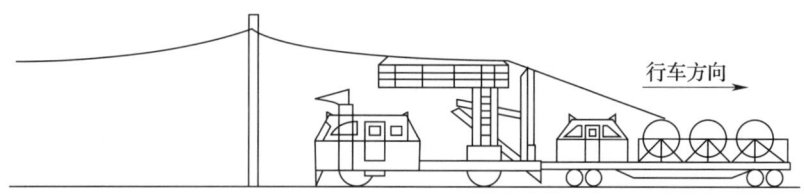

图1—8 线索架设示意图

承力索终锚后,应及时将其从放线开口滑轮中导入腕臂端部(软横跨为上部固定索)的钩头鞍子、杵座鞍子或悬吊滑轮中,一般采用4~5人使用梯子作业,在曲线半径小于450 m的曲线地段作业时,应适当增加施工人员。

放线滑轮的类型要根据所放线索的材质确定:镀锌钢绞线采用铁滑轮,多股铜绞线即接触线采用铝滑轮。在中国哈大线的施工中,为了避免滑轮对接触线的磨损,采用了尼龙(或塑料)放线滑轮。

步骤2 接触线架设

上海地铁的接触网分为柔性接触网和刚性接触网两种,下面对这两种不同形式的接触网架设情况进行介绍,并结合具体的施工方法进行说明。

柔性接触线架设。接触线架设应在承力索架设及吊弦全部安装后进行,架设方法与承力索相同,只是架线台上的作业人员除将接触线放于定位点处的开口滑轮中外,还应在每根吊弦处用S形铁钩进行临时系定(为了减少S形铁钩对接触线的磨损,宜采用尼龙S钩或者套有胶皮的S形铁钩)。

接触线的紧线方式与承力索一样,即将紧线器的一端连在补偿器的动滑轮上,另一端通过紧线线夹固定在下锚的接触线上,用紧线滑轮组紧线。

施工放线时,承力索、接触线有损伤时应按下列要求进行处理。

(1)发生断一股,可用同材质线扎紧使用;断两股及以上应截断重接;绞线有交叉、松散、硬弯、折叠应修复使用,无法修复的永久变形,应截断重接;有轻微松散受力后能复原的可不作处理。

(2)铜、铜合金接触线在同一截面处损伤大于其截面10%时,应截断重接;同一截面处钢截面损伤大于钢截面10%时,应截断重接(铝截面损伤标准暂缺);钢铝接合开裂处截断重接。

(3)镀铝锌钢绞线,镀锌钢绞线7股中,断一股及以上截断重接。承力索、接触线每个锚段内接头,正线1个、站线2个(不含锚支上的接头)。两接头间距不应小于150 m,接头距悬挂点的距离不应小于2 m。

步骤3 接触悬挂的调整

接触网架设后，施工现场的数据（导高、之字值等）和技术参数有一定的误差，因此需要对架设后的接触网进行调整。由于接触悬挂调整工作直接影响工程质量和机车受电弓的取流，工作性质比较复杂，技术条件要求较高，因此施工现场一般分两步进行，即粗调和细调。

粗调的工作主要是安装上述各种设备，使接触线和承力索基本就位，定位装置、软横跨等处于正常工作状态，接触导线面整正，检查接触悬挂结构是否符合设计要求，遇到施工与设计不符的地方应及时与设计部门联系，采取变更措施。

细调的工作主要包括：全面检查、调整接触线的高度、弛度、拉出值及其他有关设备，使接触悬挂的工作状态达到冷滑试验的程度。

（1）接触悬挂调整程序

1）全补偿链形悬挂承力索、接触线，半补偿链形悬挂的接触线和简单弹性悬挂的接触线经过超拉，新线延伸达到设计要求，半补偿链形悬挂承力索弛度符合安装曲线规定后，安装中心锚结。

2）从中心锚结处向两端依次校正接触线工作面；安装吊弦，调整接触线的高度和弛度；安装定位器，布置接触线拉出值。

3）调整坠砣对地面高度。接触悬挂调整应从中心锚结开始向两端下锚方向进行，安装中心锚结时，一般使用梯车，每台梯车需要7人（防护人员除外），如果安装全补偿承力索中心锚结及简单悬挂中心锚结，还需增设5名左右下锚人员。使用的工具是梯车、紧线器、棕绳、镀锌铁线、安全带等。首先选好中心锚结线夹的安装位置，用钢线卡子将中心锚结绳一端与承力索固定，另一端通过紧线器固定在承力索上，其中部（即中心锚结线夹处）用铁线与接触线临时捆住，且锚结绳能来回移动；然后摇动紧线器，当中心锚结线夹处导线高度高出定位点20～60 mm时停止紧线，随后安装中心锚结线夹，并用钢线卡子固定另一端锚结绳，最后检查中心锚结各部分尺寸是否满足技术要求。

安装吊弦时，首先根据设计要求计算吊弦间距，在钢轨上测好吊弦位置，然后在承力索上用线坠或目测对准下面所测位置，将吊弦安装于承力索上。对于环节吊弦，其固定形式、安装位置、线夹固定螺栓紧固力矩应符合设计要求，位置偏差不应超过±200 mm。

整体吊弦位置偏差应在±100 mm内，长度偏差2 mm。吊弦应无散股、断股现象。平均温度时，吊弦顺线路方向应垂直安装；温度变化时，顺线路方向的偏移量：承力索、接触线材质不同时，偏移量应符合设计要求；承力索、接触线采用同一材质时，在任何温度下均垂直安装。吊弦线夹直线段应端正，曲线段线夹应垂直于接触线工作面。

（2）支持装置安装调整规定

1）半补偿链形，腕臂应垂直于线路中心线，其端部顺线路方向允许施工偏差为±100 mm。

2）全补偿链形悬挂及弹性简单悬挂，腕臂在平均温度时，应垂直于线路中心线；温度变化时，腕臂顺线路方向偏移量应和承力索、接触线在该点随温度变化的伸缩量一致，施工偏差不大于计算值的10%。

3）弹性简单悬挂中平腕臂呈水平状态，腕臂在平均温度时垂直于线路中心线；温度变化时腕臂顺线路方向偏移量与接触线在该点随温度变化的伸缩量一致。

4）定位管应与腕臂在同一垂面内，一般情况下应呈水平状。正定位抬头、反定位低头量应符合设计要求。定位器顺线路的偏移量同吊弦偏移量一致。

（3）接触线的调整规定

1）拉出值的布置应符合设计要求，拉出值施工偏差为±30 mm；拉出值不宜大于400 mm。

2）接触线距轨面高度应符合设计要求，弛度符合安装曲线的规定，接触线悬挂点高度施工偏差为±30 mm，弛度偏差为±15%。

3）半补偿链形悬挂接触线弛度应符合安装曲线的规定，弛度偏差为±15%。

4）接触线工作高度变化时，其变化率应不大于：一般区段3‰，困难区段5‰。

（4）接触线高度及拉出值调整规定。进行接触线高度及拉出值调整时，对于半补偿链形悬挂，应携带接触网平面布置图、安装曲线表，以及温度计、激光测距仪、钢卷尺、轨距尺，并配备行车防护人员和防护用通信器材。

因半补偿链形悬挂承力索没有补偿装置，其弛度随温度变化而变化，而且必然会影响接触线的弛度，因此，调整导线高度时，应先根据该锚段当量跨距确定所使用的接触线弛度曲线，再查出调整气温时所检测跨距的弛度值，按等分原则，根据图1—9分别求出各吊弦点处接触线的弛度变化值（f_x），由下式确定各吊弦点的导线高度。

$$H_x = H - \Delta h - f_x$$

式中　H_x——所求吊弦点处接触线高度，mm；

　　　H——接触线定位点处的设计高度值，mm；

　　　Δh——定位点旁第一吊弦点高度变化值（全补偿简单链形悬挂 $\Delta h = 0$），mm；

　　　f_x——所求吊弦点处接触线的弛度变化值，mm。

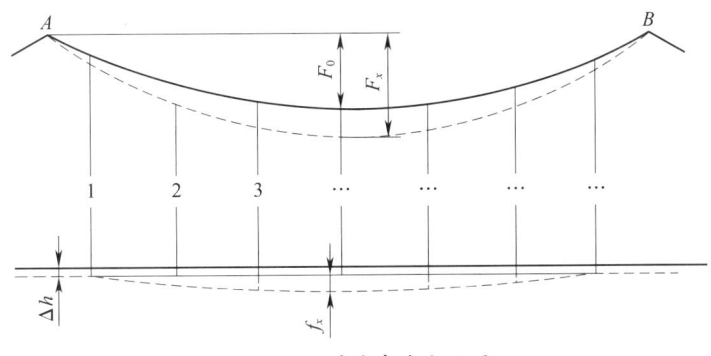

图 1—9　导线高度变化图

F_0——承力索最大弛度　　F_x——吊弦点处承力索弛度

除以上检调项目外，接触悬挂的检调还包括了很多方面，例如，定位器坡度、直链形悬挂时悬挂点接触线承力索是否在同一铅垂面、结构高度、线岔定位、接触网空气绝缘距离、锚段关节、分段绝缘器等多方面的检调。

（5）接触悬挂调整的安全规定

1）接触线架完后，应对临时措施、临时接头、承力索断股等及时处理并调整使符合要求。

2）进行高处作业时，应在周围设专人防护，警戒行人。

3）同一支柱上、下部不应同时有两人作业，如由于操作需要两人在同一支柱上、下同时工作时，应有安全措施。

4）当列车通过时，在支柱上作业的人员应停止工作，并躲到安全地点。

5）使用梯子作业时，梯子高度必须比承力索高出 1 m 以上，不得将短梯接长代用。曲线区段，梯子应立在曲线外侧，上梯作业人员应用梯绳将梯子和承力索系牢，方可进行作业。作业时梯子顺线路必须直立，不得两人同时在一个梯子上作业。梯子上有人在作业时，不得顺线路移动梯子。

6）上梯时，梯子必须有人扶牢，梯绳绑牢，拉绳人员应将梯绳拉紧，确认牢固后，扶梯人员方可离开。拉梯绳人员不得擅自离开，不得将梯绳绑在身上或绑在钢轨、支柱、桥栏杆等建筑物上。作业人员未下梯前，严禁拉绳人员松绳。

7）在线路上使用车梯作业时，每辆车梯出车时不得少于 4 人。车梯上的作业人员不得超过 2 人。

8）车梯未放稳不得登梯作业。车梯行进时不得上、下车梯，车梯作业平台上不得零散放置工具、材料。

9）推扶车梯人员应听从车梯上作业人员的指挥，推行速度不得大于 5 km/h，也不得发生冲击等现象。

10）在车梯上不得进行有倾倒危险的作业。车梯走到小半径曲线区段时，应在曲线外侧设置拉绳人员，以防车梯倾倒。在曲线区段作业时，车梯上作业人员站在导线的曲线外侧作业。

在接触网施工工序环节，继馈线、地线以及承力索和接触线架设后进行的下一步工序就是悬挂调整，主要是中心锚结、吊弦、定位装置、导高和弛度、锚段关节、线岔以及电连接等的调整。但在接触网维护保养中，对接触网的悬挂调整是维护和保养的日常工作，主要按照检修周期对设备进行测量、调整、紧固等，按照各项技术要求进行校核、调整和更换等工作。本章主要针对维护和保养中的调整。

（6）中心锚结调整。接触网日常维护保养工作中，中心锚结维护主要依据运行规程和检修规程进行，多数按照周期进行维护。维护主要有检调和更换工作，在日常检调中，主要检测中锚的各种技术参数，遇到有变动的技术参数进行功能恢复，对零部件损坏或达到更换年限的进行更换。下面对隧道导线中锚的检测、检调程序以及更换分别说明。

1）作业准备。调整在准备方面以检调工器具为主：接触网作业车（或车梯）、楔形紧线器、锤子、导线扭面器、导高测量仪、卷尺、温度计、手电筒、常用呆扳手、力矩扳手、钩头扳手、验电器、接地棒、安全带等。

2）作业程序

①申请要令。电调下达准许作业的命令后，验电接地。

②用测量工具测中心锚结线夹处以及两定位点的拉出值、导高。

③将梯车或作业车行驶到调整的中锚处。

④检调内容

a. 根据测量数据检查接触线高度是否符合要求。

b. 检查绝缘环（子）是否破损、烧伤，是否符合绝缘限界要求。

c. 检查锚结绳两边受力是否均匀，有无防腐油及腐蚀、断股情况。

d. 检查中心锚结平行槽夹工作状态是否正常，是否有位移或者偏磨现象。

e. 检查锚结中心绳和中心锚结辅助绳的安装是否正确，线夹安装是否符合要求，螺栓是否紧固。

f. 户外应检查腕臂是否偏移过大。

⑤作业完毕后，测量中锚线夹和两定位点的拉出值、导高。

⑥工作结束。工作负责人对人员、工器具及材料进行清点,拆除接地线后撤离现场。

⑦消令登记。

⑧工作完毕后回基地填写相应的报表。

(7) 中心锚结的更换

1) 作业准备。更换与检调程序比较需增加相应的材料。

工器具:接触网作业车(或车梯)、楔形紧线器、锤子、导线正面器、导高测量仪、断线钳、卷尺、温度计、手电筒、常用呆扳手、扭力扳手、钩头扳手、验电器、接地棒、安全带等。

材料:中心锚结绳、平行槽夹、胶带及辅助件、防腐油。

2) 作业程序

①申请要令。电调下达准许作业的命令后,验电接地。

②测中心锚结线夹处以及两定位点的拉出值、导高。

③将梯车或作业车行驶到中锚处。

④对中心锚结进行更换。

a. 分别在中锚两侧的下锚底座处拧松螺母,使中锚绳松弛,取下旧中心锚结绳。

b. 把新的钢绞线按长度裁减好并做好回头。

c. 梯车或作业车行驶到中锚线夹处,将中锚绳卡在线夹内,拧紧螺栓。

d. 梯车或作业车行驶到下锚处,把楔型线夹与绝缘子进行连接,调整可调螺栓,使中锚绳弛度达到标准。用同样方式进行另外一侧的工序。

⑤作业完毕后,测中锚线夹和两定位点的拉出值、导高,进行复核。

⑥工作结束。工作负责人对人员、工器具及材料进行清点,拆除接地线后撤离现场。

⑦消令登记。

⑧工作完毕后回基地填写相应的报表。

3) 技术要求

①辅助绳两侧拉力应相等,无断股、无补强。

②隧道段中锚线夹处高度应略高于两悬挂点,允许误差 10 mm。

③绝缘环(绝缘子)完好,无破损现象;绳索无烧伤痕迹,紧固件完好。

④隧道段应注意下锚点的绝缘限界,允许绝缘限界 115 mm。

⑤隧道段中心锚结绳绝缘子下锚应考虑动态绝缘限界不小于 150 mm。

⑥户外段中心锚结辅助绳其线夹不允许有烧伤、打、碰弓现象,户外段中锚绳应符合设计要求。

(8) 吊弦的检调

1) 作业准备。调整在准备方面以检调工具和器具为主。

工具和器具:接地棒、验电器、常用扳手、梯车、铜锤、液压钳、断线钳、安全用具、手电筒、轨距尺、激光测距仪等。

2) 作业程序

①申请要令。电调下达准许作业的命令后,验电接地。

②将梯车推到调整的吊弦处。

③检调内容

a. 检查吊弦应均匀布置,并处于张力状态,无偏磨,不允许有散股,不应有锈蚀现象。

b. 检查吊弦长度,满足高度和弛度的要求。

c. 吊弦线夹不得有裂纹和烧伤痕迹,紧固螺栓无松动。

d. 吊弦垂直于线路方向偏移角度和方向符合安装曲线图。

e. 吊弦线鼻无松动、拉脱现象,心型环完好并方向一致,无侵限界现象。

④作业完毕后,测量该吊弦处的拉出值、导高。

⑤工作结束。工作负责人对人员、工器具及材料进行清点,拆除接地线后撤离现场。

⑥消令登记。

⑦工作完毕后回基地填写相应的报表。

(9) 吊弦的更换

1) 作业准备

①工器具:接地棒、验电器、常用扳手、梯车、铜锤、液压钳、断线钳、安全用具、手电筒、轨距尺、激光测距仪等。

②材料:16 mm^2 软铜绞线、吊弦线夹、压接管、心型环、接线端子(线鼻子)。

2) 作业程序

①申请要令。电调下达准许作业的命令后,验电接地。

②将梯车推到需要更换的吊弦处。

③更换步骤

a. 松吊弦的承力索与导线线夹螺栓,取下旧吊弦。

b. 取出承力索吊弦线夹，松开线夹螺栓，把承力索吊弦线夹分别卡到两根承力索上，拿起预置好的吊弦，将载流环的线鼻子按方向对好线夹孔，穿上线夹螺栓，拧紧螺母。理顺吊弦线，上好吊弦线夹，将线夹卡在导线上，拧紧螺栓。

④作业完毕后，测量该吊弦处的拉出值、导高。

⑤工作结束。工作负责人对人员、工器具及材料进行清点，拆除接地线后撤离现场。

⑥消令登记。

⑦工作完毕后回基地填写相应的报表。

3）注意事项

①吊弦间距≥6 m。

②应受力，无烧损、无断股松动，其偏移符合安装曲线图。

③环式整体吊弦两端回头的绕向应一致。

④吊弦线夹无烧伤，无偏磨、松动，严禁有打、碰弓现象（用水平尺检查）。

⑤有源吊弦线夹安装位置准确，线鼻无拉脱现象。

⑥吊弦在垂直于线路方向的倾斜率不得大于 1/10；顺线路方向吊弦下部的偏移值应与该点承力索和接触线伸缩值之差相适应。

接触网测量导高和拉出值

操作准备

1. 核对施工检修申请单与工作票是否符合规定。
2. 要令申请，向行调申请允许作业命令。
3. 行调下达准许作业命令后进入作业区域。

操作步骤

步骤1　在测量定位点下方轨道上放置好道尺，道尺与线路垂直。

步骤2　打开激光测距仪电源，将激光测距仪放在道尺上，注意基点选择。

步骤3　移动位置，使激光红点对准外侧导线。

步骤4　按下启动按钮，读出显示数据并记录，此数据为导高。还要换算一下，因此数据没有扣除道尺厚度的影响。

步骤5　读激光射出处刻度与道尺对齐刻度，此数据为拉出值，记录。注意，还要换算一下，此时还没有扣除道尺厚度的影响。

步骤6　工作结束。工作负责人对人员、工器具及材料进行清点。

操作要求

1. 接触线的高度应符合区段设计要求

两相邻定位点导高：隧道段 ±20 mm；地面段 ±30 mm；车辆段 ±50 mm。

2. 拉出值按照检修规程技术要求

正线、车辆场直线段为 ±200 mm；正线、车辆场曲线段为 ±250 mm；正线、试车线曲线段为 ±300 mm。

3. 跨中偏移

正线、试车线曲线段为 ±300 mm；车辆厂曲线段为 ±350 mm。

测量导线磨耗

操作准备

1. 核对施工检修申请单与工作票是否符合规定。

2. 要令申请，向行调申请允许作业命令。

3. 行调下达准许作业命令后进入作业区域。

操作步骤

用游标卡尺对接触线底部（与受电弓接触面）的反光面宽度进行测量。遇到导线偏磨情况，应注意修正。

操作要求

检测点应作出特殊标记，测量接触线磨损宽度，根据线材情况计算出磨耗面积，平均磨耗不允许超过截面积的33%。对以下各种情况进行选点检测：停车时受电弓位置、锚段关节、中心锚结、分段绝缘器、线岔两侧，导高最低点、线路和隧道沉降处等部位进行选点并重点检测。

本章测试题

一、判断题（将判断结果填入括号中，正确的填"√"，错误的填"×"）

1. 黏性土按工程地质可分为老黏土、一般黏土、淤泥和淤泥质土、红黏土四种。

(　　)

2. 钢柱的侧面限界系指钢轨轨平面处基础内缘至近线路中心的距离。（ ）
3. 中心锚结绳应无断股、散股、接头，两边受力平衡，无松弛。（ ）
4. 停车场巡视可在白天进行，正线巡视在夜间停运后进行。（ ）
5. 车梯巡视的巡视周期应该6个月一次。（ ）
6. 隧道测量分为纵向测量和横向测量。（ ）
7. 区间定位横向测量根据接触网平面图标出的测量起点沿线路中心按照图纸上的跨距依次测量。（ ）
8. 静态测量就是测量地铁接触网接触悬挂各个部位的静态尺寸。（ ）
9. 非接触式激光雷达扫描方式比较精准，但容易受到外部的干扰，影响测量结果。（ ）
10. 在进行接触网检测的时候，检测参数应该对应实际检测位置点，否则就不能准确反映检测实际情况。（ ）

二、单项选择题（选择一个正确的答案，将相应的字母填入题号内的括号中）

1. 普通土类，这类土壤取土较易，但（ ），开挖时应注意防护。
A. 易打滑　　　　B. 结构力差　　　　C. 易塌陷　　　　D. 管涌

2. 坑口的长、宽尺寸应比基础尺寸（ ）。
A. 大　　　　　　B. 小　　　　　　　C. 相等　　　　　D. 以上都可以

3. 软横跨的（ ）定位测量，其测量方法有等腰三角形法和经纬仪测量法两种。
A. 纵向　　　　　B. 斜向　　　　　　C. 横向　　　　　D. 以上都不对

4. 对接触网的巡视种类可分为（ ）。
A. 步行巡视、车梯巡视
B. 步行巡视、登电客车巡视
C. 车梯巡视、登电客车巡视
D. 步行巡视、车梯巡视、登电客车巡视

5. （ ）主要观察接触悬挂及其支撑装置和定位装置的状态。
A. 昼间步行巡视　B. 夜间步行巡视　　C. 登车巡视　　　D. 车梯巡视

本章测试题答案

一、判断题

1. √　2. ×　3. √　4. √　5. √　6. √　7. ×　8. √　9. √　10. √

二、单项选择题

1. B　2. A　3. C　4. D　5. C

第 2 章

接触网部件装配与计算

学习目标

- ☑ 掌握支柱、锚柱、钢柱、混凝土支柱安装和整正的要求。
- ☑ 了解支柱承受的负荷与负荷计算。
- ☑ 掌握各类腕臂安装的要求及检调的方法。
- ☑ 了解导高、支柱侧面限界和结构高度对腕臂装配的影响因素。
- ☑ 掌握混凝土浇制与养护方法。
- ☑ 了解混凝土材料的选用、混凝土基础拆模。
- ☑ 掌握锚结和线岔安装要求;熟练掌握各类电连接器安装的技术要求。
- ☑ 了解各类线岔的检调;各类锚结、线岔技术特点。

知识要求

2.1 支柱装配

2.1.1 接触网支柱

1. 支柱的基础作用

支柱是接触网中最基本、应用最广泛的支撑设备,用来承受接触悬挂与支持设备和定位装置的负荷。

2. 支柱的外观检查要求

(1) 钢筋混凝土支柱

1) 表面平整,弯曲度不得大于2‰。

2) 支柱破损局部露筋1~2根的,可修补使用,露筋3~4根的,可修补降一级使用。

3) 支柱结合处裂纹宽度小于0.15 mm的可以使用,0.15~0.3 mm的修补后使用,大于0.3 mm的不得使用。

4) 纵向裂纹、收缩性裂纹宽度小于0.15 mm的可以使用,0.15~0.3 mm的修补后使用。

5) 支柱仅混凝土破损的,可用水泥砂浆修补后使用。

(2) 钢支柱外观要求

1) 钢柱的角钢不应有弯曲、扭转现象,表面漆层完整,无脱落、无锈蚀。

2) 焊接处应无裂纹。

3）基础螺栓孔相对位置偏差不得大于±2 mm。

4）钢柱弯曲度不应大于1/750。

3. 支柱的堆放要求

钢筋混凝土支柱易损坏，在装卸作业中要特别小心。钢筋混凝土支柱堆放时应符合下列要求：

（1）用150 mm×200 mm方木垫起，根部在一侧，梢部统一在另一侧。

（2）堆放高度不得超过三层，层与层之间用方木垫在结点处，不得垫在腹孔中间。

（3）放置方式应是无腹孔侧（即杆子小面）朝上。

4. 支柱的类型及其特点

（1）按材料分类。支柱按材料分类可分为预应力钢筋混凝土支柱和钢柱两种。

1）预应力钢筋混凝土支柱。预应力钢筋混凝土支柱，简称为钢筋混凝土支柱，采用高强度的钢筋，在制造时预先使钢筋产生拉力，则钢筋处于受拉状态，而混凝土处于受压状态。当支柱承受负载后，混凝土里将出现拉应力，它等于弯矩引起的拉应力与预压应力之差，这样，采用混凝土就可使支柱的负载能力大大提高。它比普通钢筋混凝土支柱在同等容量情况下有节省钢材、强度大、支柱轻等优点。钢筋混凝土支柱本身是一个整体结构，图2—1、图2—2所示为两种钢筋混凝土支柱。

预应力钢筋混凝土支柱的型号表示如下：

图2—1　H型预应力钢筋混凝土支柱

图 2—2 圆柱形预应力钢筋混凝土支柱

$$H\frac{38}{8.7+2.6}$$

式中　H——钢筋混凝土支柱；

　　　38——垂直于线路方向的支柱容量，kN·m；

　　　8.7——支柱露出地面的高度，m；

　　　2.6——支柱埋进地下的深度，m。

用于下锚的钢筋混凝土支柱其符号表示如下：

$$H\frac{48-25}{8.7+3}$$

式中　48——垂直于线路方向的支柱容量，kN·m；

　　　25——顺线路方向的支柱容量，kN·m；

　　　8.7——支柱露出地面的高度，m；

　　　3——支柱埋进地下的深度，m。

2）钢柱。钢柱是由角钢焊接成的立体桁架结构式支柱，具有重量轻、容量大、耐碰撞、运输及安装方便等优点。但存在用钢量大、造价高、耐腐蚀性能差、需定期进行除锈、涂漆防腐、维修不便等缺点。现在钢柱的涂漆防腐已改为热镀锌防腐，提高了防腐性能，延长了维修周期。

钢柱主要用于跨越股道比较多、需要支柱高度较高、容量较大的软横跨柱，其次用作桥梁墩台上安装的支柱。现在作为软横跨钢柱的高度有13 m和15 m两种。钢柱需要用基础固定在地面上，如图2—3所示。

钢柱的型号表示如下：

$$G\frac{50}{9.5}$$

其中，G表示钢柱；50表示支柱垂直于线路方向的支柱容量，单位为kN·m；9.5表示钢柱本身的高度，单位为m。

下锚柱表示如下：

$$G\frac{250-250}{15}$$

其中，第一个250表示支柱垂直于线路方向的支柱容量，单位为kN·m；第二个250表示支柱顺线路方向的支柱容量，单位为kN·m；15表示钢柱本身的高度，单位为m。

图2—3　钢柱与基础

（2）按用途分类。支柱按用途分类可以分成中间柱、转换柱、中心柱、锚柱、定位柱、道岔柱、软横跨柱、硬横跨柱等，支柱的安设位置如图2—4所示。

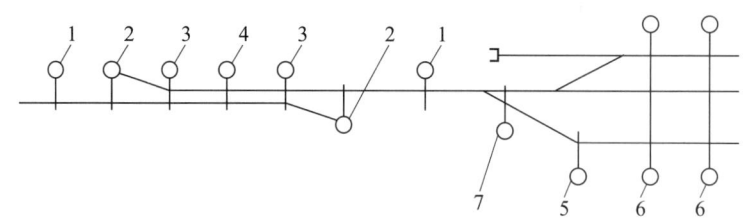

图2—4　支柱安设位置图

1—中间支柱　2—锚柱　3—转换支柱　4—中心支柱

5—定位支柱及道岔支柱　6—软横跨支柱　7—硬横跨支柱

1）中间支柱。用于区间和站场，布置在两相邻锚段关节之间，它承受工作支接触悬挂的重力及作用于悬挂上的水平分力，其承受力矩比较小。

2) 锚柱。在接触网锚段关节处或其他接触网下锚地方需设锚柱。它能承受两个方向的负荷，在垂直线路方向起中间支柱的作用，在顺线路方向，承受接触悬挂下锚的全部拉力。锚柱需要打拉线。

3) 转换支柱。位于锚段关节的两锚柱之间，它承受接触悬挂下锚支和工作支线索的重力和水平力。

4) 中心支柱。在四跨锚段关节处，位于两转换支柱中间。它同时承受两工作支接触悬挂的重力和水平力，两工作支接触线在此处定位点呈水平。

5) 定位支柱及道岔支柱。这两种支柱是当接触线由于某种原因对受电弓中心偏移过大时，为确保电力机车受电弓正常工作而设立的。一般多设于站场道岔或曲线处。

6) 软横跨支柱。用于软横跨上，多用于站场上。由于受力较大，多选用容量较大的支柱，跨越五股道及以下的用钢筋混凝土支柱，以上的用钢柱。

7) 硬横跨支柱。用于硬横跨上，多用于全补偿链形悬挂的站场上。一般是为固定承力索中心锚结绳而设立的。在某些特殊地段，如站场伸入高架桥梁上用双线路腕臂或软横跨都不方便时，可采用硬横跨。硬横跨支柱为钢柱。

2.1.2 锚柱

1. 建筑基材（锚固基础）

材料谱系从混凝土、各种砌体材料到建筑板材。锚固基础的类型、特征和强度将决定锚栓系列的选择。例如，适合实心材料的锚栓就未必适用于空心材料。

（1）混凝土。混凝土分为普通混凝土与轻质混凝土。混凝土由水泥和骨料构成。普通混凝土的骨料通常采用砾石和砂子，可由其他轻质材料（如浮石、陶粒、聚苯乙烯颗粒和用于混凝土的粉煤灰）代替成为轻质混凝土。因此，普通混凝土抗压强度比轻质混凝土的高。

在混凝土中通常使用金属锚栓（后切底柱锥式锚栓、膨胀式锚栓或高强化学锚栓），在载荷要求较低的情况下，也可选用尼龙材料锚栓。

（2）墙体材料。墙体材料一般由砂浆和砖（砌）块两种材料组成。其中包括实心砌块。材料的强度、密度和几何尺寸（外形尺寸、空洞等）各不相同，推荐的承载力只能作为参考，必要时做现场适应性试验以确定其性能。

1) 致密性实心砖。致密建材如实心黏土砖或实心灰砂砌块具有很高的抗压强度。在此类材料中锚固，可选用尼龙锚栓。

2）致密承压空心砖。如空心砌块、空心黏土砖或灰砂砌块。这种材料的锚固需选用专用锚栓，如注射型锚栓或尼龙锚栓。

3）高孔隙率实心砖。高孔隙率实心砖，如轻质混凝土实心砖或加气混凝土，因孔隙较多，其抗压强度低。在这类材料中锚固需要使用专用的锚栓，如有较大膨胀面积的锚栓、加气混凝土专用尼龙锚栓。

4）高孔隙率空心砖。高孔隙率空心砖的抗压强度一般较低。在这种材料中锚固时，应根据孔隙的形状和尺寸，以及砖块的抗压强度正确选择锚栓。可用万能框架尼龙锚栓或膨胀区较长的尼龙锚栓。

5）板材。板材是指薄壁建材，通常强度较低，主要用于室内空间分隔。如纸面石膏板、石膏纤维板、高压密度板、硬纤维板和胶合板。在这类建材中可以采用直接固定在薄板背面的锚栓，即所谓的孔腔锚栓。

2. 拉线作用

拉线一般设在锚柱处，其作用是将接触网线索的下锚张力通过锚板传递给大地。锚柱拉线应在线索下锚方向的延长线上。允许向田野侧偏差150 mm，向线路侧不准有偏差。拉线与地面的夹角不得大于45°，困难条件下不得大于60°。拉线与锚柱如图2—5所示。

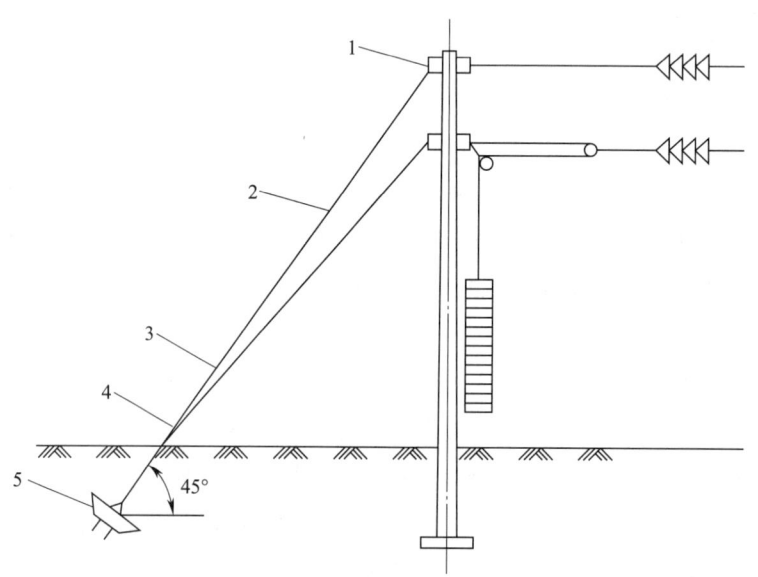

图2—5 拉线与锚柱

1—楔形线夹 2—下锚拉线 3—UT型线夹 4—锚杆 5—锚板

3. 锚板安装

（1）钻孔深度。由锚栓类型及规格来决定需要的钻孔深度，在大多数情况下，钻孔深度大于锚固深度。

（2）锚固深度。锚固深度是影响锚栓承载力的重要参数。后切底柱锥式与金属膨胀式锚栓的锚固深度，为从承载基材表面到扩压片或膨胀片终点之间的距离。高强化学锚栓的锚固深度则为从承载基材表面到螺杆端头的距离。尼龙锚栓为从承载基材表面到尼龙膨胀片终点的距离。

（3）锚固厚度。锚固厚度等于被锚固件的最大厚度。如果锚固基础表面有非承重层，则该层厚度必须包括在锚固厚度内。如果采用内螺纹锚栓，则其锚固厚度可随所选合适的锚栓长度而变化，其他类型锚栓的锚固厚度一般有限定。

（4）间距、边距及基材（构件）厚度。锚栓的间距是指相邻锚栓轴线之间的距离，边距是指锚栓轴线到构件自由边缘的距离，构件厚度是指结构构件的厚度。

为了充分利用基材强度，发挥锚栓的最大承载性能，必须保障一定的锚栓间距、边距和构件厚度。为了防止锚固基材劈裂、开裂或剥落，必须保障最小的间距和边距。

（5）锚栓安装方式

1）预插式安装。预插式安装预先钻孔，锚栓端部与锚固基材表面齐平，再用螺母拧紧被锚固件。锚固基础的钻孔直径一般大于被锚固物的钻孔直径。

2）穿透式安装。连带被锚固物同时钻孔，随后安装锚栓并拧紧。被锚固件上的钻孔直径至少等于锚固基础上的钻孔直径。

3）间隔式安装。是指被锚固物与锚固基础表面相隔一段距离。内螺纹金属锚栓多采用这种安装。

4. 载荷类型

在建筑行业中，作用在结构上的外力称作载荷作用。载荷有各自的作用频率和持续时间。

按载荷变化频率分类：

（1）没有变化（类静载荷作用）：恒载、约束力、隔墙、设备。

（2）低频率

1）无惯性力、静载荷作用：约束力。

2）有惯性力、动载荷作用：冲击力、地震力、爆炸力。

（3）高频率

1）无惯性力、可变载荷作用：桥面、电梯载荷。

2) 有惯性力、动载荷作用：冲力机、锻造机。

(4) 静载荷

1) 静载荷定义。静载荷是指载荷为恒定值，或缓慢变化没有惯性力产生的载荷，也常称为类静态载荷；如果载荷变化为高频率，且无惯性力出现，则称为可变载荷作用，也称疲劳载荷；如果有惯性力作用，就会产生动载荷，它依赖载荷变化的频率。惯性力是通过冲击、地震、爆炸或有质量加速度的机器产生的。

2) 静载荷对锚固的作用。静载荷对锚固而言，就是被连接件的重量和永久载荷。混凝土蠕变和温度变化可能引起被连接件的变形。对于受几何尺寸、安装位置和锚固基材等因素影响的锚栓，如果要防止这些变形，锚栓将受到附加载荷作用。根据温度变化的频率，疲劳程度将可能产生明显的影响。

静载荷和动载荷的主要区别在于惯性力和阻尼力。

为了正确、合理地选择锚栓类型和规格，必须了解其所受的各种载荷作用。载荷作用的大小、方向和作用点都会影响其作用结果。

5．锚栓作用原理

锚栓主要有三种承载原理：凸形结合、摩擦结合和材料粘结。

(1) 凸形结合。凸形结合时，作用在锚栓上的载荷通过机械啮合传递到锚固基础中，锚栓在扩孔部分与锚固基础形成凸形结合，通过凸形结合将载荷传递给锚固基础。

(2) 摩擦结合。膨胀型锚栓的承载原理是摩擦结合。锚栓安装是首先产生膨胀力，进而产生摩擦力。膨胀力可有两种途径产生：扭矩控制和位移控制。扭矩控制锚栓是通过用扭力扳手施加规定的力矩产生膨胀力。在此过程中锥体螺杆压入膨胀套管内，把膨胀片挤向孔壁，如果扭矩达到规定的安装扭矩，锚栓就达到了正确的膨胀状态（扭矩控制）。位移控制是把锥体螺杆敲击入膨胀套筒内，达到规定的击入行程使膨胀片膨胀（位移控制）。

(3) 材料粘结。在这种情况下，载荷通过胶粘材料传递到锚固基础。

6．锚栓破坏类型

锚栓可能由于各种不同的应用边界条件而失效，因此了解不同的载荷类型是非常重要的。

(1) 轴性拉力作用。安装在混凝土基材中的后切底柱锥式锚栓和金属膨胀锚栓在拉力作用下破坏。发生拔出破坏时，锚栓从基材中被拔出，而混凝土未出现明显的破坏。靠近基材表面可能会有轻微的剥落，但是这对锚栓破坏载荷不起主导作用。如果锚栓的膨胀力太小而不足以将锚栓固定在混凝土中直至破坏，膨胀式锚栓也可能发生拔出破坏。

膨胀式锚栓发生穿出破坏时，锥体或锥体锚杆从膨胀片中穿出，而膨胀片仍留在钻孔中。膨胀力较高的膨胀锚栓常发生这种穿出破坏。

混凝土破坏时，锚栓带出一个锥形混凝土破裂块，锥体的端部是膨胀区或后切底区。如果相邻锚栓间距较近，且共同在一块锚板上，则可能出现破裂块交叉，拉出一个共同的混凝土破裂块。如果边距很小，则会导致混凝土边缘剥落。

混凝土劈裂破坏，可能是整块构件开裂，可能是相邻锚栓间出现裂缝，也可能是锚栓与构件自由边之间产生裂缝。这种破坏形式，只有在构件尺寸过小或锚栓间距、边距过小的情况下才会出现。

钢材破坏是指螺杆或与锚栓配套的螺钉发生断裂。钢材破坏载荷是锚栓承载力的上限。

化学粘结锚栓可能发生与膨胀锚栓和后切底锚栓类似的破坏模式。当植筋胶粘剂和基材孔壁界面之间的粘结或植筋胶粘剂与钢筋界面之间的粘结破坏时，化学粘结锚栓就会发生拔出破坏。发生混凝土破坏时，破坏锥体起始于锚固深度的 0.3 ~ 0.7 处。

在砌体结构中，锚栓最大承载力受基材强度的控制。在实心砌块中，锚栓可能发生拔出破坏或劈裂破坏。在有些情况下，承载力上限则是钢材破坏载荷。

（2）剪力作用。混凝土中的锚栓在剪力作用下的破坏：如果锚栓距离混凝土构件边缘较大，通常发生钢材破坏。在这种破坏形式发生前，可能会发生混凝土表面局部剥落。与受拉情况类似，在剪切作用下，钢材破坏是锚栓受剪承载力的上限。

对于粗短或间距很小的锚栓组，在剪力作用下，往往会发生混凝土的撬剥破坏。

如果锚栓距离混凝土构件边缘近，在剪力作用下，往往会导致混凝土边缘剥落。对靠近边缘并且间距也很小的锚栓组，在剪力作用下可能会导致一个共同的混凝土剥落块。如果锚栓靠近构件角部，在剪力作用下，可能会发生整个混凝土角部剥落。

同样地，安装在砌体结构上的锚固系统要么发生钢材破坏，要么发生基材破坏。

7. 影响锚栓承载性能的各种参数

（1）基材强度。后切底柱锥式锚栓及有足够膨胀性能的金属膨胀锚栓，在混凝土中受轴向拉力时，往往会发生混凝土锥体破坏。混凝土破坏载荷的上限为锚栓钢材破坏载荷。

同受拉情况类似，锚栓在剪力作用下的破坏载荷取决于混凝土强度。

在其他锚固基材中，锚柱承载性能同样与基材强度有关。基本上，锚栓的承载性能随基材强度的提高而提高，然而这种关系并不像锚栓在混凝土中那样可以精确度量。基材的类型、尺寸和材料结构（空腔）等众多参数都需进一步考虑。

（2）锚固深度。在拉力作用下，锚栓的混凝土破坏载荷受埋深影响。后切底柱锥式锚栓（预插式）在未开裂混凝土中，混凝土破坏载荷的增长与锚固深度的1.5次方成正比。但其极限载荷受钢材破坏载荷的限制，不能无限地增加。

后切底锚栓或具有足够膨胀力的膨胀式锚栓在一定的锚固深度下足以使混凝土产生破坏。如果上述锚栓锚固深度进一步加深，锚栓通常达不到使混凝土破坏状态，这时锚栓会发生滑移，直至锚固深度减小到出现混凝土破坏或穿出破坏。即一味地提高锚栓锚固深度，对提高锚栓的承载性能影响不大。

锚栓在剪力作用下，其锚固深度仅仅通过锚栓本身的刚度间接地影响混凝土的破坏载荷，而这种影响很小。

（3）边距。后切底锚栓或膨胀力足够的锚栓，在拉力作用下，锚栓的主要破坏形式为混凝土破坏。破坏锥体的顶点从后切底端或膨胀端开始，与混凝土表面夹角大致为35°，即破坏锥体的表面直径约为锚固深度的3倍。因此，只有当破坏锥体不受边距阻碍时，才能达到混凝土破坏载荷的最大值。于是锚栓边距应至少保证为破坏锥体表面直径的一半（1.5倍的锚固深度），如果边距减小，则破坏锥体会受到构件边缘切割，导致破坏载荷降低。

如果锚栓的边距足够大，则通过混凝土中的封闭环状拉应力，保障内外力相平衡，即混凝土中的应力关于锚栓辐射对称分布。如果锚栓的边距减小，则辐射对称应力状态发生变化，从而导致混凝土破坏载荷的降低。上述两种限制混凝土破坏的影响参数，即构件自由边缘对混凝土破坏锥体和辐射对称应力状态的干扰，是相辅相成的。

在剪力作用下，边距对锚栓破坏载荷的影响更为明显。如果构件边缘附近的锚栓受到指向自由边的剪力作用，则会因为混凝土边缘剥裂而失效。破坏锥体与构件边缘夹角约为35°，因此破坏锥体在构件边缘的长度约为边距的3倍，破坏锥体的高度经试验验证约为边距的1.5倍。

（4）锚柱间距。锚柱间距与其边距一样，对承载性能具有明显的影响。锚栓在拉力作用下，只有当混凝土破坏锥体能不受阻碍地形成时，混凝土破坏载荷才能达到最大值。

两个锚栓的破坏锥体不交叉，两个锚栓均能达到其最大的混凝土破坏载荷。也就是说，该锚栓组的破坏载荷相当于两倍的单个锚柱的最大混凝土破坏载荷。

两个一组的锚栓组破坏载荷随锚栓间距的增加而增加，直到间距为边距的 3 倍时，间距再大，破坏载荷也不会继续增加。因为此时锚栓组的承载力已经达到最高值，即相同边距的单个锚栓破坏载荷的 2 倍。

（5）构件厚度。在拉力作用下，构件厚度对锚栓的承载能力仅有间接影响。如果构件厚度过小，锚栓在安装或在锚栓受力时就会导致混凝土开裂，从而达不到充分利用基材（混凝土）强度的目的。为了避免出现这种情况，当使用后切底柱锥式锚栓或扭矩控制膨胀式锚栓时，构件最小厚度应保证 2 倍的锚固深度。使用其他锚柱时，例如敲击锚栓，因安装时传给混凝土的膨胀力较大，构件厚度应更大。

与受拉情况不同，构件边缘锚栓受剪承载力时受构件厚度影响很大。随着构件厚度的增加，锚栓的承载力相应地增加，直至构件的厚度约为边距的 1.5 倍时不再增加。

（6）裂缝。混凝土抗拉强度很低，同时其抗拉强度还可能由于混凝土构件受外界条件的影响（如干缩、温缩等因素产生的内应力）进一步降低或降到零。所以，计算钢筋混凝土构件时，不考虑混凝土的抗拉强度，也就是设计计算时假定混凝土受拉区是开裂的。

当裂缝出现时，它们很可能通过锚栓或靠近锚栓。这是由于在紧接锚栓的区域拉力会增加，它们是由以下因素产生的：锚柱预紧力或所受载荷产生的劈裂力、构件中单点集中载荷产生的弯矩峰值以及钻孔产生的开槽效应。

扭矩控制膨胀锚栓适用于开裂混凝土。

8. 锚栓分类与安装

（1）后切底柱锥式锚栓。后切底柱锥式锚栓分为螺杆式锚栓、穿透式锚栓、内螺纹式锚栓。适用于普通混凝土≥B15（开裂或未开裂）、致密的天然石材。用于固定一般钢结构、栏杆、电缆线路、锚轨、机械设备、托架、门窗、楼梯或钢梯、围护结构和抗震构件等。后切底柱锥式锚栓承载力高，即使在开裂混凝土中，通过柱锥式孔锚固为设计和使用者提供最大的安全水平（机械锁定），无应力安装，边间距要求小。针对不同的安装形式，可选用螺杆式锚栓、穿透式锚栓和内螺纹式锚栓。

后切底柱锥式锚栓钻孔和安装方便快捷，仅需一个钻头和一个安装工具即可完成整个安装过程。安装完毕，锚栓可立即承受载荷。

后切底柱锥式锚栓安装钻孔是采用高科技锥式重荷万能钻一次钻成的（不需要更换钻头）。达到要求的钻孔深度后（挡块抵住锚固基础），钻头回旋转动对直孔底部进行切削扩孔，并最终形成柱锥式钻孔。

后切底柱锥式锚栓安装时，首先应将钻孔中的碎屑清除，然后选用适当的敲击工具将锚栓套管推至锥形螺杆底部。如果选用配合钻头使用的电动敲击工具,可以缩短安装时间。当套筒推至锥形螺杆底部之后,锚栓即和基材之间形成了机械锁定作用从而承受载荷。

安装完成后,锚栓套筒顶端至少低于混凝土表面 1 mm。这可以作为保证锚栓正确安装的可视化标志。

(2) 后膨胀螺杆锚栓。后膨胀螺杆锚栓适用于普通混凝土≥B15(开裂或未开裂)、致密的天然石材。用于固定钢结构、栏杆、电缆桥路、锚固槽钢、机械设备、支架、门、楼梯、抗震构件等。后膨胀螺杆锚栓双层膨胀片可获得高承载力,钻孔直径小(钻孔直径=螺杆直径),穿透式安装,小间距、小边距,可保证在开裂混凝土中产生后继膨胀作用;安装时将钻孔中的积尘清理之后,放入锚栓,在任何情况下垫圈都应紧贴在被连接件表面。

(3) 后膨胀套管锚栓。后膨胀套管锚栓适用于普通混凝土≥B15(开裂或未开裂)、致密的天然石材。用于固定钢结构、栏杆、电缆托盘、槽钢、机械、支架、门、楼梯、梯子、管道、脚手架、抗震构件等。后膨胀套管锚栓在开裂混凝土中仍能确保很高的安全性。后膨胀套管锚栓双层膨胀片设计,可确保其在开裂混凝土中产生后膨胀,减小了对边间距的要求并确保很高的承载力。膨胀片经优化设计可防止锚栓在安装过程中转动,具有卓越的安装特性,为可穿透式安装。安装时将钻孔中的积尘清理之后,放入锚栓,在任何情况下垫圈都应紧贴在被连接件表面。

(4) 螺杆锚栓。带大垫圈的螺杆锚栓适用于普通混凝土≥B15、致密的天然石材。用于固定钢结构、金属型材、锚固板、支架、轨道、窗、机械设备、木结构、梁、支撑构件、电缆桥架、锚固槽钢等。螺杆锚栓膨胀片的几何形状经优化设计,增大了锚固厚度和螺纹长度,提供了更广泛的应用范围。螺杆锚栓钻孔直径小(钻孔直径=螺纹直径),用于木结构中可以使用大垫圈。安装时将钻孔中的积尘清理之后,放入锚栓,在任何情况下垫圈都应紧贴在被连接件表面。

(5) 敲击式后切底锚栓。敲击式后切底锚栓适用于普通混凝土≥B15(开裂或未开裂)、致密的天然石材。用于固定管道、管架、风架、消防喷淋系统、吊顶、栏杆、格栅、钢构件和抗震构件等。这种后切底锚栓由套管、膨胀锥体和位移片组成。该锚栓安装在柱锥形的钻孔内,通过机械锁定作用为设计师和使用者提供高水平的安全度和可靠性,即使在开裂混凝土中仍然具有很高的承载力。安装时无附加应力,因此对边距和间距的要求小。操作简便,钻孔扩孔仅需一个钻头(期间无须更换钻头),安装完毕即可承受载荷。后切底柱锥式钻孔由后切底钻头一次完成钻孔、扩孔。钻孔达到要求的钻孔深度之后,钻头停止前进,然后通过钻头的回转式旋转扩孔,最终形成柱锥式钻孔。将锚栓置入钻好的孔内,使用配套的打入工具将膨胀锥体推入锚栓端部。如果希望节约安装时间,可以采用电动打入工具。安装完成后,锚栓机械锁定在钻孔内。当套管端缘与混凝土表面齐平并在打入工具的作用下发生变形时,可以认为锚栓正确安装完毕。

(6)化学锚栓。化学锚栓是一种新型的紧固材料,由化学药剂与金属杆体组成,继膨胀锚栓之后出现的一种新型锚栓,通过特制的化学粘接剂,将螺杆胶结固定于混凝土基材钻孔中,以实现对固定件锚固。

化学锚栓的主要特点为耐酸碱、耐低温、耐老化;耐热性能良好,常温下无蠕变;耐水渍,在潮湿环境中长期负荷稳定;抗焊性、阻燃性能良好;抗震性能良好。

9. 拉线安装

拉线一般设在锚柱处,如接触悬挂下锚、中心锚结下锚、附加悬挂下锚等,其作用是将线索的水平张力传给大地。安装位置和支柱型号不同,所选用的拉线和零部件也就不同。拉线基础按其施工方法可分为传统锚板式基础和钢筋混凝土浇筑式基础两种。承力索和导线的下锚拉线安装如图2—6所示,所需材料、零件见表2—1。

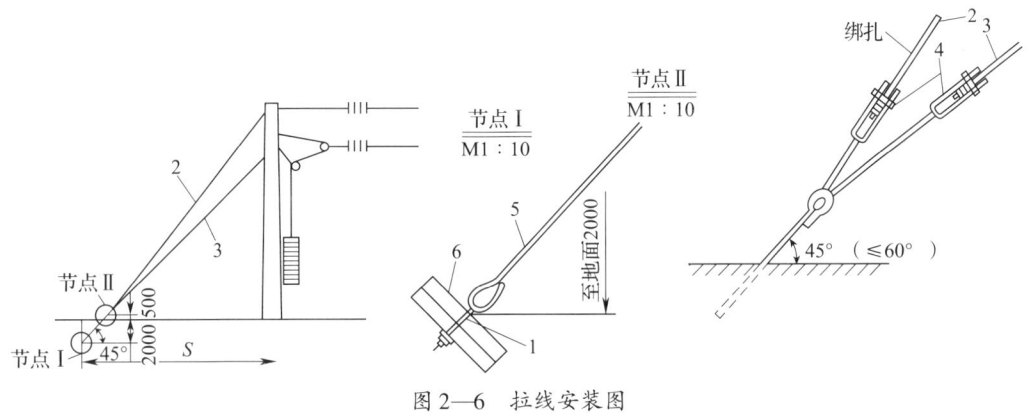

图2—6 拉线安装图

表2—1 安装零件、材料表

序号	名称	规格	单位	数量	说明
1	锚板U型螺栓	—	套	1	—
2	镀锌钢绞线	GJ—70	m	16	—
3	镀锌钢绞线	GJ—70	m	15	—
4	可调式UT型线夹	UT—2	套	2	—
5	锚板拉杆	双环(或单环)	套	1	—
6	锚板	—	块	1	—

安装步骤及标准如下：

（1）埋设锚板（或浇筑基础）

1）检查拉线坑的深度、坑口尺寸、马道方向等是否符合技术标准，拉线方向应在下锚方向的延长线上，其偏移误差以出土点计算，一般允许 + 150 mm（田野侧），– 0 mm（线路侧），如遇地形限制，必须偏向线路侧时，应使其距支柱等线路的中心线不得小于 500 mm，应保证拉线距线路的侧面限界符合规定。拉线的角度是指拉线对地夹角，要求为 45°，困难条件不得大于 60°。

2）把 U 形螺栓穿入锚杆中，再装到锚板上，锚板形状如图 2—7 所示。此时要注意长短拉杆的位置，链形悬挂拉线短拉杆在上，长拉杆在下。

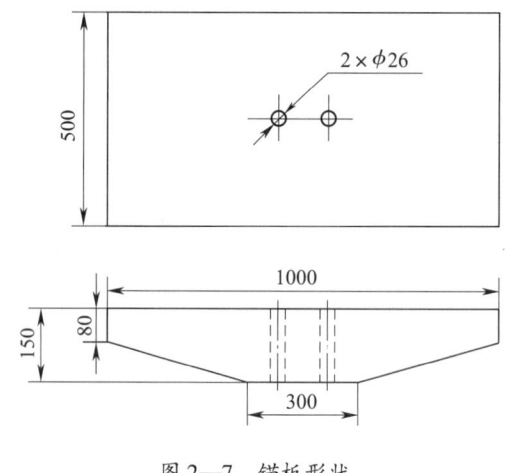

图 2—7　锚板形状

3）用绳拉住锚板放入坑中，锚杆对地角度为 45°，不合适时用钢钎、铁锹修整马道。

4）锚板安装好后，在锚杆埋入部分涂以沥青，每填 200 mm 要进行捣固夯实，培土要高出地面 100～200 mm。

（2）浇筑基础

1）拉线基础基坑开挖时严格按规定尺寸进行，下锚方式与基础型号相对应，当基坑位于路基边坡时，基坑深度以最低点量取。

2）基坑开挖时，应注意地下埋设物，严禁损坏。

3）钢筋编网下放基坑后，应保证筋网周围有不小于 75 mm 的混凝土保护层。基础稳模时，应保证下锚拉环在下锚支延长线上，基础面应高出地面 100 mm，误差

±20 mm，基础排水面应高出 25 mm，排水面定点距锚杆内沿的距离为 100 mm。

4）拉线基础下锚锚杆位置及方向正确，锚杆中心距锚柱的距离符合要求，施工偏差为 ±200 mm。

5）基础浇制要严格按照水灰比、配合比进行。

6）基础浇制过程中，不允许填充片石，采用机械振捣，且捣固应均匀。

7）基础在浇制完毕的 10~12 h 内应遮盖并浇水，浇水次数以保证基础湿润为原则，一般不少于 7 天。

8）拉线基础外露部分应表面平整、棱角分明，不应有蜂窝、麻面、粘皮、裂纹等现象。

（3）安装拉线固定角钢。是指安装承锚或线锚角钢、金属柱下锚固定角钢等。这些角钢应根据设计图纸、杆型、地点、下锚高度等选用。

1）钢筋混凝土支柱下铺固定角钢安装。2 人上杆并携带一条旗杆绳，分别站在支柱下锚侧和拉线侧，1 人将承锚角钢（或线锚角钢）扶稳，并经预留孔穿上螺栓，螺栓应从角钢本体穿向单环角钢侧，1 人将单环角钢安装在螺栓上，拧紧螺母。

2）钢柱下锚固定角钢安装。1 人上杆并携带一条棕绳和一盒皮尺，先确定安装高度，然后固定角钢。

（4）安装拉线

1）预制拉线。一般采用皮尺实测拉线长度，1 人在杆上拉线固定角钢处拉尺，杆下 1 人分别拉至上、下拉杆环，每根加上两个回头的长度（约 1.2 m），然后采用 GJ-70 镀锌钢绞线，按要求做好拉线一端的回头。

2）楔形拉线线夹端头安装在拉线环内，线夹凸面朝田野侧，销钉由上向下穿。

3）1 人用紧线器夹住钢绞线，并用钢丝套子与拉杆环做连接，然后紧线。同时，1 人看好锚柱顺线路方向的倾斜，应使锚柱端部向拉线侧倾斜 50~100 mm。

4）量好回头位置，安装 UT 型线夹，螺扣外露 20 mm。

5）绑扎回头，回头长度为 500 mm，绑扎 100 mm，误差为 ±10 mm，回头误差为 ±50 mm。

6）拉线固定角钢应与支柱密贴，拉线应绷紧，不得松弛。

7）拉线用双环杆应长在上，短在下。

2.1.3 支柱的限界

1. 区间接触网支柱的布置

软横跨支柱一般取 3.0 m。

2. 支柱侧面限界

支柱侧面限界是指轨面（或两轨连线）上支柱内缘距线路中心的距离。腕臂支柱的侧面限界选用见表2—2。

表2—2　　　　　　　　腕臂支柱的侧面限界

曲线半径（m）	200	300～599	600～1 000	>1 000	∞
曲线外侧限界（m）	2.8	2.7	2.6	2.6	2.5
曲线内侧限界（m）	3.1	3.1	2.8	2.7	—

3. 建筑限界

建筑限界是除机车车辆以及同它有相互作用的设备（如电气化铁路接触网、车辆减速器等）以外，其他设备和建筑物不得侵入的轮廓线。

为了保证列车运行安全，《铁路技术管理规程》规定：一切建筑物、设备在任何情况下均不得侵入铁路的建筑限界；与机车、车辆有直接互相作用的设备，在使用中不得超过规定的侵入范围。

支柱侧面限界任何时候不得小于 2 440 mm，机车走行线可降为 2 000 mm，曲线区段适当加宽，直线中间支柱一般取为 2 500 mm，软横跨支柱一般取为 3 000 mm，软横跨支柱位于站台时，为便于旅客行走，一般取为 3 000 mm。

2.1.4 支柱承受的负荷

1. 中间支柱承受的负荷

中间支柱是用于支持悬挂的支柱。承受接触悬挂的重量、风负载以及接触悬挂产生的水平力。

2. 锚柱承受的负荷

锚柱是用于接触网线索下锚的支柱。一般承受两个方向的负荷，在垂直线路方向起中间柱的作用，顺线路方向在拉线的作用下承受线索的下锚张力。

3. 支柱的负荷

（1）中间支柱承受的负荷。中间支柱在区间和站场上广泛使用，布置在两相邻锚段关节之间，支持一支接触悬挂，它承受一支工作支接触悬挂的重力及风作用于悬挂上的水平分力，中间支柱所承受的力矩比较小。

中间支柱在区间和站场都有广泛的应用，布置于两相邻锚段关节之间，支撑一支工作支接触悬挂。它承受一支工作支接触悬挂及其支持装置的重力、接触悬挂的风负荷和导线因改变方向而产生的水平力。

（2）锚柱承受的负荷。在接触网锚段关节处或其他接触悬挂下锚地方采用锚柱。锚柱在垂直线路方向上起中间柱的作用，即支撑工作支接触悬挂；在平行线路方向上，对需要下锚的非工作支接触悬挂（即下锚支接触悬挂）进行下锚、固定。它能承受两个方向的负荷，在垂直线路方向起中间支柱的作用，在顺线路方向，承受接触悬挂下锚的全部拉力。

（3）钢筋混凝土支柱的整正，如图2—8所示。

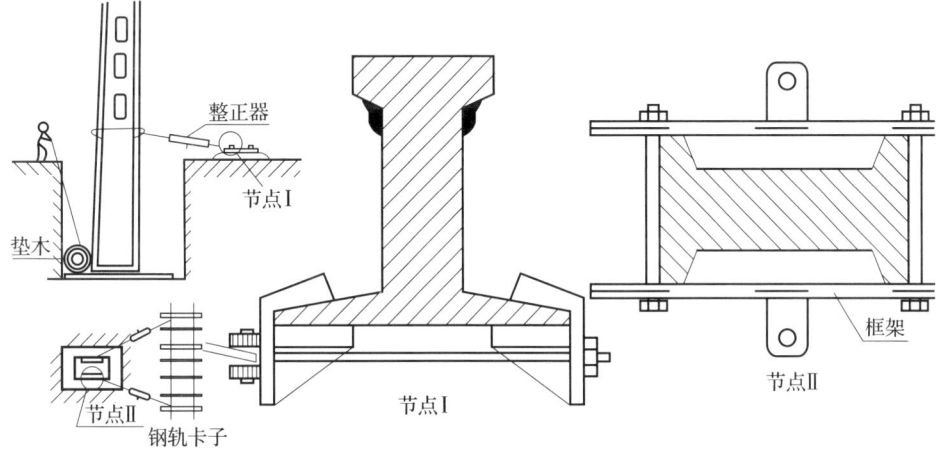

图2—8　钢筋混凝土支柱的整正

1）将整正器的框架安装在支柱上。

2）将整正器丝杠一端用钢轨卡子联至支柱两侧钢轨上，另一端联至框架。

3）同时摇动整正器手柄，用其丝杠长度的变化调整支柱限界。

4）若需要移动支柱根部时，则将垫木放至支柱根部的内侧（或外侧），再用手柄调整丝杠长度，使支柱根部移动。

5）若需要调整支柱两个"小面"时，则将杆面校正器插入腹孔进行调整。

6）在进行"4～6"程序时，应同时将丁字尺、水平尺、倾率测量仪放在指定位置，边调整边观察。

7）当支柱侧面限界、倾度达到标准后，停止整正，将整正器手柄卸下。

（4）支柱的负载。支柱负载是支柱在工作状态下所承受的垂直负载和水平负载的统称。支柱负载越大，支柱基底面处所受的弯矩也越大。支柱的负载计算，就是计算基底面处可能出现的最大弯矩值。通常所说的支柱容量，是指支柱本身能承受的最大许可弯矩值。支柱容量的大小，取决于支柱的自身结构，说明了该支柱承载能力的大小。

支柱的最大弯矩，除了与支柱所在的位置、支柱类型、接触悬挂类型、线索悬挂高度、支柱跨距及支柱侧面限界有关外，还与计算气象条件有直接关系，最大弯矩可能出现在最大风速、最大附加负载（覆冰）或最低温度时。计算最大弯矩时，一般应对三种气象条件进行计算，取其中最大值作为选择支柱容量的依据。一般来说，支柱的最大计算弯矩多发生在最大风速及最大附加负载时。

支柱承受的负载按其方向可分为垂直和水平负载。

4. 支柱的负载计算

计算接触网支柱负载确定支柱容量，采用校验计算法。首先从标准支柱类型中选用一种，计算该柱上各力的大小，找出诸力对支柱地面中点处的力臂，求出力矩，合力矩之和即为所计算的支柱负载；用该值与预先选的支柱容量比较，当大于原选支柱容量时，原计算结果无效，应另选更高一级容量的标准支柱，重新按原过程进行计算；当小于原选支柱容量时，则原计算有效，计算结果满足条件。为节约投资，计算前应先从小容量支柱选起。

计算时应注意以下几点：

（1）支持装置和接触悬挂重量可查阅"接触网设计手册"。

（2）计算各类支柱负载时，各部分尺寸应尽量准确，以免误差过大。

（3）对布置在曲线内侧的支柱进行计算时，应正确选择风吹的方向，使计算结果是支柱处于最危险状态下的数据。以这种计算结果选用的支柱，在实际使用中更加安全可靠。

（4）有特殊装配（如兼装吸流变压器等设备）和附加导线的支柱，应按其实际使用情况并参照接触网计算方法计算。

（5）支柱的最大弯矩与气象条件有关，它可能出现在最大风速或最大覆冰时，应选择其中最大值，作为选支柱容量的计算依据。中间支柱负载分析如图2—9所示。

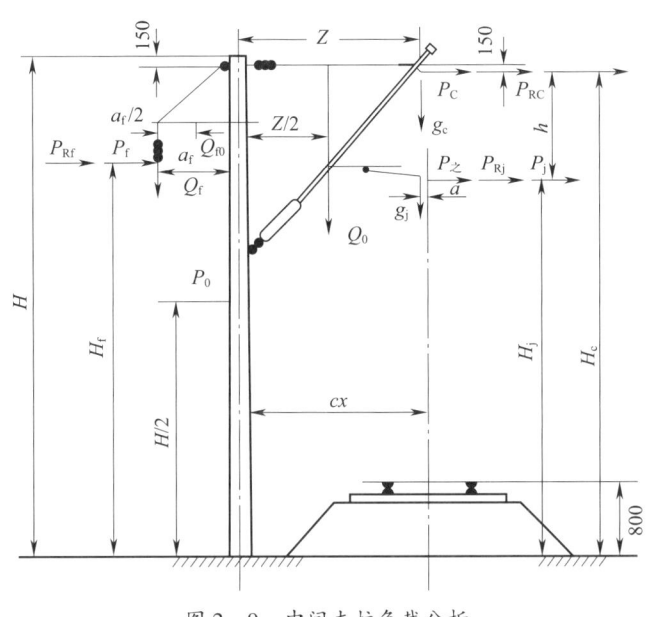

图 2—9 中间支柱负载分析

中间支柱负载计算及容量选择：

H——支柱地面以上的高度，m；

H_j——接触线至地面的高度（$H_j = H_0 + 0.8$），m；

H_0——接触线工作高度（从钢轨面至接触线的水平高度），m；

H_c——承力索至地面的高度（$H_c = H_j + h$），m；

h——接触悬挂结构高度，m；

Z——悬挂点至支柱中心线的水平距离，m；

g_j——接触线垂直负载，包括接触线及接触线吊弦线夹的重量，覆冰时应包括冰重，N；

g_c——承力索垂直负载，包括承力索及承力索吊弦线夹的重量，覆冰时应包括冰重，N；

Q_0——接触悬挂支持装置垂直负载，覆冰时应包括冰重，N。

5．支柱类型的选择

接触网支柱，按其使用材质分为预应力钢筋混凝土支柱和钢柱两大类。为了节约钢材，我国广泛采用钢筋混凝土支柱，但五股道以上的软横跨支柱、桥梁支柱和双线路腕臂支柱则采用钢支柱。在事故情况下，为迅速抢修恢复送电通车，可用木支柱进行临时过渡。

2.1.5 钢柱

1. 钢柱的类型及特点

钢柱是由角钢焊接成的立体桁架结构式支柱，具有质量轻、容量大、耐碰撞、运输及安装方便等优点，但造价高、易锈蚀，一般用于多股道的软横跨支柱和设立混凝土支柱有困难的地方。

2. 钢柱的安装与整正

钢柱整正是用撬棍将钢柱主角钢翘起，在下面塞入垫片，使支柱倾斜达到要求，然后对角循环紧固螺栓。

调整钢柱应用薄厚不同的钢垫片，每块垫片面积不小于 50 mm × 100 mm，每个角钢下垫片数不得大于三片，垫片应放在主角钢下面。

2.2 腕臂预配计算

2.2.1 支持装置

1. 支持装置的定义

支柱、支持装置和定位装置是使接触悬挂相对于线路中心保持在所要求的位置上的设备。支柱布置在线路一侧，与线路中心保持一定的距离。因此，为把导线悬挂到支柱并固定在一定的位置上，必须有一套中间装置，这就是所谓的支持装置。

2. 中间柱支持装置的特点

在中间支柱上只安装一个腕臂，悬吊一支接触悬挂，并把承力索和接触线定位在所要的位置上，这种支持装置称为中间柱支持装置。区间中除锚段关节处的支柱外，其余均为中间柱，所以中间柱支持装置是用量最大的支持装置。

3. 非绝缘转换柱支持装置的特点

对于三个跨距的非绝缘锚段关节，中间的两根支柱称为转换柱，它悬吊两支接触悬挂，其中一支为工作支，另一支为非工作支。工作支的接触线与受电弓接触；非工作支的接触线抬高约 200 mm，不与受电弓接触，通过转换柱拉向锚柱下锚。因此，转换柱需要安装两组定位器。

4. 绝缘转换柱支持装置的特点

在四跨绝缘锚段关节处，悬吊两支接触悬挂，其中一支为工作支，另一支为非工作支。工作支的接触线与受电弓接触；非工作支的接触线抬高约 500 mm，不与受电弓接触，通过转换柱拉向锚柱下锚。两支悬挂的接触线在平面图上平行，空气间隙为 400 mm，电气上能互相分开。

5. 中心柱支持装置的特点

位于四跨绝缘锚段关节的两转换柱之间的支柱，称为中心柱。在中心柱上同样要安装支持装置，悬吊的两支接触悬挂均为工作支，两根接触线为等高。当受电弓通过时，同时接触两根接触线，使之平稳过渡。两支悬挂的接触线在平面图上平行，空气间隙为 400 mm，电气上能互相分开。

6. 高架桥柔性架空接触网类型

（1）单支柱形式。支柱一般设立在双形梁外侧，上下行分别由一根支柱悬挂及定位，称为单腕臂柱结构形式。其特点为：上下行接触网不论在电气上还是机械上均相互独立，当一侧股道发生事故时，不影响另一侧股道，因而事故范围小；由于上下行接触网分别悬挂，故支柱容量较小，施工相对简单。

（2）门形架形式。在桥梁两侧设立门形支架悬挂接触网，称为门形架结构形式。其特点为：上下行接触网在电气上相互独立，但因挂在同一门形架上，当其发生故障时，同时影响两股道，事故范围大；施工难度大；门形架偏重，且两支柱中心线连线应与线路中心线垂直，对桥梁上预留的基础螺栓的精确度要求高；支柱受力均匀。

7. 地面正线柔性架空接触网类型

地面段除可以采用与高架桥相同的方式进行悬挂以外，还可以采用中间立柱形式。其特点为：节省支柱数量；一旦出现事故影响面较大。支柱容量比单侧立柱要大，载荷加大。由于支柱设立在两条线路中间，因此支柱装配以及下锚需要安装空间，而间距加大又会增加投资。

8. 车辆段柔性架空接触网类型

车辆段柔性架空接触网采用简单悬挂，单股道采用单腕臂柱形式，对于股道较多的地方，采用软横跨或硬横跨形式。软横跨或硬横跨的特点是可以利用两个支柱跨越较多的股道，节省支柱数量，节约投资。

2.2.2 腕臂

1. 腕臂的分类和特点

腕臂按其与支柱之间是否绝缘，可分为绝缘腕臂和非绝缘腕臂。

（1）绝缘腕臂。目前在中国接触网上普遍采用绝缘腕臂，其安装结构如图 2—10 所示。

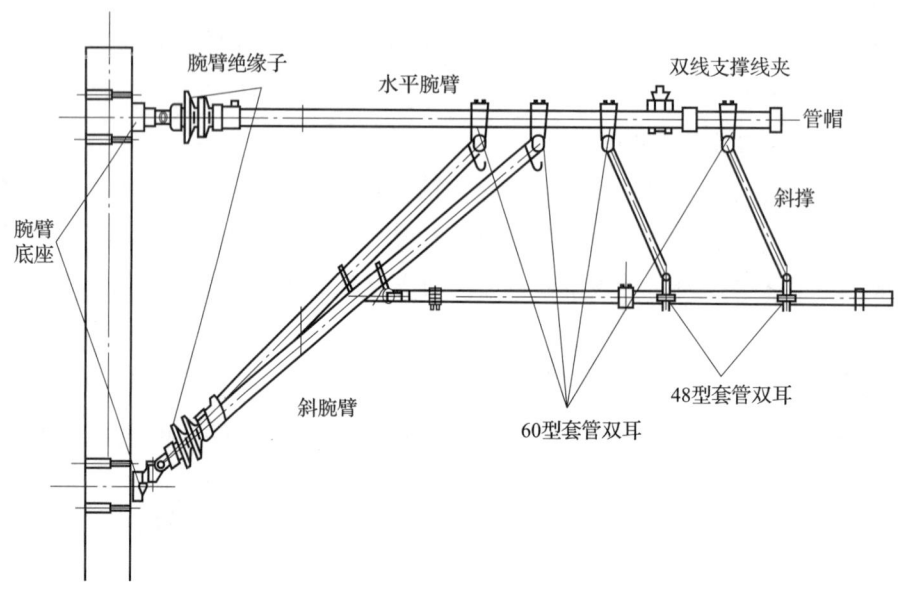

图 2—10 绝缘腕臂

绝缘腕臂是用外径 38.1 mm（1.5 in）或 50.8 mm（2 in）圆形热镀锌钢管经加工而成，其根部通过棒式绝缘子与安设在支柱上的腕臂底座相连，顶端经套管绞环、调节板、水平拉杆（或压管），并通过悬式绝缘子串（或棒式绝缘子）固定在支柱顶部水平拉杆底座处。当水平拉杆受压时可采用水平压管，悬式绝缘子则改为棒式绝缘子。

由于平腕臂与斜腕臂均通过绝缘子对地绝缘，故称为绝缘腕臂，绝缘腕臂型号和规格见表 2—3。

表 2—3 绝缘腕臂型号和规格表

型号	外径（mm）	长度（mm）	单件质量（kg）	参考应用范围
$1\frac{1}{2}-2.75$	48	2 750	11.0	直线或曲线半径 $R \geqslant 600$ m 区段，腕臂只承受一支接触悬挂时
$1\frac{1}{2}-3.0$	48	3 000	12.0	
$1\frac{1}{2}-3.15$	48	3 150	12.6	
$1\frac{1}{2}-3.3$	48	3 300	13.2	
$1\frac{1}{2}-3.55$	48	3 550	14.2	
$1\frac{1}{2}-3.8$	48	3 800	15.2	
$1\frac{1}{2}-4.0$	48	40 000	16.0	

续表

型号	外径（mm）	长度（mm）	单件质量（kg）	参考应用范围
2－3.0	60	3 000	15.2	直线或曲线半径 $R \geqslant 600$ m 区段 半径 $R \geqslant 1\,000$ m 区段有反定位时 在半径 $R < 600$ m 区段，腕臂承受一支悬挂时
2－3.15	60	3 150	16.0	
2－3.55	60	3 550	18.0	
2－3.8	60	3 800	19.3	
2－4.0	60	4 000	20.3	
TG－3.55	60	3 550	—	C 型道岔柱或曲线半径 $R < 1\,000$ m 处，中间支柱反定位时
TG－4.0	60	4 000	—	

注：TG 表示在 2 in 管内套 $1\frac{1}{2}$ in 的钢管，称为套管腕臂。

绝缘腕臂结构灵巧简单、技术性能好、施工维修和安装方便，由于绝缘子安装在靠支柱侧，减少了对支柱容量和高度的要求，从而降低了成本；同时在内电混合牵引区段不易被污染，减少了清扫和维护绝缘子的工作量。因平腕臂与斜腕臂与接触悬挂处于同等电位，现场开展带电作业时和接地部分有足够的安全距离。当腕臂受力较大时，可采用套管型腕臂，用字母 TG 表示。腕臂顶端为防雨水或雪水流入生锈可配用管帽。

（2）非绝缘腕臂。非绝缘腕臂通过悬吊在腕臂上的绝缘子串来悬挂承力索。腕臂和支柱间不绝缘，因此称为非绝缘腕臂。非绝缘腕臂结构比较笨重，要求支柱高度和支柱容量大，安装维修困难，绝缘子容易脏污，不便开展带电作业，应尽量减少使用。目前非绝缘腕臂多存在于 2~3 股道受限不能为每条线路单独布置支柱时使用（也称为跨线腕臂）。其结构如图 2—11 所示。

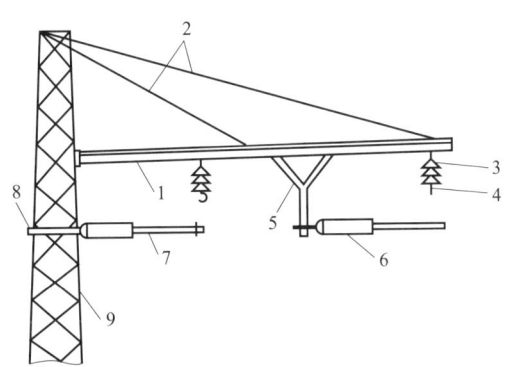

图 2—11 非绝缘腕臂

1—直腕臂　2—斜拉杆　3—悬式绝缘子　4—承力索　5—定位支架
6—棒式绝缘子　7—定位器　8—定位肩架　9—钢柱

按照不同的分类标准，腕臂有多种形式。如按腕臂结构分类，有带拉杆的水平腕臂、带斜撑的平腕臂、带拉杆（或压管）的斜腕臂等；按腕臂在支柱上的固定方法分类，则有固定腕臂、半固定（或旋转）腕臂、旋转腕臂等；按腕臂跨越的股道数分有单线路腕臂、多线路腕臂等。臂型号选用见表2—4。

表2—4　　　　　　　　　　　臂型号选用

支柱类型	支柱位置半径（m）	曲线外侧		曲线内侧	
		300~500	≥600	≤1 000	1 200~4 000
中间柱		2型	$1\frac{1}{2}$型	TG型	2型
非绝缘转换柱		2型	2型	—	
绝缘转换柱（2根）		2×2型	$R=600~4\,000$ $2×1\frac{1}{2}$型	$R=\infty$ 2型（1根）	—
中心柱（2根）		2×2型	$2×1\frac{1}{2}$型	2×TG型	2×2型
道岔柱	L型	2型			
	Y型	TG型			
	LY型	2型			

2．腕臂的安装

（1）劳动组织及使用工具。一般由6人一组安装腕臂，其中2人杆上作业，3人起吊拉绳，1人拉晃绳，使用工具见表2—5。

表2—5　　　　　　　　　　安装腕臂所需工具

序号	名称	规格	单位	数量	说明
1	单滑轮	0.5 t	个	1	—
2	旗杆绳	φ16 mm	条	1	长约20 m
3	旗杆绳	φ10 mm	条	1	长约10 m 作晃绳
4	镀锌铁线	φ4.0 mm	m	若干	
5	锤子	1~1.25 kg	把	1	支柱预留孔不通时用
6	小钢钎	—	根	1	支柱预留孔不通时用

（2）操作步骤

1）检查支柱上各预留孔是否畅通，若不畅通则可选用小钢钎、锤子打通。对打不通的预留孔,应更换零部件。旋转腕臂拉杆底座可改为 T 型旋转腕臂拉杆底座;上底座可改为 F 型上底座;旋转腕臂底座可改为底座槽钢加 T 型旋转腕臂底座。

2)由 1 人上杆安装旋转腕臂拉杆底座、双耳连接器、棒式绝缘子,并在平腕臂处挂一个单滑轮,滑轮上带有 $\phi 16$ mm 旗杆绳一条。旋转腕臂拉杆底座的耳环支杆安装时宜水平,双耳连接器安装时,销钉安装于垂直位置,螺栓销安装于水平位置。

3)再上 1 人安装旋转腕臂底座,安装好后取下螺栓,准备安装腕臂。

4)用旗杆绳以管子扣将腕臂系好,系管子扣时应注意使旗杆绳死扣与活扣之间的距离稍大一些,这样起吊时可防止腕臂翻转和摇摆,始终使棒式绝缘子侧在下方。把旗杆绳系好绝缘子(做晃绳)。

5)将腕臂徐徐吊起,同时派人拉住晃绳,防止损坏棒式绝缘子。

6)拉杆底座处的人负责接住腕臂,拉住拉杆,位于支柱下面的人负责棒式绝缘子安装。

7)装配后,腕臂上棒式绝缘子压板 U 形螺栓应朝上,即钢帽压板在上方。套管纹环(或套管双耳)的双耳部分与钢帽压板应在同一直线上。

3. 腕臂预配计算的重点

腕臂预配就是根据接触网设计平面图确定的安装图号,在保证接触线高度、结构高度及拉出值的情况下,预留必要的调整范围,将腕臂安装上支柱前,在地面对其进行的组装。通过预配可以减少施工人员在高空作业的调整工作量,提高工作效率。腕臂预配的关键是根据支柱整正后测量所得到的侧面限界、支柱内缘斜率(记为 δ)以及设计要求的接触网线高度、结构高度及拉出值来确定腕臂的长度及各个连接零件的安装位置。在这个过程中要进行简单的计算,称为腕臂预配计算。腕臂预配计算的重点是确定平腕臂、单耳腕臂(斜腕臂)的长度($L_{斜}$、$L_{平}$)、套管双耳和定位环位置($L_{双耳}$、$L_{定位}$)。

如图 2—12a 所示为直链形悬挂平腕臂中间柱预配计算图,A、B 为上下腕臂底座位置,D、E 为套管双耳、承力索座的中心位置,过 D、E 的垂线与过单耳腕臂底座端点 O 的水平线交于 G、H,单耳腕臂和水平线夹角为 α,I 为定位环位置。可通过例 2—1 说明腕臂预配计算的过程。

【例 2—1】 已知条件:上下两腕臂底座间距 $l = 1\,900$ mm;侧面限界 $CX = 2\,500$ mm;结构高度 $h = 1\,400$ mm;支柱内缘斜率 δ;下腕臂底座到轨面距离为 5 460 mm。为了预留调整余量,平腕臂上的套管双耳和承力索座间距、承力索座到管帽间距为 200~300 mm,记为 $L_{预留}$。

解:由图 2—12 可知

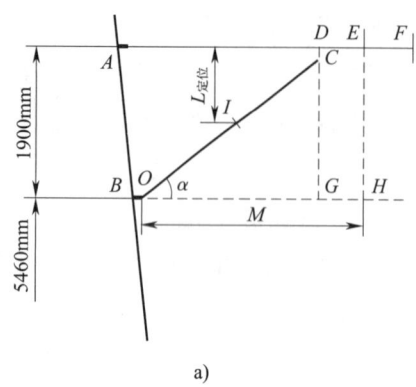 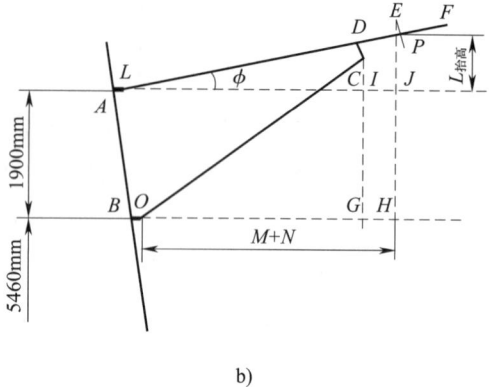

图2—12 直链形平腕臂预配计算
a) 中间柱计算 b) 腕臂抬高计算

$$\tan\alpha = \frac{DG - DC}{OG} = \frac{1\,900 - L_{双}}{OH - L_{预留}}$$

$$OH = CX + (5\,460 + S)\delta - L_{下} - (a - 4H)$$

式中 CX——侧面限界，mm；

S——基础面对轨面高差，基础面高于轨面为正，否则为负，mm；

δ——支柱内缘倾斜率，mm/m；

$L_{下}$、$L_{双}$——下底座、套管双耳的有效长度，mm；

a——拉出值，mm；

H——外轨超高，mm。

令 $M = CX + (5\,460 + S)\delta - L_{下} - (a - 4H)$，则

a 确定后，就可以求出

$$L_{斜} = \frac{OG}{\cos\alpha} - L_{棒} = \frac{M - L_{预留}}{\cos\alpha} - L_{棒}$$

$$L_{平} = M + L_{下} + 1\,900\delta + L_{预留} - L_{上} - L_{棒}$$

$$L_{双耳} = L_{平} - DE = L_{平} - L_{预留}$$

定位环安装在距平腕臂距离为 $L_{定位}$ 处：

$L_{定位}$ = 结构高度 - 承力索座高度 - 定位器抬升范围

现行转换柱、道岔柱处多采用双腕臂定位方式，即其中的工作支抬高（图中表示为 $L_{抬高}$）300~500 mm，这样"平腕臂"就有了一定的倾斜角 ϕ。

$$\tan\phi = \frac{L_{抬高}}{M_{平} + N + L_{下} + 1\,900\delta - L_{上}}$$

式中 $M_{平}$——对应的平腕臂的 M 值，mm，计算方法同前；

N——两接触线的水平间距，根据装配图确定，mm，其他参数同前。

由上式可以求得 ϕ 角。然后根据几何关系得：

$$L_{平} = \frac{M + N + L_{下} + 1\,900\delta - L_{上}}{\cos\phi} + L_{预留} - L_{棒}$$

$$L_{斜} = OC - L_{棒} = \sqrt{OG^2 + GC^2} - L_{棒}$$

$$OG = M_{平} + N + (L_{承} + L_{双})\sin\phi - L_{预留}\cos\phi$$

$$OG = 1\,900 + L_{抬高} - L_{预留}\sin\phi - L_{双}\cos\phi$$

4．腕臂预配

（1）劳动组织及工具。预制腕臂一般由 2～4 人组成，所需工具见表 2—6。

表 2—6　　　　　　　　预制腕臂所需工具

序号	名称	规格	单位	数量	说明
1	钢卷尺	2 m	盒	1	—
2	皮尺	5 m	盒	1	—
3	活扳手	375 mm×46 mm	把	2	—
4	油画笔	8 mm	支	1	—
5	油漆	红色	kg	若干	—

（2）选料组装

1）根据平面布置图和安装图，提出用料计划。领料时，选配好各个支柱装配所需要的零件。

2）根据安装图将这些零件按平面布置图上杆号安装形式组装在一起。如：将棒式绝缘子、腕臂、套管绞环、调节板、杵环杆和腕臂上的定位环等零件组装在一起。

3）在预配时，应检查各个零部件是否完整良好。

2.2.3　弓形腕臂与弹性支架

1．弓形腕臂形式及其悬挂方式

弓形腕臂形式悬挂属链形悬挂方式，由 1 根或 2 根承力索、2 根接触线及辅助馈线组成，承力索、接触线均有张力补偿装置。跨距在隧道内 20 m 左右。其隧道支撑很方便地通过角形支架装配形式或专用吊柱形式用锚栓固定在隧道上，在不同的隧道断面均达到规定要求的相应净空尺寸，其结构高度一般在 220~310 mm 之间。采用链形悬挂结构稳定、弹性较好，速度可以达到 120 km/h。

2. 弹性支架形式及其悬挂方式

弹性支架悬挂形式属简单悬挂方式，悬挂形式一般采用 2 根接触线及辅助馈线组成，没有承力索。2 根接触线有张力补偿装置。"弹性支架"承载能力较低，支架之间距离限制在 12 m 以内。

"弹性支架"的弹性是通过轴环中设置的橡皮扭转部件获得的。橡皮扭转部件的弹性能克服运行过程中产生的低频振荡，使弓网之间始终处于良好的接触状态，避免受电弓突然跳开造成电流中断。由于没用承力索，采用此种悬挂方式，对隧道净空要求可以进一步降低，允许的行车速度较低。

2.2.4 腕臂检调

1. 腕臂检调的内容

（1）检查支持装置受力部件的状态。
（2）检查旋转底座的状态。
（3）检查受力部件中螺栓的紧固状态。
（4）检查腕臂本体的状态。

2. 腕臂检调的质量标准

（1）腕臂各受力部件安装牢固，铰接处转动灵活。
（2）底座无变形、弯曲、锈蚀和破损情况。
（3）紧固件应齐全，连接牢固可靠，紧固力矩符合要求。
（4）水平腕臂无低头现象，与底座连接无扭曲变形。

2.3 基础浇制与养护知识

2.3.1 基础浇筑材料

1. 混凝土的特性

混凝土是以水泥为胶结材料，以砂、石作骨料，与水按一定的比例混合搅拌，经过凝结硬化后形成的一种人造石材。

混凝土的主要技术性质包括和易性和强度等。

（1）混凝土的和易性。混凝土的和易性是指在一定的施工条件下，便于操作并能获得质量均匀、密实的合适程度。和易性好，混凝土浇制过程中不发生离析现象，在浇制过程和振捣时容易定型、捣实；和易性不好，则施工比较困难，质量也难以保证。

影响混凝土和易性的主要因素有水泥浆的稀稠和多少、含砂石的级配、水泥品种以及温度等。

（2）混凝土的强度。混凝土的强度是指混凝土硬化后抵抗外加载荷的能力。混凝土强度是将混凝土做成边长为 150 mm 或 200 mm 的立方体试块，与混凝土同等条件下养护 28 天后进行压力检验测定的。接触网钢柱基础混凝土的设计强度一般为 11 MPa。

2．混凝土材料的选用

混凝土是以水泥为胶结材料，以沙、石作骨料，与水按一定的比例混合搅拌，经过凝结硬化后形成的一种人造石材。

（1）水。清洁的淡水可用来浇制混凝土。含有有机物及酸、碱性强的水均不可用来浇制混凝土。

（2）水泥。普通水泥、矿渣水泥和火山灰质水泥可用来浇制接触网基础。选用的水泥标号一般比配制混凝土标号高 10 MPa 号，其标号不得低于 27.5 MPa。

确定水泥标号的主要依据是 28 天抗压强度。

（3）沙。基础混凝土一般使用天然河沙，且粒径为 0.35~0.5 mm 的中粗沙。

沙粒质地坚硬、洁净，含泥量不得大于沙重的 5%。

（4）石。基础混凝土多采用碎石，且粒径 30~50 mm 为宜。

碎石要质地坚硬，强度不得小于所灌注混凝土等级的 1.5 倍，含泥量不得大于石子重量的 2%，不得使用风化石。

3．混凝土水灰比、配合比和级配

（1）水灰比。水灰比就是混凝土中水和水泥的重量比。

接触网基础混凝土施工中，水灰比一般取 0.5~0.8。

（2）配合比。配合比是指混凝土组成材料之间的重量比。一般以水:水泥:沙:石表示，水泥为基数 1。混凝土的配合比和水灰比应通过试验选定。

（3）级配。石料大小不同的颗粒相混合，其混合比率称为级配。

机械拌和时，最大颗粒不宜大于 100 mm，人工拌和时不宜大于 80 mm。

4. 混凝土强度试验

接触网钢柱基础混凝土的设计强度一般为 11 MPa。

（1）制作试块。在工程浇注混凝土的同时，取浇灌中的一部分混凝土做成试块。试块尺寸做成边长为 200 mm 或 150 mm 的立方体，与混凝土同等条件养护 28 天。试块以 3 块为一组，不同标号及不同配合成分的混凝土应分别制作试件。一般每 50 m^3 混凝土至少做一组试块。

（2）试块试验。对试块的试验应由试验人员进行。混凝土试块的试验报告应作为基础工程竣工文件之一。

5. 混凝土浇制

（1）搅拌。根据基础混凝土的标号备好材料进行搅拌。混凝土的搅拌方法有人工搅拌和机械搅拌两种。因接触网基础较分散且受地形限制，所以一般采用人工搅拌方法。

人工搅拌方法是在钢板（即搅拌混凝土平台）上进行的，先将砂倒在钢板上，再将水泥倒在砂上，4 个人分别站在钢板两侧，用铁锹至少反复干拌 2 遍，直到颜色均匀为止，将石子倒入，干拌 1 遍，然后渐渐加入定量的水湿拌 3 遍，拌到全部颜色一致、石子与水泥砂浆没有分离与不均匀的现象为止。翻拌时应防止浆水外流，不得有裸露石子，应使石子表面被水泥砂浆包裹。

（2）浇制。浇制混凝土前，在基础坑底应先铺 100 mm 厚的石子。

混凝土搅拌均匀后即向坑内灌注。为保证混凝土不发生离析现象，混凝土的自由下落高度不应大于 3 m，否则应采取设置斜槽或竖向吊桶等措施。浇制应连续进行，不得间歇，特殊情况下间歇不得超过 2 h。分层灌注，边灌边捣。

（3）振捣。混凝土的振捣有机械和人工两种方法。

1）机械振捣。机械振捣能增加混凝土的密实度和灌注层之间的黏结力。目前多采用软轴插入式振捣器。

振捣方法有垂直振捣（振捣器垂直插入混凝土）和斜向振捣（振捣器斜向插入混凝土）两种。

振捣时，振捣器应插入下层混凝土 30～50 mm；不得触及模型板及螺栓，与模型板保持 100 mm 的距离，振捣器振捣不到的地方用人工捣实。

每一插点振捣的时间不能过短，也不能过长。时间过短，振捣不密实，时间过长，容易产生分离现象，特别是稀混凝土这种现象更明显。

一般情况下，每一插点的时间，最短不少于 10 s，最长应不大于 60 s，以 20～30 s

最为合适。

振捣器振捣混凝土以点振捣，如按直线行列移动，其移动距离大致为作用半径的 1.5 倍；如按交错行列方式移动，其移动距离大致为作用半径的 1.75 倍。

使用插入式振捣器要使其自然顺利插入，软轴不能插到混凝土中去。

使用振捣器振捣时，发现混凝土不再显著沉落、不再发生气泡、表面平整并出现水泥浆、外观均匀表示振捣时间已够。

2) 人工振捣。人工捣固时使用捣固锤、捣杆和捣固铲。

捣固锤用以捣固混凝土表面；捣杆用以捣固钢筋密布的混凝土，使用时紧靠钢筋上下抽动，使水泥砂浆包紧钢筋，以增加混凝土与钢筋的黏着力；用捣固铲紧靠模型板用力向混凝土中插动，并向里挤压，使水泥砂浆流入铲和模板之间，避免混凝土出现麻面。

人工振捣混凝土一般在无电源等特殊情况下采用。人工振捣每次灌注的混凝土不宜过多，250 mm 一层为宜。

（4）片石填充。填充片石应遵守下列规定：

1) 填入片石的数量不应大于混凝土结构体积的 25%。
2) 应选用无裂缝、无夹层和未煅烧过的片石，不宜使用卵石。
3) 片石的尺寸不应大于所在位置基础结构最小尺寸的 1/3。
4) 片石的抗压极限强度不应小于 29.4 MPa。
5) 片石在填充前应用水冲洗干净。
6) 片石与模型板的距离不应小于 150 mm，并不得与基础螺栓接触。
7) 片石间距应能使振捣器振捣，不宜小于 100 mm。
8) 上、下层片石间距不应小于 100 mm，在最上层片石的表面，必须有不少于 100 mm 的混凝土覆盖层。

6. 混凝土养护

混凝土的养护是保证其正常硬化、防止出现脱水或干缩现象的一项必要措施。基础的养护是在自然条件下进行的。当温度高于 +5℃ 时，用湿草帘、湿麻袋或湿砂将混凝土覆盖，并经常浇水，保持其湿润。一般在浇制完成后 10~12 h，应即开始遮盖并浇水。在炎热和有风的天气中，浇制后 2~3 h 开始遮盖和浇水。养护时间由水泥型号和气候条件而定。如普通水泥一般为 10~14 天，火山灰水泥和矿渣水泥一般为 14~21 天。浇水次数以保持混凝土表面经常湿润为原则，当气温低于 +5℃ 时，不得浇水。

2.3.2 基础拆模

1. 拆模及修补

模型板的拆除，应在混凝土强度能保证其表面及棱角不因拆模而受损时进行。

拆模后，如有蜂窝麻面，可用钢刷清除干净，以 1∶2 或 1∶2.5 的水泥砂浆修补；蜂窝空洞较多或有裂纹、露筋时，应凿去全部深度薄弱的混凝土和个别突出的石子，用钢刷清除表面，以细骨料混凝土修补，其等级应比基础本身高一级并仔细捣实。

2. 原材料加热法

将拌制混凝土用的水和骨料加热，使其装入搅拌机时保持正常温度，一般灌注时应不低于 +5℃。其中水可在锅内加热。砂石的加热在不太冷的情况下，白天日照，晚间覆盖，必要时烘烤。烘烤方法为在工地上搭上铁板，设火坑或通入蒸气。

采用原材料加热方法应该注意：

（1）严格控制水温，因为水温超过规定，与水泥接触后会发生假凝现象，可以预先和砂石拌和，使其相互调温预防此现象发生。

（2）延长搅拌时间（应比非冬季施工延长一半左右）。

（3）水泥严禁加热，可在施工前 3~4 天搬入室内。

3. 添加化学剂法

搅拌混凝土时在水中加入适量的化学试剂，可以使混凝土早期强度迅速增长，也可以防止冻害。在冻结前混凝土达到强度要求，或降低冰点使混凝土不致受冻的方法叫化学剂法。

使用化学试剂一般有两个目的：降低冰点、缩短混凝土凝固时间。

因此，这些化学试剂也称为早强剂、防冻剂及混合剂。

早强剂一般应用氯化钙，氯化钙掺量由试验而定，在钢筋混凝土中，其掺量不得超过水泥质量的 2%，也不能超过 6 kg/m³；在无钢筋混凝土中，其掺量不得超过水泥质量的 3%（均以无水状态计）。

防冻剂可采用氯化钠（食盐）或尿素，用以降低水的冰点，在 -10℃ 以上的气温下，混凝土不会发生冻害。掺量为水量的 3%~5%。

在施工中可采用混合剂，例如食盐和三乙醇胺混合剂，即将食盐和三乙醇胺按规定比例溶于少量水中，配制成较浓的早强剂溶液放置于容器内，在搅拌混凝土时，按每次搅拌所需的早强剂用量，量取相应的浓溶液与水一起搅拌。一般用量为 50 kg 水泥加 250 g 食盐，加 25 g 三乙醇胺。

还有采用亚硝酸钠和硫酸钠的方法，适用于低于 -10℃ 环境下施工。

2.4 柔性设备安装

2.4.1 接触网中心锚结

1. 中心锚结的分类和作用

在两端装有补偿绳的锚段里，必须加设中心锚结。在锚段中部，接触线对承力索、承力索对于锚柱进行锚固的方式称之为中心锚结。

安设中心锚结后，由于接触线与承力索在锚段中部进行了锚固，温度变化时，锚段两端的补偿器只能使线索由中心锚结处分别向两侧移动，保证了线索张力和弛度均匀，使接触线有良好的工作状态。当中心锚结一侧发生事故时，在中心锚结的作用下不影响另一侧的悬挂，缩小了事故范围，便于抢修。因此，中心锚结的作用是两端补偿时防止接触悬挂向一侧滑动，缩小事故范围。

2. 中心锚结的结构

半补偿链型悬挂中心锚结的结构是用钢绞线，中部用中心锚结线夹和接触线固定，两端分别用互相倒置的两个钢线卡子固定在承力索上，这样接触线在中心锚结线夹处相对于承力索是锚固不动的。

全补偿链型悬挂中心锚结可分为区间全补偿中心锚结和站场全补偿中心锚结。

区间全补偿中心锚结除了接触线设中心锚结外，承力索也必须设中心锚结，且一般由三跨组成。

承力索中心锚结在两悬挂点中间位置，用三个钢线卡子与承力索固定，悬挂点的两侧分别在距悬挂点 200 mm 处用两个钢线卡子与承力索固定，锚结绳的两端通过绝缘子串硬锚到锚柱上。

停车场全补偿链型悬挂中心锚结安装方式有两种，一种是与区间全补偿链型悬挂中心锚结形式相同，另一种是将中心锚结绳在悬挂点处与承力索固定，依靠上部定位绳对承力索起到锚结作用，该种方法称为防窜中心锚结。

承力索中心锚结绳用钢绞线在悬挂点处通过钢线卡子与承力索固定，在两侧的跨距中心位置安装接触线中心锚结线夹，并将锚结绳向承力索中心锚结方向通过钢线卡子与承力索固定。

3. 简单悬挂中心锚结的安装要求

锚段两侧安装补偿装置的简单悬挂，其中部也应设中心锚结。简单悬挂中心锚结加设一跨中心锚结辅助绳，通过绝缘子硬锚到支柱上，接触线中心锚结固定到辅助绳上。

2.4.2 接触网线岔

1. 线岔的作用和结构

在道岔处，链接并固定两条交汇接触线的装置称之为线岔。它可以使相交的两条接触线同时升高，从而使受电弓可以平滑地由一条接触线过渡到另一条上去。

接触网线岔由限制管、定位线夹和固定螺栓组成。

2. 线岔的定位

线岔的安装位置是由两接触线交叉点决定的。线岔安装前，应通过调整道岔柱拉出值使两接触线交叉点符合以下要求：

（1）单开道岔标准定位时，两接触线相交于道岔导曲线两内轨轨距 630~760 mm 的横向中间位置正上方。最佳位置是两内轨轨距 745 mm 的横向中间处的正上方。

（2）单开道岔非标准定位时，两接触线尽量相交于道岔导曲线两内轨轨距 735~935 mm 处的横向中间位置正上方。

（3）复式交分道岔标准定位时，两接触线应相交于道岔对称中心轴上方。

3. 线岔的检修标准

（1）在标准温度下，其线岔中心点与钢轨交叉点相差 200 mm。

（2）双线线岔必须有八个线夹，无烧伤、无松动，紧固件完好。

（3）导线在线岔中不碰上下导线，伸缩自由、无卡滞。

（4）线岔电连接线安装位置正确，无垂落、烧伤现象。

（5）线岔线夹无烧伤、松动及打、碰弓现象。

（6）无桥线岔非工作支抬高尺寸，符合设计要求。

4. 单开线岔和复式交分线岔的调整

（1）作业准备。调整前，作业准备以检调工器具为主，包括对接地棒、验电器、常用扳手、梯车、水平尺、安全用具等的检调。

（2）作业程序

1）申请要令。电调下达准许作业的命令后，验电接地。

2）将梯车或作业车行驶到中锚处。

3）测量。两线拉出值为 ±250 mm（正线）、±300 mm（车辆段）。

4）调整

①对定位点拉出值和该定位相邻两跨距的跨中接触线偏移进行检测，不超过设计值。

②调整两交叉接触线相距 500 mm 处两工作支水平和工作支抬高。方法是在保证正线接触线高度的情况下，调整邻近吊弦的长度直至达到要求。注意：非工作支接触线的抬高必须均匀。

③限制管安装位置不符合要求时，根据实测偏移及计算（或者安装曲线）出的调整温度下应偏移的数值和方向进行调整。

④交叉点处两支接触线间活动间隙不符合要求时，调整限制管，直至活动间隙符合要求。必要时更换限制管。

⑤线岔处驶入区不允许有线夹。

5）工作结束，工作负责人对人员、工器具及材料进行清点，拆除接地线后撤离现场。

6）消令登记。

7）工作完毕后回基地填写相应的报表。

5．线岔的检修内容

（1）检查线岔限制管与接触线的位置关系。线岔限制管不应有变形及卡滞接触线的现象。

（2）测量线岔处接触线的导线高度。工作支方向两导线间距 500 mm 处，两接触线应严格等高，允许偏差 ±5 mm；非支方向两导线间距 500 mm 处，非支接触线应高出工作支 50 mm，允许偏差 ±20 mm。

（3）检查线岔处接触线的线面情况。线岔始触点处两接触线不应有侧磨现象。

（4）检查线岔紧固件状态。紧固件应齐全，连接牢固可靠，紧固力矩符合要求。

6．无交叉线岔的优点

地铁接触网使用线岔有两种，一种采用线岔装置，另外一种是采用接触线与线夹进行连接的线岔。使用接触线制作的线岔如图 2—13 所示。

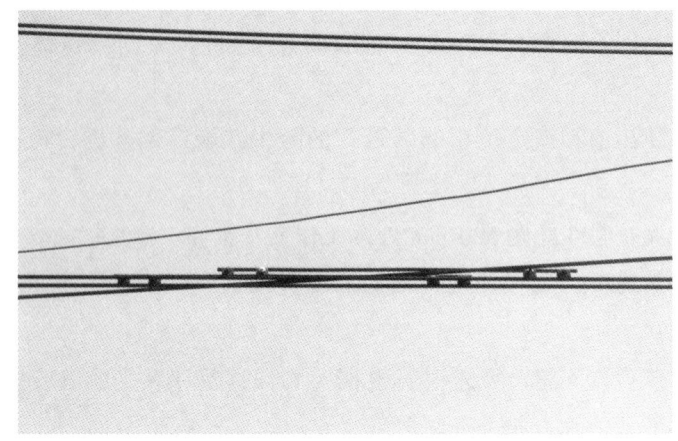

图 2—13 使用接触线制作的线岔

7．线岔的调整

（1）作业准备。调整前，作业准备以检调工器具为主，包括对接地棒、验电器、常用扳手、梯车、水平尺、安全用具等的检调。

（2）作业程序

1）申请要令。电调下达准许作业的命令后，验电接地。

2）将梯车或作业车行驶到中锚处。

3）测量。两线拉出值为 ±250 mm（正线）、±300 mm（车辆段）。

4）调整

①对定位点拉出值和该定位相邻两跨距的跨中接触线偏移进行检测，不超过设计值。

②调整两交叉接触线相距 500 mm 处两工作支水平和工作支抬高。方法是在保证正线接触线高度的情况下，调整邻近吊弦的长度直至达到要求。注意，非工作支接触线的抬高必须均匀。

③限制管安装位置不符合要求时，根据实测偏移及计算（或者安装曲线）出的调整温度下应偏移的数值和方向进行调整。

④交叉点处两支接触线间活动间隙不符合要求时，调整限制管，直至活动间隙符合要求。必要时更换限制管。

⑤线岔处驶入区不允许有线夹。

5）工作结束。工作负责人对人员、工器具及材料进行清点，拆除接地线后撤离现场。

6）消令登记。

7）工作完毕后回基地填写相应的报表。

(3) 技术要求

1）在标准温度下，其线岔中心点与钢轨交叉点相差 200 mm。

2）双线线岔必须有八个线夹，无烧伤、无松动，紧固件完好。

3）导线在线岔中不碰上下导线，伸缩自由、无卡滞。

4）线岔电连接线安装位置正确，无垂落、烧伤现象。

5）线岔线夹无烧伤、松动及打、碰弓现象。

6）无桥线岔非工作支抬高尺寸，符合设计要求。

2.4.3 电连接器

1. 电连接的作用和种类

电连接根据安装位置可分为横向电连接、股道电连接、道岔电连接、锚段关节电连接、隔离开关电连接、避雷器电连接等类型。其作用是保证接触网各导线、各分段或者各股悬挂之间的电流通畅。

2. 横向电连接器的作用及安装

横向电连接安装于承力索和接触线之间。安装在采用同承力索和同接触线区段以及承力索在隧道口下锚而接触线直接进入隧道的隧道口等地方。

3. 股道电连接器的安装

股道电连接安装于站场股道悬挂间。安装在设计制定跨距内距软横跨悬挂点 5 m 处。

4. 道岔电连接器的安装

道岔及锚段关节电连接安装方式相同。凡股道上方、两工作支接触线相交处，均应安装电连接线。锚段关节的电连接线安装在转换柱的锚柱侧距离转换柱 10 m 处。

5. 隔离开关电连接器的安装

隔离开关电连接安装于接触悬挂与隔离开关之间。在绝缘锚段关节处，隔离开关的电连接一根引线和锚段关节电连接相连，另一根引线与转换柱内侧 5 m 处所要绝缘的另一悬挂相连。

6. 电连接器安装的技术要求

电连接线应安装在设计规定的位置，施工允许偏差为±0.5 m，电连接线载流截面应与被连接的接触线悬挂载流界面相当并完好，无松散、断股等现象，并安装牢固、接触良好。

7. 电连接的检调

（1）作业准备。调整前，作业准备以检调工器具为主，包括对验电器、接地线（2根）、断线钳、个人工具（2套）的检调。

（2）作业程序

1）申请要令。电调下达准许作业的命令后，验电接地。

2）电连接检查。

①电连接线夹螺栓有无松动现象，螺母是否齐全，是否有烧伤。

②电连接线是否烧伤、断股、散股。

③电连接偏移是否符合要求。

3）工作结束。工作负责人对人员、工器具及材料进行清点，拆除接地线后撤离现场。

4）消令登记。

5）工作完毕后回基地填写相应的报表。

8. 电连接的更换

（1）作业准备。更换与检调程序比较需增加以下部分材料：

验电器、接地线2根、断线钳、个人工具2套、电缆、绑带、拔线刀、压接器、接线端子、铜绞线、电连接线夹。

（2）作业程序

1）申请要令。电调下达准许作业的命令后，验电接地。

2）将梯车或作业车行驶到中锚处。

3）进行更换

①链形悬挂

a. 松开电连接线夹螺栓，取下旧电连接。

b. 取出电连接线，在馈线端上好线夹，把电连接线固定在馈线上（露头20 mm），把铜绞线弯一水平直角牵引到承力索上，预留一定弛度用电连接线夹固定在承力索上，在承力索线夹处将电连接线向下弯一直角，按温度变化偏移安装接触线电连接线夹，将电连接线固定在导线上。

②隧道弹性悬挂

a. 松开电连接线夹螺栓、接线端子螺栓,剪断绑带,取下旧电连接。

b. 取出电缆线,一端拔出 50 mm 长铜芯,压好接线端子,接在馈线支座承载板上,拧紧螺栓。

c. 把电缆沿隧道壁用卡子固定,顺到定位底座,再向下转到定位管,用绑扎带绑到定位管上,距离导线 200 mm 折弯与导线平行,预留 200 mm 长度。在电缆终端用剥线刀剥电缆 40 mm 长,用电连接线夹将电缆卡在导线上,拧紧螺栓。

4)工作结束。工作负责人对人员、工器具及材料进行清点,拆除接地线后撤离现场。

5)消令登记。

6)工作完毕后填写相应的报表。

9. 技术要求

(1)电缆露头 10~20 mm,与定位管距离 200 mm。

(2)电缆不宜用铠装,如有铠装,电缆剥头处距带电体 200 mm 以上。

(3)接线端子和接线板间不能有松动。

(4)电连接垂直部分不能过度松弛。

(5)安装位置符合规定,误差为 0.5 m。

(6)电连接线无松股、断股现象。

(7)电连接线材与线夹应配套。

2.4.4 避雷器与放电间隙

1. 氧化锌避雷器的特点

地铁使用的避雷器为直流无间隙氧化锌避雷器。该避雷器是由氧化锌阀片、上下电极、硅橡胶群套等部件组成,经增强型树脂和耐水密封胶灌封而成的。避雷器的内部不带任何放电间隙,芯体为单柱式,由非线性特性的氧化锌电阻片组成;通流能力大、残压低。在正常运行电压下避雷器具有极高的电阻,避雷器基本处于绝缘状态;当过电压入侵时,避雷器工作在其伏安特性的低阻区域,冲击放电电流经过避雷器泄入大地;当过电压过后,避雷器又恢复到正常运行电压的工作状态。避雷器无任何火花间隙,可以直接与电网并联。该避雷器有保护特性好、无续流、陡波响应快、耐污秽性能好、通流能力大、无截波、结构简单、气压影响小的优点。氧化锌避雷针的结构如图 2—14 所示。避雷器参数见表 2—7。

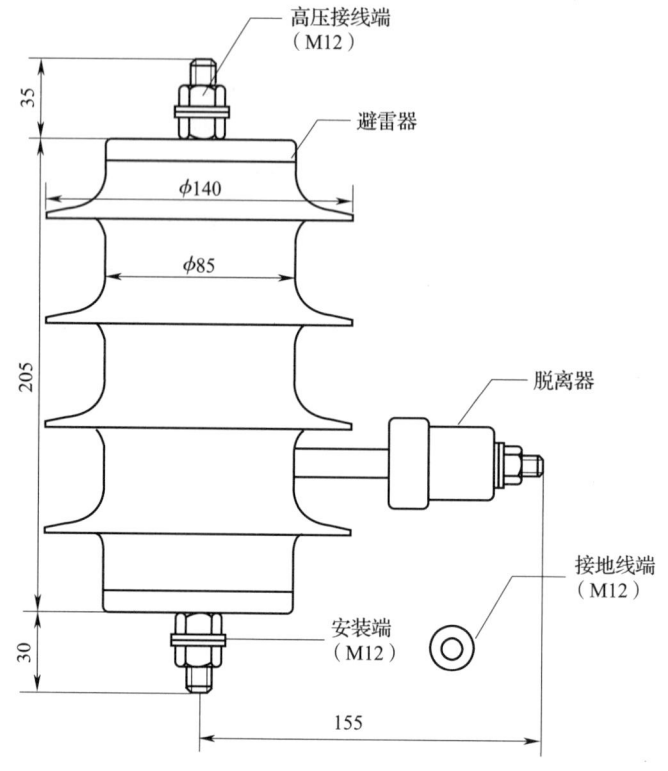

图 2—14 氧化锌避雷针的结构

表 2—7　　　　　　　　　避雷器参数

型号	避雷器额定电压（kV）	避雷器持续运行电压（kV）	直流 1 mA 电压不小于（kV）	雷电冲击电流残压不大于（kV）（峰值）	线路放电等级	持续电流不大于（μA）
氧化锌避雷器	2.4	2.0	2.67	4.9	3	20
	脱器	电流	动作时间	电流	动作时间	电流
	—	20 A	—	200 A	—	800 A

2．避雷器的安装

运行中的避雷器可免维护，当检查中发现脱离器的下端子脱落时需要及时更换避雷器。避雷器一般采用直立安装形式，其上端接线端接馈线，下端螺栓直接安装在线路支架或横担上。脱离器的上端螺孔与避雷器侧螺杆对接，而下端螺杆通过软导线与接地线连接。安装在高架段的避雷器下端接地一般采用电缆方式，由于城市内高架管理属于空旷地带，容易出现盗窃电缆的情况，在运营中一般用接地扁钢代替，接地电阻小于 10 Ω 即可。避雷器在线路支柱上的安装如图 2—15 所示。

图 2—15　避雷器在线路支柱上的安装

每年雷雨季节前要按运行检修规程和有关规定对避雷器进行测试。

3．避雷器的测试

（1）作业准备。避雷器测试在现场需要拆除两端接线，并需要将仪器搬运到现场，测试不方便。一般做法是将测试好的备用避雷器进行现场更换，更换下来的避雷器带回基地进行测试。需要的工器具和材料：避雷器直流参数测试仪、避雷器、各种零配件、常用工具等。

（2）作业程序

1）在电压高端输出红接线柱与避雷器高压端相连接，在电源电压低端输出黑接线柱与避雷器接地端相连接，并将试品置于绝缘体上，方能测量。

2）按下电源开关按键，指示灯亮，数字电压表、电流表显示值均为 0。

3）先按下"U1mA"按键，此时数字电压表所显示的是避雷器 1 mA 参考电压，并记录下来，然后松开按键，数字电压表恢复原态。

4）再按下"I0.75U1mA"按键，数字电流表指示的是 75% 持续电流值，并记录下来，然后松开按键，数字电流表恢复原态。

5）仪器使用完毕后，应关闭电源开关按键，再按一下测量按键，释放仪器内残余电压，保证安全。

4．避雷器的注意事项

（1）仪器应在干燥、绝缘性能良好、可靠的接地装置环境下使用。

（2）仪器在使用过程中，不得随意将后板红接线柱与黑接线柱接线触碰、短接，以免损坏仪器和高电压伤人。

（3）仪器不用后，应盖上防尘罩，并避免重力震动，受潮湿。

（4）仪器触线故障，不得随意开启仪器机盖，应及时送专业人员维修。

（5）仪器使用每隔一年应周期性地检查其技术性能，保证测量准确可靠。

5. 避雷器的质量标准

（1）避雷器常规测试须达到 1 mA 直流参考电压大于 2.67 kV，75% 持续电流不大于 20 μA。

（2）避雷器应安装平稳，接头连接可靠。

（3）主绝缘体表面清洁，无烧伤、裂纹、破损、老化现象。

（4）各零部件无锈蚀。

技能要求

预制、安装吊弦及吊索

操作准备

1. 作业人员：4 人。

2. 主要工具：车梯 1 台、常用扳手、激光测距仪。

3. 安全用具：柔性接地棒、柔性验电器、安全带、安全帽。

操作步骤

步骤 1　核对施工检修申请单与工作票是否符合规定。

步骤 2　要令申请，向行调申请允许作业命令。

步骤 3　行调下达准许作业命令后进行验电接地。

步骤 4　进行检调作业。

（1）吊弦的检调

1）吊弦处于受力状态，无偏磨、无散股和锈蚀现象。

2）吊弦垂直于线路方向偏移角度和方向符合技术要求。

3）吊弦线鼻无松动、拉脱现象，心型环完好、方向一致，无侵限界现象。

（2）检查吊弦线夹，无裂纹和烧伤痕迹，紧固螺栓无松动。

（3）吊索的检调

1）处于张力状态，滑轮完好，转动灵活。

2）双耳吊索两边张力均匀。

3）吊索无烧伤、断股现象，心型环完好。

（4）检查吊索线夹，吊索线夹无打弓，接触线无偏磨。

步骤5　工作结束。工作负责人对人员、工器具及材料进行清点。

步骤6　拆除接地线，作业人员撤离现场。

步骤7　消令登记。

步骤8　回基地填写相应的报表。

吊弦和吊索的更换作业内容

操作准备

1. 作业人员：4 人。
2. 主要工具：车梯 1 台、常用扳手、液压钳、断线钳、激光测距仪。
3. 安全用具：柔性接地棒、柔性验电器、安全带、安全帽。

操作步骤

步骤1　核对施工检修申请单与工作票是否符合规定。

步骤2　要令申请，向行调申请允许作业命令。

步骤3　行调下达准许作业命令后进行验电接地。

步骤4　进行更换作业。

（1）吊弦的更换

1）测量吊弦处导高，做好记录。

2）拆除旧吊弦，拧松吊弦的承力索与导线线夹螺栓，取下旧吊弦。

3）安装新吊弦，取出承力索吊弦线夹，松开线夹螺栓，把线夹卡到承力索上，拿起预置好的吊弦，穿上线夹螺栓，拧紧螺帽；理顺吊弦线，上好吊弦线夹，将线夹卡在导线上，拧紧螺栓。

4）调整。按照受力、偏移和螺栓紧固力矩等要求进行调整。

（2）吊索的更换

1）测量吊弦处导高，做好记录。

2）拆除旧吊索。拧松吊索线夹螺栓，取下旧吊索。

3）安装新吊索。腕臂上的吊索：将铜绞线一端与吊索线夹压接好，另外一头则穿过腕臂上吊索绞环孔，穿好压接管和心型环进行压接。适度抬升导线，将吊索线夹安装在导线上。另外一侧同样操作，两段的长度要相同。

软横跨和停车场的吊索：按照原有长度预制好吊索，吊索的中心对准当前温度下的中心位置，一端先安装紧固；另外一端穿过滑轮，用 0.75 t 的葫芦一端连接承力索，另一端用紧线器连接吊索，收紧葫芦，张力适度后进行安装，安装完成后收葫芦。

4）调整。安装完后调整吊索受力、紧固螺栓。

步骤 5　工作结束。工作负责人对人员、工器具及材料进行清点。

步骤 6　拆除接地线，作业人员撤离现场。

刚性接触网设备的安装

操作准备

1. 汇流排的加工

在有的锚段汇流排安装中，需要重新加工汇流排长度，在施工现场保证其加工的精度是很重要的。有两个关键控制点，一是加工的切口要平整，二是加工的连接孔位置要精确，不然在与相邻的汇流排相连接的时候会导致接头不在同一平面上，接头处汇流排不密贴或者上下有高度差，接触线会在此处形成一个硬点，对运行中的受电弓形成一个冲击，影响电力机车的受流质量，严重的情况下会造成弓网故障，影响行车，烧伤接触线，缩短设备的使用寿命。因此，如何控制好加工汇流排的质量是一个关键的步骤。

首先我们根据实际测量的锚段长度，确定要加工的汇流排长度，用记号笔在汇流排上标出切口的位置。然后我们在汇流排加工平台上，画出两条互相垂直的直线，让要加工的汇流排中轴线刚好处于一直角边上，让切割机的旋转切片处于另一直角边上，这样就能保证加工的汇流排与切割机的切割片成 90°角。由于切割机底座与地面之间有一个高度差，在汇流排下方垫上小木块，让汇流排的底板面与切割机的载物台面在同一水平面上。切割汇流排时，切割机要缓慢地匀速向下切割，速度不能过大，以防损伤汇流排，造成切口处变形。长度加工好以后，接着加工汇流排的连接孔。我们根据接头的形状加工一个专门的工具——穿孔器，让穿孔器自动卡住汇流排端头，穿孔器上预留要加工的连接孔位置，加工钻头直接从预留孔穿进去，抵上汇流排，让钻头垂直于汇流排侧面，用一小塑料软管连上水源，向钻孔处供水，以冷却钻头及加工孔处的铝合金，防止铝合金升温塑化粘住钻头，影响加工的质量。准备工作做好以后，就可以加工汇流排上的连接孔了,加工好连接孔以后,连接孔的旁边可能还有一些毛刺,用圆锉锉去毛刺。最后用记号笔标上加工汇流排的锚段号、安装位置、长度尺寸等参数。

2．汇流排安装

在汇流排对接安装时,先将中间接头安装在已安装的汇流排上(注意中间接头的方向),螺栓全部带上,但别上太紧。将被安装的汇流排抬至与已安装的汇流排在一条直线上,缓缓对接,使汇流排两个"∏"型面密贴,带上紧固螺栓,并用力矩扳手紧固。紧固螺栓时应循序渐进、呈对角位置地进行,不要一次性地将一个螺栓紧固到底。

操作步骤

步骤1　汇流排调整

(1) 定位点处的调整。汇流排的支撑装置固定在隧道顶部,支撑装置由固定铝排的悬挂夹、绝缘子悬吊槽钢、固定螺栓、槽钢底座(矩形隧道)等零件组成。支撑装置提供三个方面的调整范围:拉出值调整、高度调整、在弯道处的坡度调整。定位示意图如图2—16所示。

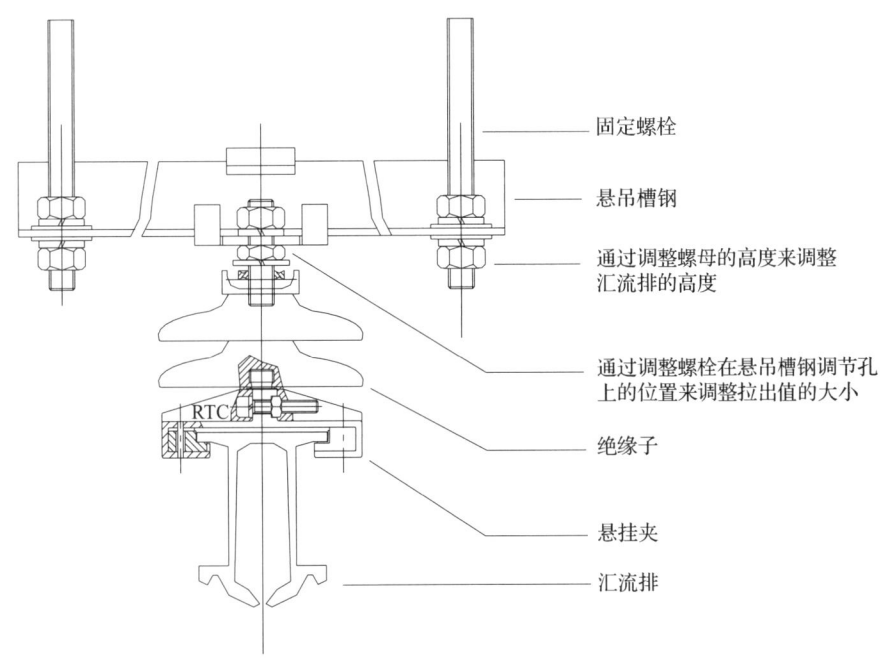

图2—16　定位示意图

1) 拉出值调整。和传统的接触网一样,汇流排在运行方向上布置成"Z"形,拉出值的实际形状看起来像正弦波,在一个锚段的范围内,一般有一至两个波形。设计原则一般只是在一个波形范围内确定最大与最小拉出值的大小,在其相邻的定位点处让汇流排自由过渡，以汇流排不出现硬弯为原则。拉出值调整是通过悬吊槽钢上的调节孔来调整的。

2）高度调整。为了补偿在隧道顶部的安装误差，支撑装置必须在高度方向提供 ±30 mm 的调整范围。一般是通过调整固定螺栓来调整整个支撑结构的安装高度，汇流排的导高误差范围控制在 3 mm 以内，用激光测距仪测量。

3）在弯道处的坡度调整。支持装置必须与弯道处轨道的超高相适应，使悬吊槽钢保持与钢轨连线的平行状态，从而使接触线保持与受电弓的垂直状态，避免了接触线的偏磨，增加了接触线的使用寿命。在具体施工时，首先用道尺测出刚性悬挂定位点处的钢轨超高，利用三角函数关系式计算出相应的悬吊槽钢一侧的抬升量，调整固定螺栓的螺母高度，针对螺母与倾斜的悬吊槽钢不能密贴受力的情况，根据钢轨超高的大小在悬吊槽钢与螺母之间加装不同型号的方形斜垫片，使螺母与悬吊槽钢密贴，受力均匀。钢轨有超高时的定位示意图如图 2—17 所示。

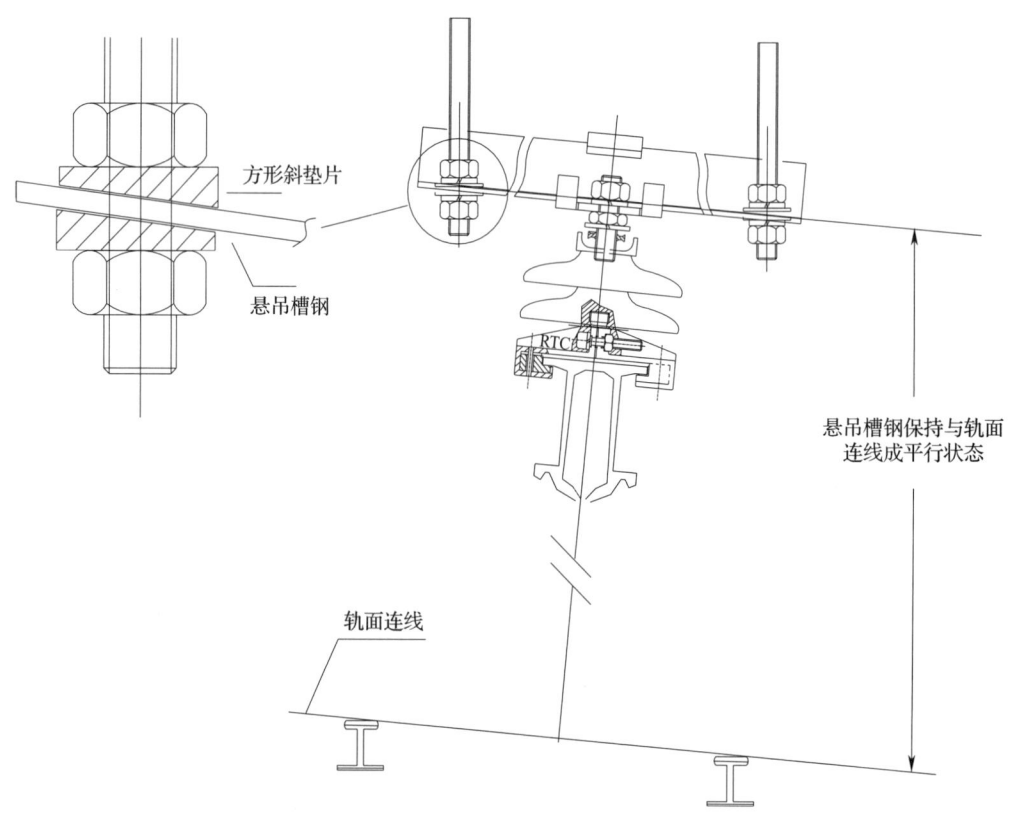

图 2—17　钢轨有超高时的定位示意图

(2) 定位点处调整的技术要求

1) 导线高度和拉出值符合设计要求,导线高度允许安装误差 ±3 mm,相邻的悬挂点相对高差一般不得超过所在跨距值的 0.5‰,接触线拉出值允许误差为 ±5 mm,且不得超过最大设计值。刚性悬挂设计坡度变化应不大于 1‰。

2) 刚性悬挂所有带电体距接地体的绝缘距离应满足大于或等于 150 mm 绝缘距离的要求,对于特殊地点至汇流排绝缘距离不能满足 150 mm 时,应使用汇流排绝缘保护罩使之满足绝缘要求。有渗水、漏水至汇流排的地方,使用汇流排防护罩来保护汇流排。

3) 悬挂夹不能卡死汇流排,要让汇流排在温度变化时能够在悬挂夹内滑动,并且在受电弓通过时,允许汇流排抬高从而避免出现硬点。

4) 汇流排呈圆滑曲线布置,不应出现明显折角。

(3) 锚段关节调整。锚段关节分为非绝缘锚段关节与绝缘锚段关节,由方向相反的两个并列汇流排终端组成,区别在于两个汇流排终端之间的距离不一样,非绝缘锚段关节两个汇流排终端的距离为 200 mm,有电连接相连保证相邻段的电气连接,绝缘锚段关节两个汇流排终端的距离为 300 mm,电气不连接。

锚段关节示意图如图 2—18a、b 所示。

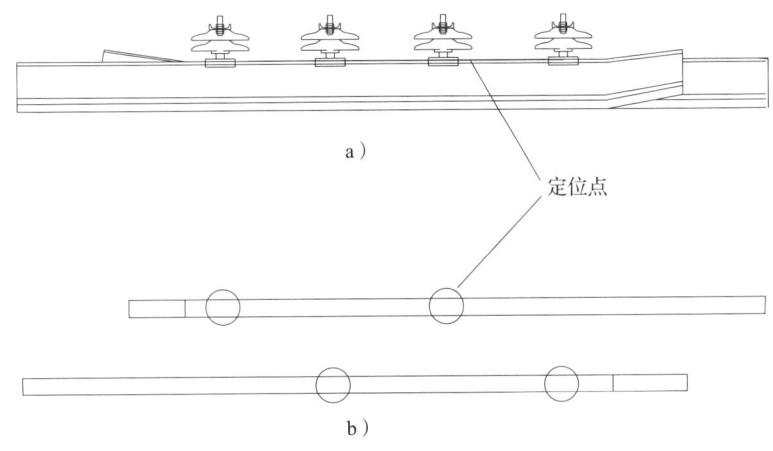

图 2—18 锚段关节示意图
a) 锚段关节侧视图　b) 锚段关节俯视图

汇流排终端形状如图 2—19 所示。

受电弓在两个汇流排终端的悬挂夹之间等高部分过渡,弯头部分作为调整时的安全区域,用于防止列车通过刚性悬挂锚段关节时发生打弓、刮弓等事故,保证列车受电弓平稳过渡。

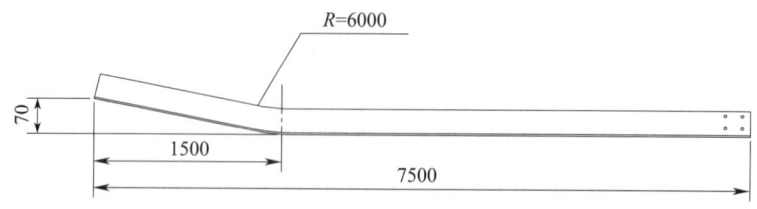

图 2—19 汇流排终端示意图

按设计值调整锚段关节处的导高和拉出值,细调锚段关节使叠合过渡部分在受电弓同时接触的任一点上导线高度相等,使受电弓能够平滑过渡,并使两接触导线工作面都平行于轨面连线。锚段关节处两汇流排终端以受电弓中心线为中心对称分布,间距符合设计标准;绝缘关节处保证两汇流排的绝缘距离,任何一点不得小于 150 mm。

(4) 锚段关节调整的技术要求

1) 锚段长度符合设计要求,汇流排终端至相邻悬挂点的距离符合设计要求,防止温度变化时,汇流排终端弯头部分卡住定位点。允许误差为 +200 mm,-100 mm。

2) 锚段关节处的两支接触线在关节中间悬挂点处应等高,转换悬挂点处非工作支不得低于工作支,可以比工作支高出 1~5 mm。且在冷滑试验中受电弓双向通过时应平滑无撞击,热滑试验中不应出现固定拉弧点。

3) 非绝缘锚段关节两支悬挂的拉出值应符合设计要求,一般分别为 ±100 mm,中心线之间的距离为 200 mm,允许误差 ±20 mm。

4) 绝缘锚段关节两支悬挂的拉出值应符合设计要求,一般分别为 ±150 mm,中心线之间的距离为 300 mm,允许误差 ±20 mm。

(5) 道岔处刚性接触网调整。道岔处的刚性悬挂布置应在满足受电弓动态包络线要求的前提下尽量减少重叠区域长度,并且使渡线刚性悬挂起始悬挂点尽量靠近正线悬挂点布置,这样既可以减小此处的弓网磨耗,也可减小由于正线与渡线锚段跨距布置不同,弛度等原因而造成的振幅差,避免受电弓的离线或者打弓。

轨道的正线侧通过直汇流排供电,渡线侧的轨道通过起始于道岔的另一段汇流排分支供电。在分支的端部安装有汇流排终端,用于从直汇流排到分支的过渡。从直汇流排到分支的过渡是在弯头的直线部分完成的,弯头部分是在汇流排的相对高度调整有误的情况下作为安全区域备用的。

(6) 道岔处刚性接触网调整技术要求

1) 道岔处在受电弓同时接触两支接触线范围内两支接触线应等高,在受电弓始触区渡线接触线应与正线接触线等高或高出正线接触线 1~2 mm。在冷滑试验中受电弓双向通过时应平滑无撞击，热滑试验中不应出现固定拉弧点。

2）单开道岔悬挂点的拉出值距正线汇流排中心线一般为 200 mm，允许误差 ±20 mm。

3）交叉渡线道岔在交叉渡线处两线路中心的交叉点处，两支悬挂的汇流排中心线分别距交叉点 100 mm，允许误差 ±20 mm。

步骤 2　中心锚结安装

每一段刚性接触网将在其锚段长度中点处安装中心锚结线夹，其目的是为了防止分段刚性接触网在热胀冷缩的过程中产生偏离或者是在受电弓的冲击作用力下向受电弓的运行方向偏离。

（1）中心锚结安装示意图，如图 2—20 所示。

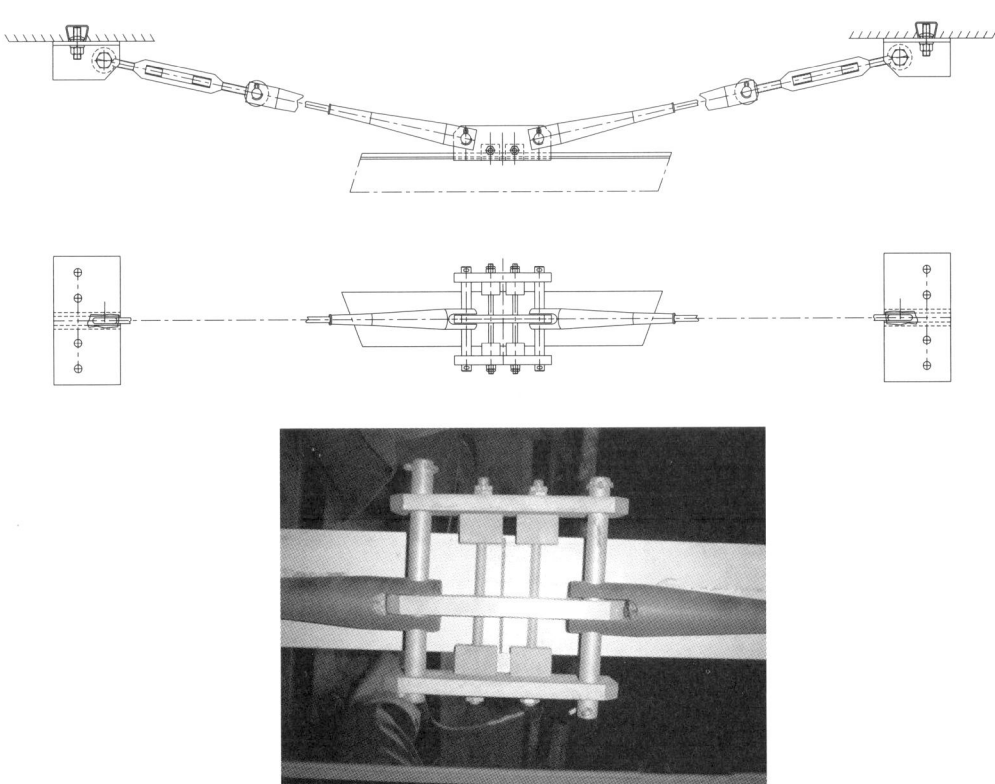

图 2—20　中心锚结安装示意图

中心锚结锚固线夹主要包括线夹本体、线夹夹板、线夹连板、轴套、销轴等零件。与中心锚结下锚绝缘子、调节螺栓、中心锚结下锚底座等零部件相连接，组成一整套中心锚结下锚装置。

（2）安装流程

1）位置定测。刚性悬挂调整到位后，按施工图纸中锚位置，现场沿汇流排测量定出中心锚结锚固线夹位置（即该跨距中心）。测量汇流排至隧道顶的净空高度，根据中心锚结绝缘棒与汇流排夹角≤45°的要求并且中心锚结绝缘棒接地端距汇流排的绝缘距离不小于150 mm的设计要求，确定中心锚结底座位置。

2）中心锚结底座钻孔安装。中心锚结底座应安装水平端正。直线上，中心锚结底座中心线应位于汇流排中心线正上方；曲线上，中心锚结底座中心线应在中心锚固线夹处汇流排圆切线的正上方。

3）安装中锚V形拉线。在汇流排与中心锚结锚固线夹的接触面均匀涂抹导电油脂，安装紧固中心锚结锚固线夹，连接安装中锚V形拉线。两端调整螺丝调节余量应预留充足。

4）中锚状态调整。调整中锚两端拉线受力一致，并轻微拉住汇流排，检测锚固处导线高度，汇流排不能出现负弛度。

5）中锚安装后，拆除所有临时锚固线夹。

（3）技术要求

1）直线上，锚固底座中心线位于汇流排中心线的正上方；曲线上，锚固底座中心线位于中锚在汇流排上锚固线夹处汇流排圆切线延伸线的正上方。

2）中锚两端底座距中心锚固点的距离应相等，其安装误差为±50 mm。

3）中心锚结拉线拉力应均衡适度，两端拉力应一致，且不能使中锚点出现负弛度；可调节螺栓应有足够的调节余量，有锁紧螺母的要锁紧。

4）中锚锚固线夹与汇流排的接触面应均匀涂抹导电油脂，与汇流排固定牢固，螺栓紧固力矩符合设计要求。

步骤3　电连接安装

电连接线夹直接安装在汇流排上，应用在隔离开关馈线上、非绝缘锚段关节、刚柔过渡等所有刚性悬挂电连接位置。每一套电连接线夹最多可安装4根TRJ120 mm^{2}或150 mm^{2}软电缆。电连接线夹与汇流排安装后滑动荷重应不小于2.0 kN。其载流量应不低于所接导线同等铜当量的载流量。电连接线夹形状如图2—21所示。

（1）操作步骤及要点

1）测量确认电连接线长度。根据锚段关节或道岔关节处汇流排间距、汇流排最大偏移量、铜铝过渡线夹长度、电缆预留长度等数据计算电连接软铜绞线长度。

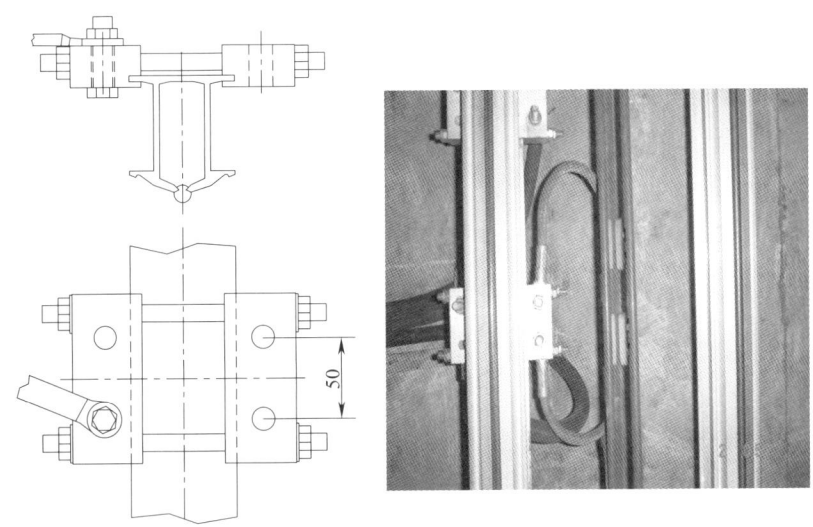

图 2—21 电连接安装图

2）电连接预制。裁剪软铜绞线，裁剪前先在软铜绞线上缠一圈胶带，这样裁剪时绞线不会散股。将软铜绞线两端剥去胶带，套入铜铝过渡线夹内推入根部，两端线夹相对正，不得相互偏扭，使用电动液压机进行压接，压模应符合规范和设计要求。

3）电连接现场安装

①按电连接装配图纸要求，在关节处安装汇流排电连接线夹，其与汇流排的接触面均匀涂抹导电油脂。汇流排电连接线夹布置位置和间距、紧固力矩应符合设计要求。

②在铜铝过渡线夹与汇流排电连接线夹接触面均匀涂抹导电油脂。按设计弯曲方向安装电连接线，安装应正确美观。

③电连接线的安装组数应符合设计要求，弯曲预留量应满足汇流排最大伸缩要求，对接地体和绝缘子的距离应满足规范和设计要求。

（2）技术要求

1）电连接线所用型号、材质、数量应符合设计要求，并预留足够的因温度变化使汇流排产生伸缩而需要的长度，弯曲方向与汇流排移动方向一致。电连接线不得有散股、断股现象。

2）电连接线的安装位置应符合设计要求，在任何情况下均应满足带电距离要求。

3）电连接线与铜铝过渡线夹压接应良好，符合规范和设计要求。汇流排电连接线夹与电连接线应接触良好。

4）汇流排电连接线夹、汇流排接地线夹与汇流排的接触面、汇流排电连接线夹与铜铝过渡线夹的接触面都应均匀涂抹导电油脂。线夹安装端正牢固，螺栓紧固力矩应符合设计要求。

5）汇流排接地线夹距悬挂点的距离一般不超过 500 mm，但不宜过近，以免影响汇流排的正常伸缩。

（3）注意事项

1）电连接线不应有断股、散股现象，否则应更换。

2）电连接安装前应清洁汇流排及线夹的接触面，不应有灰尘、脏物。

步骤 4　汇流排接地安装及接地线夹安装

（1）汇流排接地安装操作步骤及要点。为了使刚性悬挂接触网装置发生意外短路时，短路电流能通过架空地线回路返回变电所，供电系统控制开关能可靠动作，防止短路点损坏设备，需要在全线不带电金属部分与架空地线之间安装电连接线。

1）测量悬挂支持装置、中心锚结底座、隔离开关固定底座等底座与架空地线的布置距离，预制接地跳线，一端压接接线端子与底座相连接，另一端用 D 型电连接线夹与架空地线相连通。接地跳线用固定卡和锚固螺栓沿隧道壁固定布置。

2）隔离开关直流上网电缆支架用接地扁钢相连接，与回变电所接地保护扁钢相连接。

3）对向下锚、换向下锚、渡线与正线、左右线未直接连通的架空地线间，采用与架空地线同规格材质的接地跳线，用并沟线夹与两端架空地线相连通，接地跳线用固定卡和锚固螺栓沿隧道壁布置。

4）在牵引变电所处，架空地线引下线沿电缆支架敷设固定，一端压接接线端子接变电所内的强电设备接地母排，一端就近与架空地线用 D 型电连接线夹连接。

（2）汇流排接地安装的技术要求

1）接地方式。全线接触网所有不带电金属部分均应采用接地跳线与架空地线连接，架空地线与变电所内接地网相连，构成接触网系统接地保护回路。

2）接地跳线在隧道壁上应稳固固定，两端连接牢固、导通良好，布置顺直美观，固定卡安置均匀合理，间距一般为 600~800 mm。电缆敷设应符合电缆施工及验收规范要求，电缆在支架上绑扎稳固，两端连接牢固可靠。

3）电连接线夹内涂上导电油脂，减小连接电阻。

（3）汇流排接地线夹安装。汇流排接地线夹安装在架空刚性悬挂接触网机械分段、电分段、每个车站（设备站台以外）两端、线路终端、分段绝缘器两端等处，作为刚性悬挂接触网维修时接地用。接地线夹形状如图 2—22 所示。

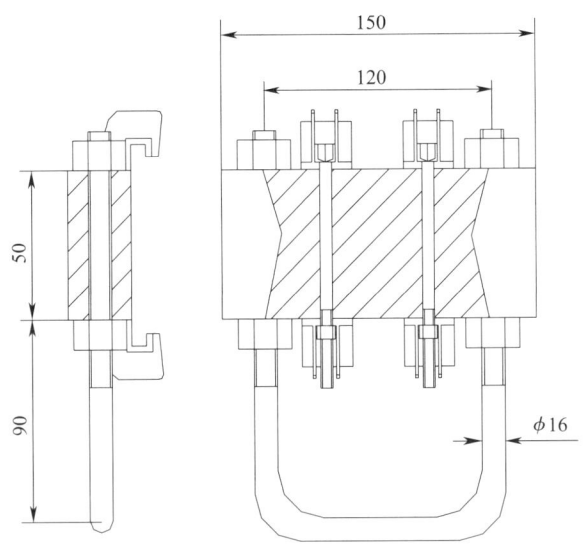

图 2—22　接地线夹示意图

汇流排接地线夹安装位置应尽量靠近悬挂定位点，一般距悬挂点距离不超过 500 mm，其接地挂环方向应朝向回流轨侧，以方便挂接地棒。

汇流排接地线夹与汇流排接触面应涂抹导电油脂，汇流排接地线夹应安装稳固，紧固力矩符合设计要求。

步骤 5　刚柔过渡安装

刚柔过渡是刚性悬挂接触网与柔性悬挂接触网两种悬挂方式实现无缝连接的关键部位。按照安装结构方式的不同，可以分为贯通式刚柔过渡安装和锚段关节式刚柔过渡安装两种方式。

（1）贯通式刚柔过渡安装步骤。贯通式刚柔过渡使用一个专门的刚柔过渡本体，保证刚性悬挂接触网和柔性悬挂接触网的电气和机械性能的连续性，避免在过渡区段产生硬点，刚柔过渡本体形状如下：

刚柔过渡结构本体为相隔一定距离切槽且深度逐渐变化的汇流排，加工的目的是为了减小惯量和增加末端的弹性，以利于受电弓在刚性悬挂接触网和柔性悬挂接触网之间的过渡。为了防止刚柔过渡装置由于本身的夹紧力不够，在刚柔过渡结构本体下方加工有紧固螺栓孔，连上紧固螺栓，提高刚柔过渡结构本体的夹紧力，如图 $A—A$ 所示。为了防止接触线在铝排的夹口内滑动，在过渡元件的底面有一个 60 mm × 200 mm 的缺口用来放置接触线的固定夹，如图 2—23 所示。

1）现场检测。检测隧道净空、限界、隧道口断面结构尺寸、隧道结构等是否与设计图纸相符,是否存在绝缘距离不够的问题,刚性悬挂的定位装置与柔性悬挂定位装置的位置是否有冲突,发现问题及时联系设计,现场解决,为测量定位做好准备。

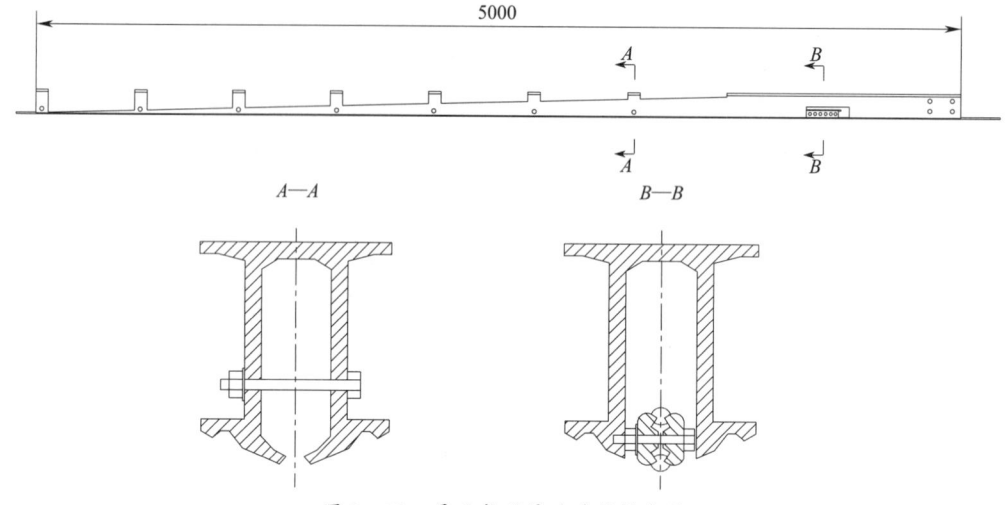

图2—23 贯通式刚柔过渡结构本体

2) 支持装置及下锚定测安装

①先进行刚柔过渡段悬挂点的纵向放线测量,复核无误后,用红油漆标记在钢轨侧面上。各悬挂位置采用激光测量准确定位,标记至隧道顶上。

②测量悬挂点处净空数据,测算柔性下锚位置,用激光测距仪准确定位,标记至隧道顶上,编制"刚柔过渡支持装置及下锚安装调整表"。

③按"刚柔过渡支持装置及下锚安装调整表"各点复核无误,进行钻孔和支架安装,并调整到表中给定值。

3) 贯通式刚柔过渡安装

①安装前提。刚柔过渡所处柔性悬挂段接触悬挂调整完成,相邻刚性悬挂段接触悬挂细调完成。

②刚柔过渡本体安装。在汇流排作业平台上对接装配好汇流排终端和切槽式刚柔过渡汇流排本体,按设计外露长度(汇流排终端头距悬挂定位点的距离为1.8 m)安装汇流排终端和切槽式汇流排,然后在接触线凹槽内均匀涂抹导电油脂,用放线小车将接触线导入汇流排,用扭矩扳手紧固切槽汇流排上的7组紧固螺栓和汇流排终端上的紧固螺栓。

③调整。刚柔过渡段导高及拉出值调整至设计值,汇流排坡度调至与轨面平行,用激光和光学测量仪、受电弓检查刚柔过渡点和关节,进行刚柔过渡段微调,受电弓

双向通过应平稳顺滑,刚柔过渡点和关节不应出现硬点,切槽式汇流排应富有弹性。

④接触线与汇流排的衔接应平顺,不应对汇流排产生附加压力或拉力。

⑤刚柔过渡段柔性下锚跨越的刚性悬挂点宜采用悬臂式结构,以避免可能与柔性悬挂间产生的绝缘距离问题。贯通式刚柔过渡元件构成示意图如图2—24所示。

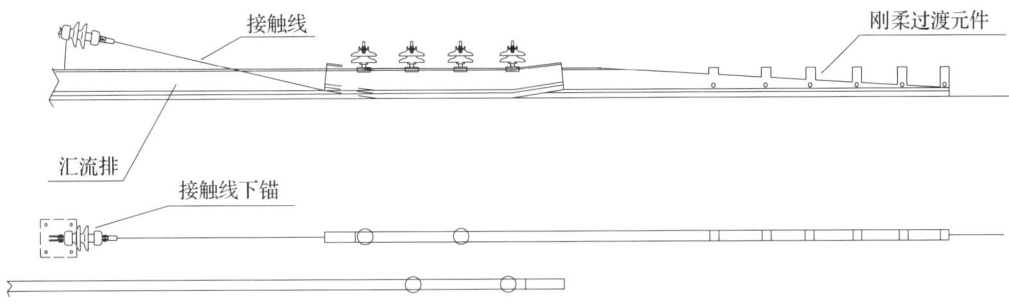

图 2—24 贯通式刚柔过渡元件构成示意图

(2)锚段关节式刚柔过渡安装

1)刚性锚段采用汇流排终端与柔性悬挂形成叠合锚段关节,实现刚性和柔性间的自然过渡。

2)过渡段柔性悬挂必须为补偿悬挂方式。

3)过渡段内刚性悬挂宜采用悬臂式结构。

4)过渡关节内刚性悬挂起始定位点 A 处导高,比同位置柔性悬挂导高抬高 25～30 mm,其后按设计变坡原则,逐渐平缓恢复到正常高度。

5)柔性悬挂从刚性悬挂起始定位点 A 处开始,逐渐平缓抬升,经刚柔两线等高并行后,柔性平缓抬高脱离运行,至下锚端非支 E 处抬高 50～100 mm。关节式刚柔过渡元件构成示意图如图2—25所示。

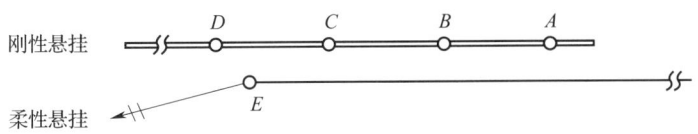

图 2—25 关节式刚柔过渡元件构成示意图

步骤 6 刚性接触线架设

由低净空作业车+放线作业车组成刚性悬挂架线作业车组。放线作业车在前,低净空作业车在后,往前推动接触线线盘进行接触线架设。

(1)接触导线检查。检查核对配盘表,所有锚段是否都已配盘,每个线盘的长度是否足够,并与每个盘上的实标长度相核对。保证所有刚性锚段接触导线都架设一整条接触导线,不允许中间断开进行接续。

导线盘及盘孔应牢固完好不应有扭曲和损坏;导线应一层层整齐密贴缠绕,不得有相互嵌缠的情况;导线不得有损伤、扭曲,不能有硬弯,连轻微的硬弯都不能有,否则此点将会是硬点,造成刚性悬挂永久性无法处理的缺陷。

(2)线盘吊装。按导线配盘表吊装线盘,核对线盘号,每次放线后,都应标明已放锚段和导线长度、剩余导线长度。

线盘吊装时应插轴吊装,防止损伤线盘和导线。导线线盘吊装时,确保导线放出方向与车组前进放线方向一致。

(3)线盘吊装流程。架线安装示意图如图2—26所示。

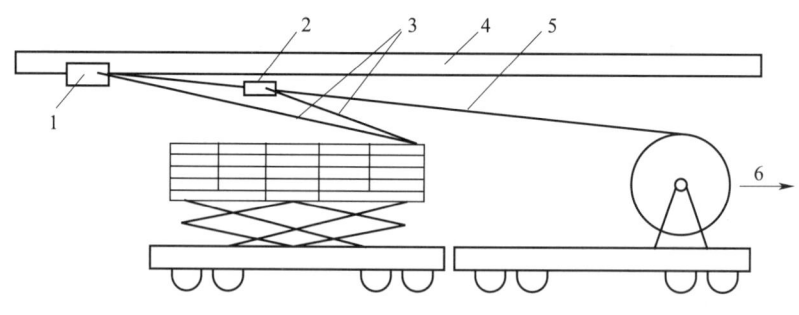

图2—26 架线安装示意图
1—换线小车 2—涂油装置 3—牵引绳 4—汇流排 5—接触线 6—安装方向

1)在第一、二个悬挂定位点两端,用锚固线夹卡住汇流排,使汇流排在放线时不能滑动。

2)将接触导线穿入注油器内,用排刷将导电油脂均匀涂抹在导线两凹槽内,注意导线工作面向下,不得翻转。涂油装置是一个充满油脂的筒状物,接触线从中穿过。筒的两端用盖板封闭。涂油装置由工作车牵引,接触线进入并涂油。在出口盖板处有一个环,用于刮去接触线表面的油脂。这样就只有接触线的凹槽涂上了油脂。对于不同型号的接触线,都有相对应的环。

3)在汇流排上安装好架线小车,调整架线小车,将接触导线从汇流排终端端头嵌入汇流排。架线小车结构如图2—27所示,操作程序如下:

它有四个水平运行在铝排下水平面的滚轮A和四个运行在铝排下面卡脚沟槽里面的直径稍大些的滚轮C。所有这些滚轮都装有滚珠轴承。增加滚轮C的间距,可以扩大铝排的夹口。滚轮E把接触线向上压入夹口的合适高度。

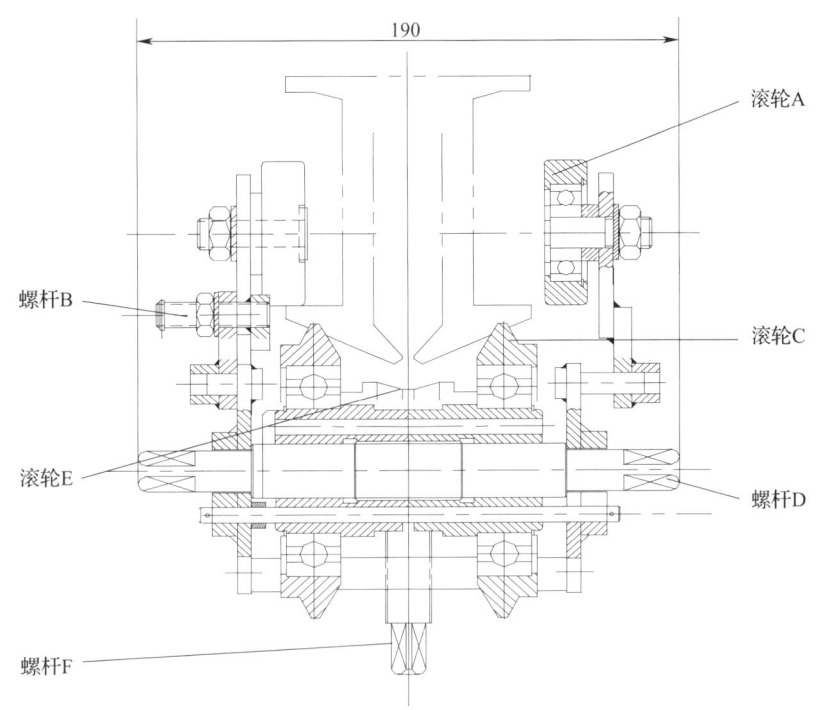

图 2—27 架线小车结构示意图

在汇流排上安装换线小车时，首先松开螺栓 B，以空出滚轮 A 安装需要的侧面轨腰的位置，然后调整螺栓 D，使得滚轮 C 把沟槽的间距扩大至需要的尺寸。

为了保证换线小车的正确位置，螺栓 B 旋至轨腰侧面，把滚轮 A 导入其运行面。

调整好换线小车之后（滚轮 C 进入凹槽，滚轮 A 的侧面接触良好），旋转螺栓 D 以扩大滚轮 C 的间距。当接触线可以嵌入铝排的夹口中时，滚轮 C 的间距就可以了。滚轮 C 的间距也不能太大，否则接触线不能很好地嵌入，并且移动换线小车需要的牵引力会很大。确认接触线没有扭曲，其两侧的沟槽准确地对着铝排的夹口。调整好滚轮 C 的间距并检查接触线嵌入在正确位置后，旋转螺栓 F 以升高滚轮 E，将接触线压入夹口的正确高度处。

拖动换线小车，铝排被撑开，接触线就被嵌入，然后夹口闭合卡住接触线。安装过程中，注意在接触线上涂好油脂，并且保证没有扭曲的铝排且铝排对正。进一步，保证从换线小车出来的接触线的两侧凹槽准确嵌入夹口。

4）安装好注油器，启动电动注油装置，把导电油脂注入接触线两凹槽内。注油器始终处于放线小车前方，在接触导线上顺畅滑行。

5）架线小车用拉线固定于前端牵引支架上，由车辆带动前进，牵引支架适时调整使牵引方向始终位于汇流排正下方，牵引支架与接触线铜导槽组联动，接触导线展放顺滑自然。牵引支架设有紧急脱扣装置，在列车前进中，如遇到架线小车被卡住，拉线应能随时脱离牵引支架，防止拉坏整个汇流排结构。

6）架线作业车组以每小时 2 公里的均速架线。架线小车前设一人负责检查调整，使接触线燕尾端位于汇流排开口正下方，平行于汇流排。架线小车后，左右各设一人仔细检查接触线嵌入状况，如发现接触线嵌入不到位时，及时停车，退回架线小车（张力放线车不得后退），退出此段线，重新用架线小车嵌入汇流排。

7）接触线架设至汇流排末端时，在架线小车到达汇流排弯曲端前，放线车辆停车。人工匀力拉动架线小车，把接触线导入汇流排终端，锁紧终端螺栓，接触线沿终端方向顺直外露 100～150 mm，用钢锯断开接触线，并用锉刀将端头打磨平整光洁，并将其向上弯曲。从汇流排卸下架线小车。

8）拆除第一、第二定位点处临时锚固装置。

（4）线盘吊装技术要求

1）接触导线嵌入汇流排前必须在两凹槽内均匀注入导电油脂，应无遗漏。

2）导线不得有损伤、扭曲，在锚段内无接头、无硬弯。

3）架线小车应调整好工作状态，导线与汇流排贴合，如导线未完全嵌入汇流排时，应倒回架线小车将导线拉出，重新嵌入。

4）分段绝缘器和汇流排终端处导线端头严格按照设计和产品安装技术要求处理，端头平整光洁，不应碰弓及出现硬点，螺栓紧固力矩符合设计或产品安装技术要求。

（5）线盘吊装注意事项

1）架线列车两端设置红闪灯，列车行进前方专人负责瞭望引道，列车行进由施工负责人统一指挥。

2）作业车上所有施工人员必须戴好安全帽，面对列车行进方向，注意隧道顶上的突出悬挂结构，以防挂伤。

3）接触导线盘上隔纸等杂物应清理干净，不应带到嵌入汇流排内。

（6）刚性接触线架设施工方法

1）作业准备

①收集施工区段内每组下部定位绳处接触线定位点的导高及拉出值，作为更换接触线、下锚绝缘子、下锚钢丝绳后调整导高及拉出值的原始依据。

②申请停电及线路封锁命令。

③接到施工指令后在施工区段两端设置接地棒。

2）人员组织，见表2—8。

表2—8　　　　　　　　　　人员组织

序号	施工人员	单位	数量	备注
1	施工负责人	人	1	现场施工组织及协调
2	技术员	人	1	技术负责
3	安质员	人	1	安全、质量负责
4	技术工人	人	4	每个作业组
5	辅助工人	人	12	每个作业组
6	驻站联络员	人	1	联络停电及封锁线路
7	安全员	人	2	安全防护
8	轨道车司机	人	2	放线

3）主要施工机具准备，见表2—9。

表2—9　　　　　　　　　　施工机具准备

序号	名称	规格	单位	数量	备注
1	载重汽车	—	辆	1	—
2	客车	—	辆	2	—
3	梯车	—	台	4	
4	手扳葫芦	3 t	套	2	—
5	链条葫芦	3 t	套	2	
6	激光检测仪	—	台	1	检测高度和拉出值
7	接地棒	—	副	2	
8	验电器	—	副	2	
9	轨道车	—	辆	1	带放线平板
10	对讲机	—	台	6	
11	钢卷尺	—	把	6	
12	钢丝套	—	套	7	
13	工具	各种规格	套	10	
14	断线钳	—	把	2	
15	钢锯	—	把	2	
16	水平尺	600型	把	5	
17	顶弯器	—	套	2	
18	扭面器	—	套	5	

4）操作步骤及要点

①拆旧

a. 接到作业区段停电命令后，在作业区段两端验电接地。

b. 用链条葫芦将接触线的张力导到链条葫芦上，拆脱终端线夹，松链条葫芦将接触线的张力卸掉。

c. 拆掉线岔，拆电连接，松开吊索线夹和定位线夹，取下分段绝缘器，松开中锚线夹，将旧线放到地上。

d. 卸下坠砣，取下旧下锚绝缘子和下锚钢丝绳，将预制好的新下锚钢丝绳和下锚绝缘子装上并重新装上坠砣。

②架线

a. 架线车行至起锚点，将预制好的终端线夹连接到下锚绝缘子上，车组平缓起动，调整线盘放线张力至 2~3 kN，放线车组以 2~5 km/h 匀速向下锚方向行驶。

b. 在各悬挂点处挂铁丝套子及放线滑轮，将线索放于放线滑轮内，保证线索能顺线路无障碍自由通过。

c. 架设过程中，张力控制人员随时观察线盘的转动情况和张力大小。

d. 架线过程中，架线巡视人员随时汇报有无异常情况。

e. 架线作业车组行至下锚处，作业平台尽可能地接近下锚处，架线巡视人员确认导线无卡滞现象后，下锚人员进行紧线下锚。

f. 紧线在作业平台上进行，紧线前确认各部件连接牢固。在楔型紧线器或角型紧线器的后侧安装钢线卡子，防止紧线器滑脱。拉动链条葫芦，使导线达到额定张力，确认坠砣离地高度符合要求，坠砣能自由滑动。根据补偿绳和导线终端位置剪断导线，做好终端线夹，将终端线夹连在下锚绝缘子上。

g. 缓慢松链条葫芦，将张力全部转移到下锚装置上后，取下楔型紧线器、滑轮组、链条葫芦。

③调整

a. 先安装中锚，然后从中锚向两端下锚方向进行调整，无中锚的锚段从硬锚处向补偿下锚方向进行调整。

b. 导高、拉出值、定位管偏移调整到位后，安装电连接、线岔、分段绝缘器，再根据事先测得的数据调整线岔和分段绝缘器。

④检查、检测。施工完成后应当对导线高度及拉出值进行测量，确认是否达到设计要求，同时检查施工区段是否已经达到送电开通条件。

⑤送电开通。检查接触网状态正常后,将施工机具、材料撤出施工现场,撤除接地棒,施工负责人通知驻站联络员施工完毕,可以送电并撤销封锁命令。

⑥注意事项

a. 加强安全监护,防止施工人员及施工器具高空坠落。

b. 注意保护既有设施,防止损坏。

c. 注意文明施工。施工完毕,施工工具及施工垃圾及时清理,做到工完料清,保持环境卫生。

本章测试题

一、判断题 (将判断结果填入括号中,正确的填"√",错误的填"×")

1. 中心锚结绳应无断股、散股、接头,两边受力平衡,无松弛。　　　　(　　)
2. 模板安装的主要技术标准是使其限界、方向和高差符合设计要求。模板安装质量对基础位置、基础结构及浇筑质量无影响。　　　　(　　)
3. 预制拉线,一般采用皮尺实测拉线长度。　　　　(　　)
4. 在曲线地段,支柱应设置在曲线外侧;在缓和曲线上,支柱应设置在线路内侧。　　　　(　　)
5. 中间支柱在区间和站场都有使用,它仅承受工作支接触悬挂的重力及风作用于悬挂上的水平力,故中间支柱所承受力矩要求比较大。　　　　(　　)
6. 钢支柱是由角钢焊接成的立体桁架结构式支柱,具有质量轻、容量大、耐碰撞、运输及安装方便等优点。　　　　(　　)
7. 腕臂柱整正一般使用反正扣整杆器并用钢轨作支点完成。　　　　(　　)
8. 普通混凝土抗压强度比轻质混凝土的低。　　　　(　　)
9. 静载荷和动载荷的主要区别在于惯性力和阻尼力。　　　　(　　)
10. 中间柱需要承受接触悬挂的重量、风负载以及接触悬挂产生的水平力。(　　)

二、单项选择题 (选择一个正确的答案,将相应的字母填入题号内的括号中)

1. (　　) 是能承受任何方向负载的支柱。

A. 方向支柱　　　B. 等强度支柱　　　C. 钢柱　　　D. 混凝土支柱

2. 锚板安装好后,在锚杆埋入部分,涂以沥青,每填 (　　) 要进行捣固夯实。

A. 50 mm　　　B. 100 mm　　　C. 150 mm　　　D. 200 mm

3. 拉线基础中心距线路中心允许偏差为 (　　),且符合侧面限界的要求。

A. 0~+30 mm　　　　　　　　　B. 0~+50 mm

C. 0~+80 mm　　　　　　　　　D. 0~+100 mm

4. 支柱侧面限界是指轨面处（　　）与线路中心的距离。

A. 支柱外侧　　　　　　　　　B. 支柱内侧

C. 支柱中心线　　　　　　　　D. 支柱位置

5. 中间支柱布置于两相邻锚段关节之间，支撑（　　）接触悬挂。

A. 一支工作支　　　　　　　　B. 二支工作支

C. 一支非工作支　　　　　　　D. 二支非工作支

本章测试题答案

一、判断题

1. √　2. ×　3. √　4. ×　5. ×　6. √　7. √　8. ×　9. √
10. √

二、单项选择题

1. B　2. D　3. D　4. B　5. A

第 3 章

设备检修

学习目标

- ☑ 掌握接触网各类设备的清扫和检查要求。
- ☑ 了解接触网的状态修;接触网的状态、功能、非常规和全面检查。
- ☑ 掌握各类吊弦与吊索的检修调整方法和下锚张力补偿装置的调整方法。
- ☑ 了解接触网分段及形式和锚段关节的类型。
- ☑ 掌握道岔的种类和组成。
- ☑ 了解起道和拨道概念。
- ☑ 掌握汇流排支撑装置的调整和膨胀接头的安装要求。
- ☑ 了解刚性悬挂接触线的架线流程和工艺、分段绝缘器的安装参数、刚性悬挂安装参数。

知识要求

3.1 柔性接触网的检修

3.1.1 接触网检修原则

1. 接触网检修的分类和模式

触网维修部是实施牵引供电设备运行管理的基层单位,负责接触网运营维护的日常管理,主要任务是制定有关的管理制度、办法、措施;编制接触网的中、小修计划,编制大修改造和相关项目的科研计划。

到目前为止,设备的维修方式大致经历了事后维修、定期预防维修和状态预知维修三个阶段,即不坏不修,坏了再修的事后维修方式(事故修);定期预防维修(周期修或定期修);目前发展为更合理的状态维修方式(视情况维修或预知维修)。

接触网检修分为周期修程制和状态修程制。周期修程制是按时间周期及项目内容,定时进行巡回检修;状态修程制根据接触网的运行状态,进行定期检查、检测及巡视,针对检查出的和已存在的问题进行相应的检修与维护,最后根据使用年限进行一次性的更换,实行寿命管理。

地铁接触网多年来推行的是周期修程制。根据发展及运行紧密状态,开始探索状态修模式。

2. 接触网检修的周期性

(1)修程。接触网的定期检修分为小修和大修两种修程。

1)小修。小修是维持性的修理,主要是对接触网进行检测、清扫、涂油;对磨损、锈蚀到限的接触线、承力索及供电线、回流线进行整修、补强或局部更换；对损坏的零部件进行修换，以保持接触网的良好技术状态。

2）大修。大修是恢复性的彻底修理，主要是成批更换磨耗、损坏到限的接触线、承力索及供电线、回流线；更新零部件、支持装置、定位装置及支柱；对接触网、供电线、回流线进行必要的改造，以改善接触网的技术状态，提高供电能力。

（2）检修周期和范围。对于接触网的检修工作要进行综合安排，对于测量和检查出的缺陷，除危及安全需及时整修外，应尽量将各种调整、修换的工作有机地结合进行，减少停电时间和停电范围，提高检修效率。接触网小修项目、周期和范围的规定见表3—1。接触网大修项目、周期和范围的规定见表3—2。

表3—1　　　　　　　接触网小修项目、周期和范围规定

序号	项目		周期（月）	范围
1	测量、调整接触线高度和之字值		12	测量悬挂点处接触线的高度和跨中接触线的最低高度、接触线坡度和之字值。对不符合标准者进行调整
2	测量、调整接触线拉出值		6	测量拉出值及跨距中接触线对受电弓的最大偏移值，对不符合标准者进行调整
3	测量接触线磨耗	重点位置测量	12	每个定位线夹、中心锚结线夹、接头线夹两侧和跨距中心处，以及个别磨耗严重的点的平均磨耗为上述各点磨耗的平均值。对磨耗超过规定者进行整修
4	清扫绝缘子和分段绝缘器		12	整个瓷表面（包括弧槽）都要清扫干净，发现瓷体破损要及时更换。隧道内和污秽地区的绝缘子和绝缘器的清扫周期视具体情况定
5	测量、调整接触线和承力索的张力及弛度		60	应符合张力及弛度安装曲线，对不符合标准者予以调整
6	检修接触悬挂		6	接触线和承力索（检查位置、损伤接头、补强的状态等）、吊弦（吊索）、电连接、中心锚结及各种线夹、零部件（包括鞍子和定位线夹），有损坏者予以检修或更换

续表

序号	项目		周期（月）	范围
7	检修锚段关节		6	检查锚段关节处两组接触线和承力索相对位置是否符合技术要求，包括锚段关节处的隔离开关和电连接
8	检查线岔		6	包括线岔处的电连接
9	检修分段绝缘器		3	包括绝缘器处的电连接、隔离开关及各种标志
10	检修调整补偿器		6	包括测量调整"a""b"值和滑轮注油
11	检修软横跨、支撑装置及定位器		12	包括软横跨上的横向分段绝缘器
12	检修支柱和接地装置		12	支柱、基础、拉线、地线、火花间隙，测量接地电阻，涂号码牌和支柱上的标志
13	检修隔离开关	常动	3～6	触头及传动装置，包括电连接
		不常动	6～12	
14	检修避雷器		12	每年雷雨季节前

表3—2   接触网大修项目、周期和范围

序号	项目	周期（年）	范围
1	接触线	按规定的磨耗限度	整锚段更换接触线，同时更换吊弦及其线夹、电连接、斜拉线、部分补偿器和定位器
2	承力索	10～12	整锚段更换承力索，同时更换鞍子、斜拉线、中心锚结、部分支持装置、补偿器、绝缘子、吊弦及其线夹、电连接
3	馈线	10～12	整公里更换导线，同时更换线夹、绝缘子和支撑部件
4	支柱	30～40	批量地更换支柱，同时更换拉线及硬横跨的硬横梁及其零件
5	软横跨	10～12	批量地更换横向承力索或上下部定位绳，同时更换零件、斜拉线和部分绝缘子
6	隔离开关	10～12	批量地更换隔离开关，同时更换电连接

3．绝缘检查和清扫的主要内容

（1）检查绝缘子表面有无污渍、破损、闪络和放电现象。清扫时用清洁布进行清

扫。经防污处理的绝缘子无须清扫。

（2）一旦发现绝缘子表面有缺损、烧伤需要立即更换。

（3）检查绝缘子，紧固件齐全，连接牢固可靠，紧固力矩符合设计要求。

4．状态修及其预防性检测

状态修是一种依据设备状态进行的维护与检测，是一种预防性的检修，它是根据对接触网设备的检测、统计、分析，诊断出设备的劣化程度，找出相应的原因，进行针对性的检修。同时，根据设备的使用年限，在达到使用寿命终极前进行一次性的设备更换或切换，这两点就是状态修的基本程式及内容。

状态修的前提是通过对产品的系统性检测、设备测试和试验，提前预知设备状态，以防止功能故障发生，使其保持在规定状态所进行的全部活动。主要将其用于发现潜在故障的后果会危及人身安全和影响运营任务完成，或导致较大经济损失。状态修按预定的时间间隔或规定的准则实施检测，通常还包括保养、操作人员监控、巡视检查、使用检查、功能检测、定时检测等类型。

5．状态修的组织管理措施

触网检修部对状态修分三级组织管理：

（1）技术室负责状态修计划的编制，标准值、限界值、技术措施的制定以及掌握各项计划措施的落实，并负责日常的宏观指导工作，组织各触网检修班组实施区间关于状态修的各项计划、标准、措施，负责督促检查状态修质量控制循环的落实。

（2）触网检修班组负责直接实施状态修的各项计划、标准、措施以及落实状态修的程序控制和质量控制的循环管理。

触网检修班组应根据状态修的目标、办法及原则设立设备包保制度，使状态修的措施、办法落到实处。

（3）设备包保人员是设备状态信息汇集的中心，负责信息的归纳分析及反馈。

6．状态修的技术管理措施

（1）对实行状态修的设备要严格按规定的检修周期进行巡视检测。当检测项目的运行状态达到或超过限界值且可能严重危及人身、设备和行车安全时，应及时进行检修和处理，以保证设备安全运行。

（2）实行状态修的各单项设备应按各自规定的检测周期纳入年和月份巡视、检测的年计划之内，使其进入PDCA循环之中。

（3）建立健全状态修各单项设备的技术管理措施，如拉出值、导高、锚段关节、电分段、开关、线岔等的周期巡视、检测、信息反馈、检修和处理记录。

（4）积极配备各项专用检测工具、仪器、仪表等检测手段，并尽量采用先进技术和检测方法，如利用巡检车检测，同时安装摄、录、监系统等，在检测的同时进行监视和现场弓网动态工况、图像记录。另外，在一般情况下要充分利用不停电或少停电的情况取得测量数据和缺陷，如用绝缘带电测量工具、远红外测温望远镜等。对于带电不易测量的设备可通过停电等进行检测。

7．强化检测手段，提高运营质量

状态修的特点在于做到有计划、有针对性、有目标的检修。但是，一切计划、针对性和目标都是来自检查及检测信息，如果没有检测和检查，就会缺乏计划的基础，也就没有针对性和明确的检修目标。现在各城市轨道交通接触网检修中心都配备了较为先进的接触网检测车，应当使这些现代化设备充分发挥它的功能及效用。但是，有的单位没有充分地重视它和利用它，认为它检测的某些参数缺乏准确性。

对接触网检测车、巡检车应该客观地评价，有效地利用。无论检测车或巡检车，它们都是动态检测，实际上与线路质量、曲线状态、车辆结构、运行速度都有关系。

接触网检测车、巡检车不是万能设备，如果检查一次就把接触网的隐患及缺陷都检测出来，做到一劳永逸，万无一失，这是不现实的。但是，接触网检测车和巡检车是一种有效的辅助检测工具，每次用其检测，总会发现一些故障点或超限点，经过维护及检修使其达到标准状态；当再次检测时又会发现另外的一些隐患点及超限点，再经过维护，其安全性及可靠性又会得到进一步的提高。周而复始，接触网的运行状态就会步入良性循环。

8．绝缘子检查和清扫的主要内容

（1）清除绝缘子上的污垢和灰尘。

（2）检查绝缘子安装状态。

（3）检查绝缘子紧固件状态。

9．绝缘子检查和清扫的技术要求

（1）表面无污渍、无破损，没有闪络、放电现象。清扫时用清洁布进行清扫。经防污处理的绝缘子无须清扫。

（2）绝缘子表面有缺损、烧伤时需要立即更换。

（3）紧固件应齐全，连接牢固可靠，紧固力矩应符合设计要求。

10. 螺栓检查和紧固的主要内容

使用螺钉、螺栓类的紧固件进行紧固的目的与种类介绍如下，要在充分理解紧固目的的基础上进行检查。

（1）被紧固物为金属接触紧固。这是最通用的紧固方法，多用于导电部位的连接、金属部件的安装等，施加的轴应力使螺钉、螺栓的材料达到弹性极限值时，利用其产生的反向轴力达到紧固目的。螺栓紧固如图 3—1 所示。

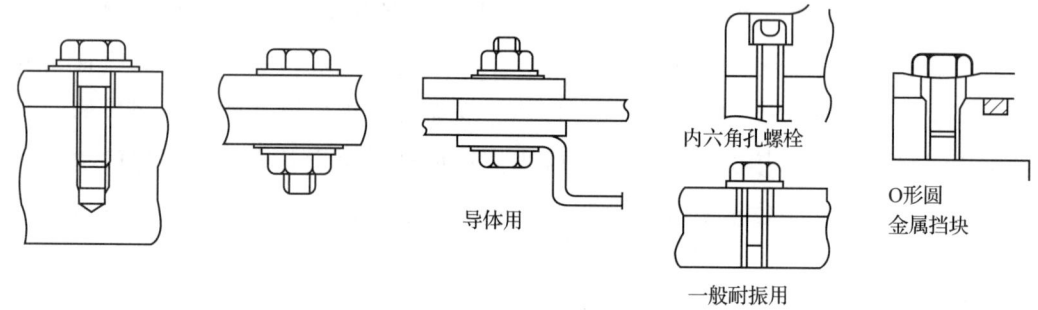

图 3—1 螺栓紧固

（2）被紧固物之间垫有非金属材料进行紧固。这是一种在金属被紧固物之间垫有密封垫、瓷器、绝缘物进行紧固的方法，多是为了实现气体及油、水等液体的密封以及电气、热的绝缘、防振等，紧固力的大小应能对抗非金属材料的压缩强度且能得到规定的压面，施加接近螺栓材料的弹性极限的轴向力，很多情况下是根据实际情况采用不同的紧固扭矩或采用低扭矩下实施防松措施。螺栓衬垫如图 3—2 所示。

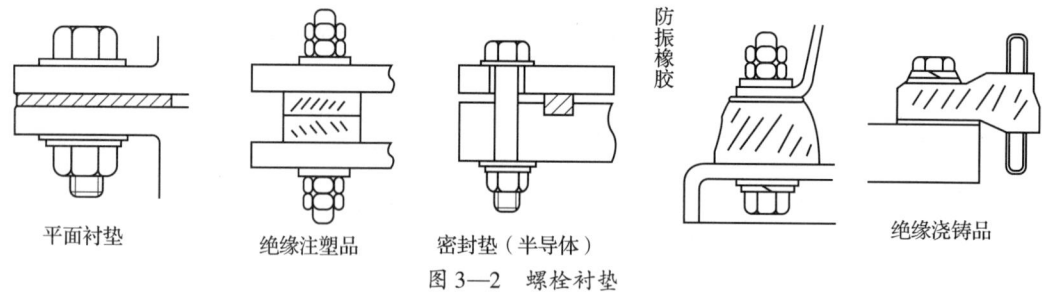

图 3—2 螺栓衬垫

（3）被紧固物为非金属之间的紧固。这种方法多用于绝缘，虽然与被紧固物之间垫有非金属材料进行紧固时的情况相同，但是相互为绝缘物，由于材料的收缩、变形，紧固的螺栓会产生松动，所以需要实施防松措施。此外，这种情况下因绝缘结构方面的需要，也有使用绝缘材料制成的绝缘螺栓，根据材料强度分别规定相应的紧固扭矩。非金属之间的紧固如图 3—3 所示。

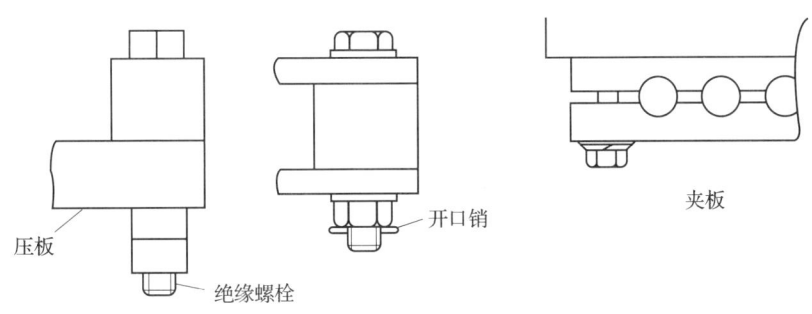

图 3—3 非金属之间的紧固

（4）特殊的紧固。管道铺设的相关接头、使用特殊螺钉进行的紧固，半导体的特殊紧固情况也很多，可以根据需要分别规定相应的紧固扭矩。特殊的紧固如图 3—4 所示。

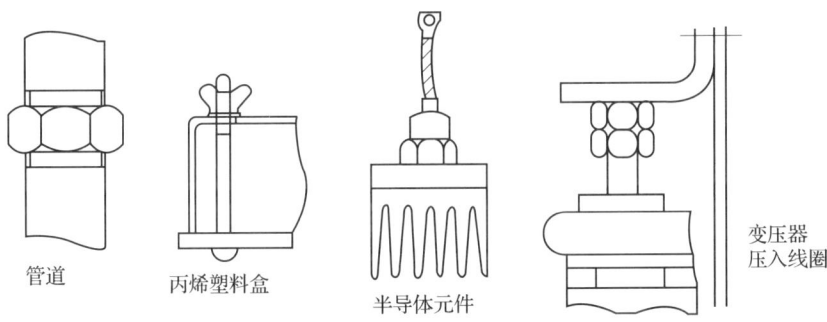

图 3—4 特殊的紧固

11．分段绝缘器检修的主要内容

（1）作业准备

1）作业人员：4 人。

2）主要工具：触网常用扳手、水平尺、锉刀、砂皮、激光测距仪、卷尺。

3）安全用具：柔性接地棒、柔性验电器、安全带、安全帽。

（2）作业程序

1）核对施工检修申请单与工作票是否符合规定。

2）要令申请，向行调申请允许作业命令。

3）行调下达准许作业命令后进行验电接地。

4）分段绝缘器检调。

①测量相邻定位点以及分段的导高。

②外观检查：检查绝缘部件损坏情况和导滑板烧伤情况以及其他异常情况。

③水平检查：用水平尺对分段绝缘器进行的纵向和横向水平检查。

④检查导滑板进出口处是否与导线等高。

⑤检查导线到导滑板是否平滑过渡。

⑥紧固螺栓按照产品要求进行复查紧固。

⑦工作结束后由工作负责人对人员、工器具及材料进行清点，拆除接地线，作业人员撤离现场、消令登记、回基地填写相应的报表。

12．隔离开关检修的主要内容

（1）作业准备

1）作业人员：3人。

2）主要工具及用品：触网常用扳手、开关摇手柄、开关钥匙、梯子、专用油脂、绳子、塞尺、卷尺。

3）安全用具：柔性接地棒、柔性验电器、安全带、安全帽。

（2）作业程序

1）核对施工检修申请单与工作票是否符合规定。

2）要令申请，向行调申请允许作业命令。

3）行调下达准许作业命令后进行验电接地。

4）确认牵引所小车位置处于冷备用状态，确认隔离开关在合闸状态。

5）进行隔离开关检调。

①检查隔离开关在分合闸时动静刀头是否有烧伤痕迹以及绝缘子的状态。

②检查分闸、合闸时动静刀头是否到位。

③检查消弧棒在合闸情况下的间隙是否符合要求。

④检查隔离开关分合闸过程中动静刀头和消弧棒之间的关系是否正确。

⑤观察消弧棒在隔离开关合闸过程中是否有撞击现象。

⑥检查各部分螺栓有无松动和放电情况。

⑦在合闸位置时用 0.05 mm×10 mm 的塞尺检查刀片密合情况（塞入深度为 20 mm）。

⑧清洁动静刀头和绝缘子（户内）。

⑨涂抹专用油脂。

⑩操作机构箱在保养过程中要对所有接线端子进行紧固。

⑪操作机构箱的大齿轮的固定螺母扭矩按如下标准进行紧固：连杆长度 6 m 及以下，扭矩为 6~7 N·m；连杆长度 6~10 m，扭矩为 7~8 N·m；连杆长度 10~13 m，扭矩 8~9 N·m。

⑫操作机构箱的大小齿轮配合松紧适当，不可过紧或过松。

⑬联系总调所进行远动分合闸操作（或手动的信号），现场确认开关是否到位。

6）工作结束后由工作负责人对人员、工器具及材料进行清点。

7）拆除接地线，作业人员撤离现场。

8）消令登记。

9）回基地填写相应的报表。

13．锚段关节检修的主要内容

（1）操作准备。按规程要求填写工作票并交付工作负责人，工作负责人向作业组全体成员宣读工作票、分工并进行安全预想，检查工具、材料。做好安全措施，工作领导人确认完成安全措施后通知各作业组开工。

（2）操作步骤

1）两转换柱处承力索的垂直、水平间距。测量转换柱非工作支承力索高度和工作支承力索高度，计算出非工作支承力索抬高量。

2）测量转换柱非工作支承力索拉出值和工作支承力索拉出值，计算出两支承力索的水平间距以及两转换柱处接触线的垂直、水平间距。

3）用接触网多功能检测仪测量转换柱非工作支接触线拉出值和工作支接触线拉出值，计算出两支接触线的水平间距和两转换柱间接触线等高位置、等高值及偏移值。

（3）操作要求

1）检查要求：转换支柱间两接触导线平行间距为 200 mm。

2）两锚段导线等高点应在跨距的中点。

3）转换支柱的非工作支柱比工作支柱抬高 300 mm。

4）在转换支柱处分别设置一组电连接。

5）检查电连接线有无烧伤、断股、散股，截面是否符合载流要求；打开电连接线夹，检查线夹内壁是否氧化、接触面是否光洁、有无麻点和烧伤痕迹；预留量能否满足温度变化时承力索、接触线的伸缩要求。

6）各零部件安装、紧固情况。各部件有无裂纹、损伤、短缺，螺栓有无脱扣、锈蚀，各部位的连接是否正确，两悬挂各部分（包括零部件）之间的距离是否符合标准值，交叉侧的吊弦是否相磨。

14．中心锚结检修的主要内容

（1）作业准备

1）作业人员：4 人。

2) 主要工具：常用扳手、钩头扳手（隧道）、水平尺、激光测距仪、卷尺。

3) 安全用具：柔性接地棒、柔性验电器、安全带、安全帽。

(2) 作业程序

1) 核对施工检修申请单与工作票是否符合规定。

2) 要令申请，向行调申请允许作业命令。

3) 行调下达准许作业命令后进行验电接地。

4) 中心锚结检调。

①测量导高，记录数据。测中心锚结线夹处导高和两边定位点的导高，比较线夹处导高比定位点的导高抬高高度是否符合。

②检查锚结绳两边受力是否均匀，有无断股情况。

③检查绝缘子（环）有无破损、烧伤情况。

④检查中心锚结线夹是否有偏磨、位移现象。

⑤检查螺栓紧固情况。

⑥工作结束后由工作负责人对人员、工器具及材料进行清点，拆除接地线，进行消令登记，作业人员撤离现场。

⑦回基地填写相应的报表。

3.1.2　接触网检查要求

1．绝缘限界检查要求

(1) 带电金属对地 115 mm。

(2) 带电金属对水泥构件 100 mm。

(3) 受电弓对水泥构件 150 mm。

(4) 受电弓对任何高于导线面配件 15 mm。

(5) 隔离开关灭弧角对顶面建筑物水泥构件 500 mm。

2．冷滑检查要求

冷滑检测是检修人员通过近距离观察受电弓与接触线的配合情况，在 35~45 km/h 速度下进行冷滑检测的主要内容如下：

(1) 查看受电弓有无碰撞。线岔、锚段关节、定位点处以及中心锚结、分段绝缘器应过渡平顺，接触应无硬点。

(2) 检查导高、拉出值是否超限。

(3) 有无异物侵入限界。

3. 导高检查要求

两相邻定位点导高相差在 ±20 mm 范围内（除隧道与地面、高架衔接段）；任何困难下导高最小都不能低于 3 973 mm。

4. 拉出值检查要求

拉出值范围：正线、车辆场直线段为 ±200 mm；曲线段为 ±250 mm；试车线曲线段为 ±300 mm。

跨中偏移：正线、车辆场直线段为 ±300 mm；车辆场曲线段为 ±350 mm；拉出值误差为 ±30 mm。

3.1.3 状态修

1. 状态修的模式和特征

状态修是一种依据设备状态进行的维护与检测，是一种预防性的检修，它是根据对接触网设备的检测、统计、分析，诊断出设备的劣化程度，找出相应的原因，进行针对性的检修。同时，根据设备的使用年限，在达到使用寿命终极前进行一次性的设备更换或切换，这两点就是状态修的基本程式及内容。

2. 状态修的核心

状态修的核心可以归结为以下四点：

（1）制定科学的限界值标准，包括制定寿命终极的限界标准值及设备标准、运行状态的参数标准值。

（2）建立完善的检测手段及制度，包括状态检查、功能检查、非常规检查、全面检查，以及检查周期的相应管理制度。

（3）实施严格的技术维护措施，即严格按照相应设备技术标准进行相应的检修，使设备达到和恢复既有功能及标准。

（4）实行相应的寿命极限管理，在设备达到寿命极限及相应的限界值标准后进行一次性更换。

3. 状态修与周期修的区别

状态修与周期修不同。状态修是在设备处于标准运行状态时不进行定时、定期的维护性修理，而是采用"车梯巡检、定期测量、检测车检查、缺陷处理"程式实施相应的管理。状态修是一种检修模式，它也具有一套详细的规章、制度、标准、办法及措施，它的要点是有计划地进行检测，按照科学的标准进行评价，有针对性地进行维护，有目标地进行状态管理。具体说是根据规定的技术标准及测量周期定期对设备进行测量，只要设备状态在安全值范围内，则不进行维修作业，只是加强车梯巡检和步行巡视。这样做的优点是通过对设备的检测分析，减少不必要的维修，可以节省大量的人力、物力和时间，集中力量用于其他设备的精检细作，向少维修、不维修方向发展。在限界值的管理上，定期地以完善的科学检测手段，对接触网相关参数的技术状态及运行状态进行检测，找出不良状态点、隐患点或者参数的超限值（限界值），进行相关的维护，对危及安全运行的隐患点进行及时处理，以使所有设备达到标准值，从而保持良好的运行状态。因此，状态修是一种有目标、有针对性的维护修理，根据设备的运行状态，其维修的内容、项目、规模是不相同的。状态修是在限界值管理的基础上，定期以科学的检测手段和方法对设备的技术数据、运行状态进行检测和综合分析。对于超过限界值的设备必须立即进行检修，使其达到标准值，以恢复良好的运行状态。

4. 状态修 PDCA 循环

状态修执行的是一套"计划（项目和标准）—检测（内容和周期）—信息反馈（限界值和分析）—执行处理（质量）—计划（项目和标准）"的循环程序，即状态修质量控制实行 PDCA 循环。

实行状态修的设备应按照 PDCA 循环的四个阶段去滚动：

（1）第一阶段是计划阶段（P），主要是制定状态修设备项目质量标准、检测周期、检测程序及方法。

（2）第二阶段是检测阶段（D），主要是按周期进行检测、监视或巡视，提供设备技术参数的状态依据。

（3）第三阶段是信息反馈阶段（C），主要是将检测后达到或超过限界值的信息（数据、缺陷）进行反馈、研究及分析，并提出技术处理方案及实施技术维护的措施。

（4）第四阶段是处理阶段（A），主要是对达到或超过限界值的设备实行检修、处理，使设备恢复到标准值。

这四个阶段形成一个闭环，使进行状态修的设备一旦出现质量问题就会在第一个循环中得到及时处理，恢复其标准状态，然后再进入下一个循环中，这样循环往复地向前滚动，就能对设备质量进行有效的控制。凡是经过检测，设备处于标准状态时，一般不进行检修及维护。

5. 易引发事故的设备

根据多年运行经验及历年事故统计，总结得出了以下一些事故多发区及易引起事故的设备及部位，分别介绍如下：

（1）分段绝缘器拉弧严重，主要原因是分段绝缘器工作面不平及接触线与分段绝缘器接头不平顺，以及分段两端取流情况不一产生电位差。

（2）线岔偏磨。线岔是停车场接触网的关键设备之一，其数量多，情况复杂，条件各异，是事故多发的重要部位。线岔偏磨的主要原因是在线岔始触点处由受电弓托起的两支接触线的高度不一致。

（3）定位管坡度偏小，在受电弓通过时可能会因线路不平顺、三角坑缺欠，或运行速度骤变、外轨超高等方面的随机激振因素造成受电弓撞击定位管。

（4）锚段关节两支导线不平顺。特别是四跨锚段关节的转换点处容易造成硬点冲击。另外，对于非绝缘锚段关节，非工作支抬高量不足也是锚段关节处多发故障的原因。

（5）电连接线松弛、烧损、脱落等造成弓网故障。

（6）曲线拉出值及弛矩值调整不当造成刮弓，在曲线区段因拉出值调整不当造成接触线弛矩值偏大，特别是当遇到有从曲线外侧吹向内侧的强风时，在偶然情况下会造成刮弓。

（7）绝缘部件故障。由于多种因素造成绝缘子老化、裂纹、损伤及污染，致使绝缘部件放电、闪络或击穿，造成瞬态故障及永久性故障。

（8）线索断线故障。由于电流强度过大以及其机械连接问题或外来侵入物等其他原因，引起接触线、承力索、供电线以及开关引线等断线造成故障。

（9）吊弦烧损、烧熔及烧断，以致吊弦脱落，造成弓网故障。

（10）接触网零部件故障。由于零部件质量问题造成紧固件断裂和松动以致造成故障。同时，由于维修质量不高或维修不当、失修、设备欠缺没有发现或没有及时处理造成的故障数量也不少，这些故障都很值得注意。接触网零部件以各种不同的原因所产生的故障历来都占有很高的比例，这是一个很值得研究的问题。

上述这些种类不同、情况各异的故障，都是几十年来周而复始、屡屡重复发生的故障，但是这些故障也是不难避免的，关键问题是要重视和研究，应根据不同类型的故障采取相应的技术对策及措施，有计划地克服这些问题。

6．接触网的状态检查

接触网的状态检查由步行巡视或梯车巡视在作业点时完成。在巡视时，可利用相应工具检查所有定位装置、支持装置、悬挂装置、补偿装置、支柱、基础、附加导线、隔离开关、馈电线、回流线、防护装置和标志牌及相应安装距离等。状态检查的内容和周期见表3—3。

表 3—3　　　　　　　　　　状态检查的内容和周期

状态检查代码	项目	范围	周期（月）	方式
Z1-1	接触悬挂	绝缘子的损坏、拉弧痕迹和污秽情况；悬挂装置的位置有无异常、有无异物；吊弦及其线夹位置是否正常；接触线有无扭转；承力索有无损伤；有无接近的树木	3	巡视、巡检
Z1-2	补偿装置	补偿绝缘子有否裂痕及伤损；坠砣和棘轮位置状态及灵活性；连接板、重量杆、限制管等的状态；补偿绳有无断股、腐蚀	3	巡视
Z1-3	锚段关节	绝缘子有否裂纹及闪痕；电连接线有无损坏；转换支柱及中心支柱两组悬挂的位置是否正常	3	巡视
Z1-4	中心锚结	绝缘子有无损伤及闪痕；中心锚结绳及下锚拉线张力是否匀称及是否松弛	3	巡视
Z1-5	定位装置	悬式及棒式绝缘子是否处于良好状态；定位管、定位器是否工作正常；变 Y 形弹性吊索、斜拉线及防风拉线的状态	3	巡视、巡检
Z1-6	线岔	两组悬挂及交叉点的位置、状态有无异常；电连接线及交叉吊弦状态	3	巡视、巡检
Z1-7	分段绝缘器	绝缘子有无损伤、裂纹及伤痕；绝缘导杆有无拉弧痕迹及严重磨损	3	巡视
Z1-8	软、硬横跨	绝缘子有无损伤、裂纹、伤痕及污秽；定位器及吊架的位置及状态；导向轮、连接板的位置；横向变 Y 形弹性吊索、直吊索及斜拉吊弦的状态及距离	12	巡视
Z2-1	附加导线	检查附加导线的位置和状态。包括绝缘子有无损伤、裂纹、闪痕及污秽；弛度状态及有无断股；零件及肩架状态；空气间隙及接近状态	12	巡视
Z2-2	柱上隔离开关	隔离开关触头，电缆状态；开关导线位置；开关联动装置及开关标志；开关接地装置状态等	12	巡视
Z2-3	支柱与基础	支柱有无损伤、扭转、倾斜、弯曲及锈蚀；基础地脚螺栓有无松动；支柱拉线、标志及接地状态等	12	巡视
Z2-4	防护、标志及接地	隔离防护、建筑物接近距离、标识牌状态及位置、钢轨接地装置	12	巡视

7. 接触网的功能检查

功能检查（F）的作用是确定受电弓与接触网的系统功能，它是通过接触网检测车（试验车）、巡检车的运行检测来实现有关项目及技术参数的检查，其检查项目、周期、方式见表3—4。

表3—4　　　　　　　　接触网检查项目、周期、方式

功能检查代码	项目	范围	周期（月）	方式
F1	接触悬挂	受流稳定性、接触压力状态、锚段关节、中心锚结及线岔状态	1	巡检车，以车辆允许速度检查
F2	拉出值、弛矩值及定位装置	接触悬挂状态、拉出值及弛矩值，定位器状态及定位管坡度，受电弓的冲击（前进方向）及振动（上下方向）状态，分段绝缘器的状态以及受电弓的冲击情况	6	巡检车，40 km/h；受电弓静态抬升力调为150 N（带电检查）
F3	接触线高度	在静止状态时接触线的最低高度	12	巡视测量
F4	绝缘安全距离	接触网至建筑物（天桥、跨线桥）	12	巡检车，慢速；受电弓静态抬升力调为250 N（断电并接地检测）
F5	接触线磨耗	测量接触线磨耗（定位点及跨中），典型重点处接触线磨耗（中心锚结、锚段关节及导线接头处）	48	巡检车或维修车，慢速
F6	弓网受流稳定性	接触压力及动态接触线拉出值及高度	3	检测车，最高允许速度；受电弓静态抬升力调为70 N

8. 接触网的非常规检查

非常规检查是指在特殊情况下所进行的状态检查及功能检查。非常规检查没有固定周期，根据其他检查结果或事故恢复后的实际需要进行。接触网非常规检查的有关项目及内容见表3—5。

表 3—5　　　　　　　　　接触网非常规检查项目及内容

功能检查代码	项目	范围	周期（月）	方式
AP1	短路后，短路地点	在短路后检查短路地点及接触网、回流线、接地线及钢轨等处有无损伤及烧灼伤痕（斑）状态	不固定	巡视观察
AP2	短路10次情况不明区段	在一个供电区域内发生10次情况不明的短路故障，须检查相应区段内的接触网的绝缘距离、回流线及钢轨接地设备	不固定	巡检车或车梯上巡查（断电观察）
AP3	自然灾害过后巡查	在较大自然灾害（暴风、洪水、冰凌、极限温度等）出现后，检查受害地段接触网、回流线、钢轨接地装置状态	不固定	巡检车巡查，车速20~40 km/h
AP4	接触线的拉出值及静态高度	根据F6检查结果，在一个区段内出现多次超限值时，进行该区段检查	根据F6检查结果决定	巡检车巡查，车速20~40 km/h，受电弓抬升力调为70 N

9. 接触网的全面检查

全面检查是对接触悬挂以及定位装置、支持装置、补偿装置、隔离开关、保护装置及标志牌进行全面定期检查，检查项目及范围与状态检查相同。根据检查的内容不同，采取的方法及措施也不相同，其检查项目、范围、方式见表3—6。

表 3—6　　　　　　　　　接触网的全面检查项目、范围、方式

全面检查代码	项目	范围	周期（月）	方式
V1	接触悬挂	悬挂吊弦、线夹有无损伤，承力索和电连接线的损伤，接触线硬点及有无扭转与损伤，测量重点部位接触线残存高度，测量接触线拉出值及承力索的横向位置	12	检测车、巡检车及巡视
V2	补偿装置	测量绝缘子电压分布，测量补偿装置的a、b值，棘轮安装位置，补偿绳棘轮内的圈数，坠砣块上下活动是否卡滞，棘轮棘齿与制动块间隙，其他相关部件的状态	6	巡查
V3	锚段关节	电连接状态，两组悬挂线索的水平及垂直距离，转换支柱、中心支柱处定位管的偏移角度	12	巡查

续表

全面检查代码	项目	范围	周期（月）	方式
V4	定位装置	绝缘子状态，定位管及定位器位置是否正常，定位管坡度，线索损伤情况，变Y形弹性吊索的张力是否合适	12	巡查
V5	软、硬横跨	绝缘子状态，导向轮、连接板和定位器位置是否正常，下部定位索与接触线距离是否符合要求，横向承力索状态，上下部定位索是否水平，吊弦是否铅垂，最短吊弦长度是否符合要求	12	巡查
V6	线岔检查	交叉接触线及交叉承力索的相对位置，交叉吊弦位置，限制管温度位置，侧线活动空隙	12	巡查
V7	分段绝缘器	绝缘子有无裂纹、闪痕现象，导流滑板及接触线有无磨损及弧闪，绝缘滑条状态等	3	巡查
V8	附加导线	接触允许距离，有无损伤及异常	12	巡查
V9	隔离开关	绝缘有无异常，引弧触头、开关触头有无损伤，连接线夹、开关引线有无损伤，联合器扭矩及开关试验有无异常	6	巡查
V10	其他诸项	检查标志牌、防护装置、支柱与基础状态有无异常	12	巡查

3.2　接触网定位方式及拉出值调整要求

3.2.1　定位装置

1. 定位装置的作用和分类

定位装置的作用就是对接触线进行横向定位。定位装置是支持结构中的主要组成部分，它是在定位点处对接触线实现相对于线路中心进行横向定位的装置。在直线区段，相对于线路中心把接触线拉成之字形状；在曲线区段，相对于受电弓中心行迹拉成切线或割线。刚性接触网则呈正余弦波曲线形状。

定位装置仅对接触线实行横向定位，根据支柱所处位置、功用及地形条件不同,定位装置的形式也不同。具体有正定位、反定位、软定位、组合定位、单拉定位四种。

2. 定位装置的基本要求及结构特征

组合的定位器是定位装置的主体,它就只是通过线夹把接触线固定到相应位置上后传递给定位环。定位器从形状上可分为直管式、弯管式、特型等数种。地铁运行属于低速情况,除在地面或高架的曲线半径较小情况下使用定位器外,一般定位装置很少采用定位器,均是由各个部件进行安装组合,便于零部件更换调整,灵活性较强。在曲线段上,由于线路的外轨超高,电动列车受电弓随之向曲线内侧发生倾斜,为避免定位器碰撞受电弓,要求定位器具有一定的倾斜度,其倾斜度规定为 $1:5 \sim 1:10$。

3. 定位器的组成

定位装置是由定位管、支持器、定位线夹、定位钩、定位环及其连接部件组成。当将定位管与支持器以及定位钩等组合成一个整体时形成定位器。

4. 定位器的调整技术要求

定位装置的调整技术要求:一是动作要灵活,在温度发生变化,接触线沿线路发生移动时,定位装置应能以固定点为圆心,灵活地随接触线沿线路方向相应移动;二是重量应尽量轻,在受电弓通过定位点时,它上下动作自如,并且有一定的抬升量,不产生明显硬点,其静态弹性和跨距中部应尽量一致;三是具有一定的风稳定性。

3.2.2 定位方式

1. 正定位

通过定位管和定位器将接触线拉向支柱侧的定位方式称为正定位。

2. 反定位

通过定位杆和定位器将接触线拉向反侧的定位方式称为反定位。

3. 软定位

通过铁线和软定位器将接触线定位的方式称为软定位。

4. 组合定位

由各种定位方式组合而成的定位方式,根据不同的地形条件及悬挂条件决定不同的定位组合,这种定位方式称为组合定位。

5. 单拉定位

通过软定位器、铁线盒悬式绝缘子直接安装到支柱上,将接触线定位,这种定位方式称为单拉定位。

3.2.3 定位器

1. 定位器坡度的影响

如果气温突然升高或降低,受电弓与接触线间的压力会使导线升高。在半补偿链型悬挂中,当气温突然下降时,承力索的弛度变小,通过吊弦使接触线升高,定位点处定位线夹随之升高,造成定位器坡度过小,受电弓通过时极易打在定位器根部,打坏受电弓、打掉定位器。

当气温急剧升高时,承力索弛度增大,使接触线高度降低,造成定位器坡度超出规定要求。此时可将定位管与腕臂连接的定位环向下调整。因为定位器坡度过大会使接触线工作面偏斜而发生偏磨。

2. 定位点处接触线的拉出值

用定位器将接触线固定在轨道上方规定的位置上称为接触线定位,定位器的定位线夹与接触线连接处称为接触线定位点。定位点至受电弓中心运行轨迹的水平距离在直线区段称为之字值,在曲线区段称为拉出值。之字值和拉出值的作用是使受电弓滑板磨耗均匀,提高受电弓寿命,并防止发生脱弓和刮弓事故。

接触线之字值沿线路中心左右对称。在曲线区段,为解决列车运行时产生的离心力,将外轨面抬高,称为外轨超高。曲线外轨超高值同列车运行速度和曲线半径大小有关,在现场,超高值一般标记在曲线内侧。

之字值和拉出值有正、负规定,规定靠近支柱侧为正,远离支柱侧为负,正线直线区段其标准为±200 mm,曲线区段为±250 mm。

3. 定位方式的结构特点

定位装置对接触线实行横向定位,根据支柱所处位置、功用及地形条件不同,定位装置的形式也不同,具体有以下几种:

(1) 正定位。在直线区段或曲线半径较大的区段采用这种定位方式。由定位管和支持器、定位线夹、定位环、定位钩组成。定位器的一端利用定位线夹固定接触线;另一端通过定位钩与定位管衔接,定位管又通过定位环固定在腕臂上,如图3—5所示。

 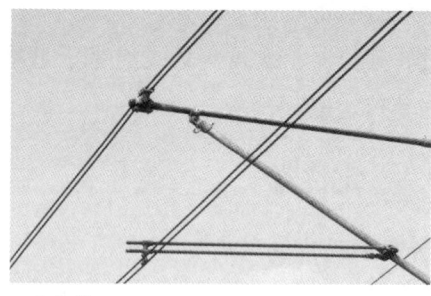

图3—5 正定位

（2）反定位。反定位一般用于曲线内侧支柱或直线区段之字值方向与支柱位置相反的地方。此定位方式使定位管受压力较大，为了使定位管保持水平，一般用斜拉线将定位管连接在腕臂上端，斜拉线、腕臂和定位管组成稳定的三角形，如图3—6所示。

图3—6 反定位

（3）软定位。软定位用于小半径曲线外侧支柱上，由弯管定位器通过两股镀锌铁线固定在绝缘腕臂的定位环里，如图3—7所示，这种定位装置只能承受拉力，而不能承受压力，因而它用于曲线 $R \leqslant 1\ 000$ m 的区段，为避免在某些特殊情况下拉力过小，经过计算，在曲线力抵消反方向的风力之后，拉力须保持在 0.2 kN 以上方能使用这种方式。

（4）组合定位。组合定位装置是用在锚段关节的转换支柱、中心支柱及站场线岔处的定位，如图3—8所示。这些地方均有两组悬挂在同一支柱处，分别固定在所要求的位置上。组合定位的方式较多，各种组合定位的作用也不相同，这主要是根据各种各样的地形条件及悬挂条件决定的。

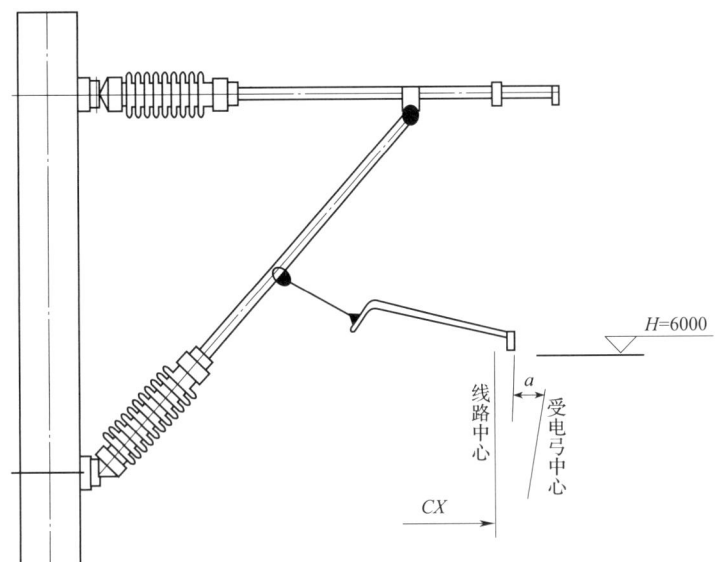

图 3—7 软定位

图 3—8 组合定位

拉定位就是两支接触线的受力方向都指向支柱的反方向，定位器把接触线拉向支柱，这种形式多用于道岔处的定位，其特点是两支接触线等高。

压定位是由于地形条件的限制，使得两支接触线的水平力指向支柱，相当于两支接触线都处于反定位状态，多用于道岔处的两组悬挂在同一处的定位。

拉压定位是一支接触线拉向支柱，另一支接触线拉向支柱的反方向（反定位），且两支接触线等高，都处于工作状态，这是道岔定位最常用的定位形式。

绝缘定位，它是两组定位器分别固定于两个腕臂上，两组定位器互不影响，并保持一定距离，它类似于绝缘转换支柱。

特殊双定位是将两组定位器固定在同一组腕臂上，但其中一支为非工作支，它抬高后去下锚，多用于非绝缘转换支柱处或其他一些特殊定位。

（5）单拉定位。这种定位的特点是没有腕臂，现使用较多的定位方式包括软定位和单拉定位（见图3—9），将软定位器直接通过绝缘子固定到支柱上，它一般用在导曲线处或因跨距较大接触线的偏移达不到设计要求的某些特殊地点。

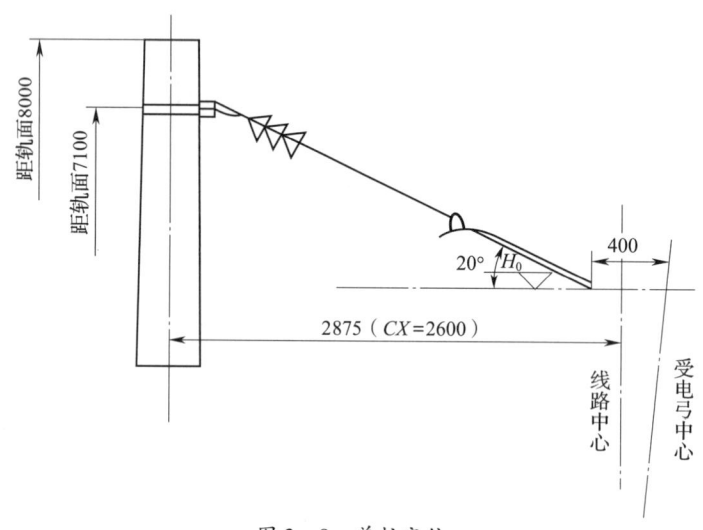

图3—9 单拉定位

总之，无论采用哪一种定位装置，必须满足定位器处于受拉状态，不允许处于受压状态。

（6）隧道段定位装置。隧道由于高度和宽度有限，其支持定位装置不同于地面结构，主要采用弹性支座悬挂作为隧道段的定位装置，如图3—10所示。利用弹性元件使接触悬挂有柔韧性和弹性，以便悬挂点能跟随受电弓的运动作上下运动，从而减少悬挂点的离线率，并使受电弓的碳条磨损和损伤降至最小。

图3—10 隧道弹性支座悬挂装置

同地面架空接触网结构相比,隧道段架空接触网结构有如下特点:

1)整个弹性支座悬挂可作垂直和水平双向运动,垂直运动由橡胶元件完成,水平运动由张力补偿装置来调整,所以同弹性简单悬挂相比,接触线的磨耗较少,悬挂点的磨耗与整线磨耗基本一致,寿命有显著延长,并且不容易发生脱弓事故。

2)弹性支座悬挂装置的间距为 800~12 000 mm。

3)弹性悬挂必须处于被"拉"状态。直线段的悬挂可以在线路两侧,曲线段的悬挂必须在曲线外侧。

4)为了保证弹性元件的刚性范围和符合接触线导高限制,弹性支座必须由 M6 调整螺栓限制为 3~5 mm 间距。整个弹性(元件)支座的螺栓要以安装标准的力矩进行固定。

5)定位管对接触线线夹外露尺寸分别为 20 mm、60 mm,不允许超出规定值。

6)在确定定位管的接触线高度时,必须将弹性元件的扭转部件限制在规定红点范围之内,以保护弹性元件,防止其过负荷。反之,如果红点范围达到而接触线高度未能达到,则必须调整整个弹性支架的定位高度。

7)整个弹性支座的装配必须在预装车间进行,安装后的调整必须在整个锚段安装完成后进行逐个调整。

8)如果隧道高度太高,可以考虑安装倒立柱加长下垂支架等悬挂形式,如图 3—11 所示。

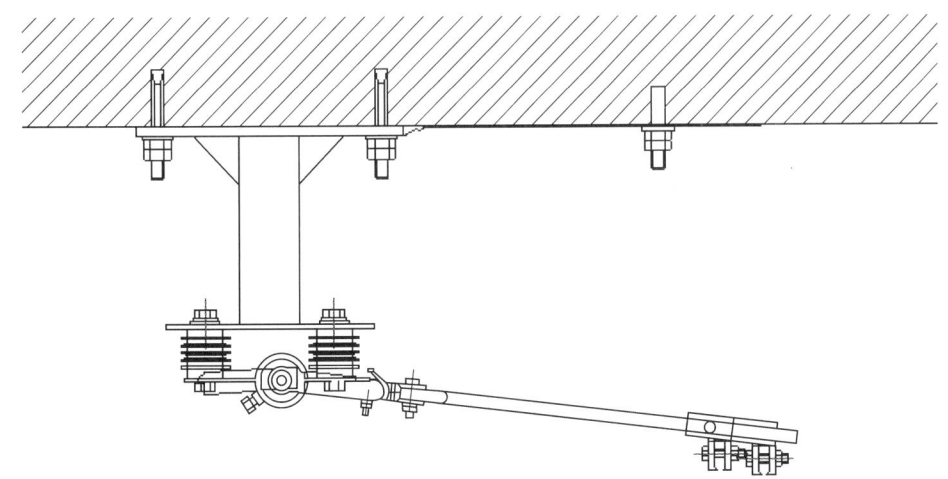

图 3—11 隧道倒立柱形式的安装结构

3.2.4 吊弦与吊索的检修调整方法

1. 吊弦的作用与分类

吊弦是接触网链型悬挂中承力索和接触线间的连接部件。吊弦一般分为环节吊弦、弹性吊弦、滑动吊弦和整体吊弦四种类型。

2. 普通环节吊弦的特点

环节吊弦一般由两节或三节连在一起,根据吊弦在跨距中所处位置及悬挂结构高度的不同,环节吊弦可分为四种类型。

3. 整体吊弦的结构组成与特点

整体吊弦是将铜绞线、承力索线夹、接触线线夹压接在一起组成的。整体吊弦的不可调性要求吊弦长度的精确控制和支持器的安装要一次到位。

4. 运行中吊弦的技术要求

(1) 吊弦间距为 8~12 m。

(2) 应受力,无烧损和断股松动,其偏移应符合安装曲线图的要求。

(3) 环式整体吊弦两端回头的绕向应一致。

(4) 吊弦线夹无烧伤,无偏磨、松动,严禁有打、碰弓现象(用水平尺检查)。

(5) 有源吊弦线夹安装位置准确,线鼻无拉脱现象。

(6) 吊弦在垂直于线路方向的倾斜率不得大于 1/10;吊弦下部顺线路方向的偏移值应与该点承力索和接触线伸缩值之差相适应。

3.2.5 补偿装置

1. 补偿装置的定义及作用

接触网补偿装置又称为张力自动补偿器,它设在锚段两端,能自动补偿接触线或承力索内的张力,它是自动调整接触线或承力索张力的补偿器及其制动装置的总称,通常由滑轮和坠砣组成。当温度变化时,线索受温度影响而伸长或缩短,由于补偿器坠砣的重量作用,可使线索沿线路方向移动而自动调整线索张力,使张力恒定不变,并借以保持线索弛度满足技术要求。

补偿装置中的坠砣串为什么能随温度的变化而升高或降低呢?这是因为坠砣串同时受到自身重力和接触线(或承力索)的张力的作用,当温度不变时处于平衡的状态,坠砣不升不降;当温度升高时,接触线(或承力索)长度增加,在坠砣自身重力的作用下,坠砣会随着温度升高而降低;反之,当温度下降时,接触线(或承力索)就会缩短，坠砣上升，从而能使线索内保持恒定的张力。为减少温度变化对线索长度及弛度的影响，一般在一个锚段两端和接触线及承力索内串接张力自动补偿装置后，再进行下锚。

2．补偿装置的分类

接触网补偿装置有滑轮式、棘轮式、鼓轮式、液压式及弹簧式等。

3．坠砣块的制成

坠砣一般采用混凝土制成，每块重 25 kg，呈中间开口的圆饼状。坠砣码放到坠砣杆上后悬吊到补偿绳上。

4．滑轮式张力补偿装置

（1）主要组成部分。滑轮式补偿装置由补偿滑轮（滑轮组）、补偿绳、杵环杆、坠砣杆、坠砣、连接零件组成。

1）补偿滑轮及补偿绳。补偿滑轮分为定滑轮和动滑轮（构造相同），定滑轮改变受力方向，动滑轮除改变受力方向外还可省力和移动位置。滑轮一般都装有轴承，其结构如图 3—12 所示。中国电气化铁道补偿滑轮早期为 130 mm 小直径可锻铸铁的，补偿绳为 50 mm^2（19 股）镀锌钢绞线 GJ – 50。补偿滑轮半径较小，导致补偿绳容易因为弯曲疲劳而断股。目前，铝合金滑轮补偿装置是可锻铸铁滑轮组的替代产品。铝合金滑轮补偿装置是由滑轮组、不锈钢丝绳、连接框架及双耳楔型线夹组成，备有 1:2、1:3、1:4 三种规格，可满足不同标准张力要求，其结构形式如图 3—13 所示。滑轮轮

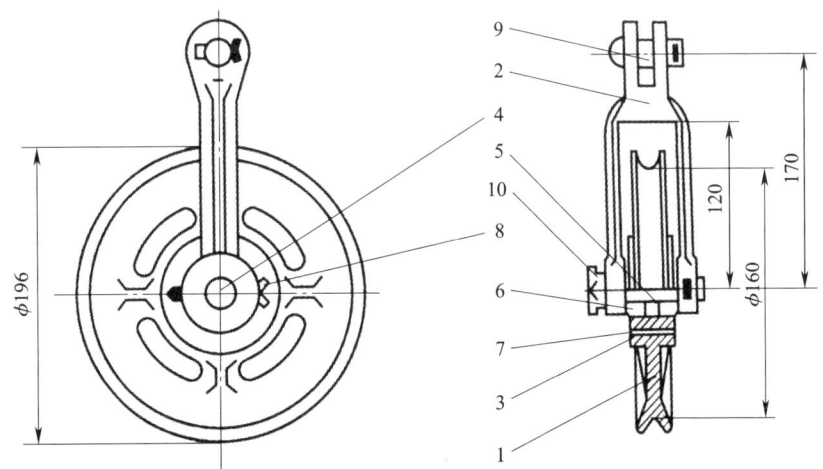

图 3—12　补偿滑轮结构图

1—圆轮　2—框架　3—盖板　4—轴　5—滚动轴承

6—挡环　7—螺钉　8—开口销　9—销钉　10—注油盖子

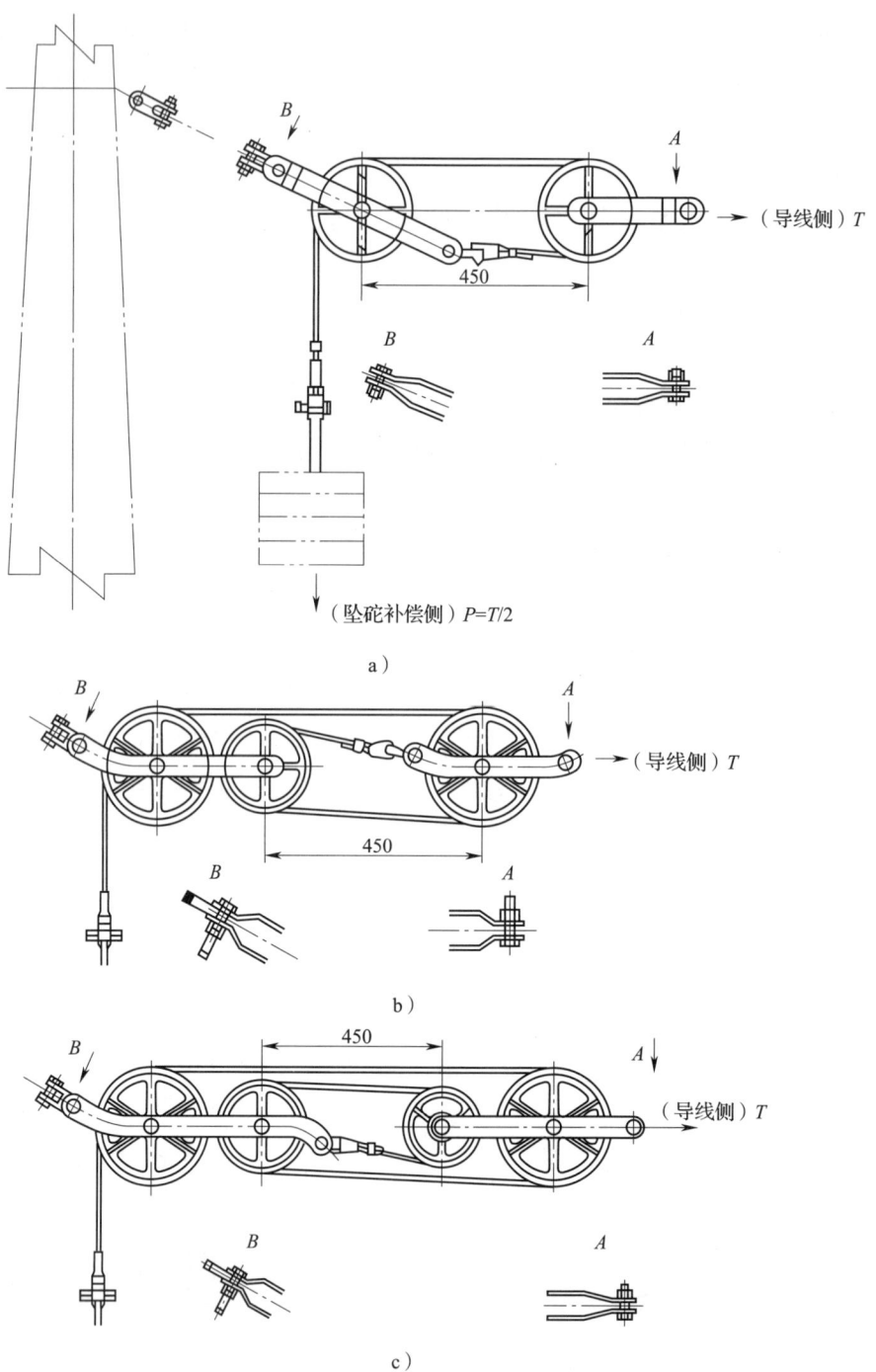

图 3—13 铝合金滑轮补偿装置
a) 1:2 传动比补偿滑轮组 b) 1:3 传动比补偿滑轮组 c) 1:4 传动比补偿滑轮组

体按不同组合要求，备有 270 mm、205 mm、165 mm 三种直径，材质为 ZL114A 铝合金，制造工艺为国际先进的金属模低压铸造，轮体与轴连接采用两个滚动轴承。补偿绳为不锈钢丝绳，最大工作荷重：1∶2 型为 12 kN，1∶3 型为 18 kN，1∶4 型为 22 kN。

与可锻铸铁滑轮相比，铝合金滑轮重量轻、强度高、耐腐蚀性能好、轮径大；柔韧的不锈钢丝绳与大轮径的轮槽贴合密切，这是镀锌钢绞线和小轮径滑轮无法相比的；两个滚动轴承比一个滚动轴承受力更加均匀，转动平稳、灵活；加上在结构设计、制造方面都具有精良的连接框架，保证了铝合金滑轮补偿装置具有较高的机械强度和传动效率，且重量轻、寿命长。铝合金滑轮补偿装置的主要缺点是随着变化的增大，整套装置的体积和重量也明显增加，在空间受限制的隧道等处安装困难。

2) 坠砣（见图 3—14）及坠砣杆。坠砣块一般采用混凝土或灰口铸铁制成，每块约重 25 kg，重量误差不大于 3%，呈中间开口的圆饼状。铸铁坠砣和混凝土坠砣相比，坠砣串的长度较短，可以获得更大的补偿范围，在锚段长度较长（比如大于 1 600 m）时能满足补偿坠砣的移动范围要求，但是造价较高，易丢失。坠砣杆一般采用直径 16 mm 圆钢加工制成，上端有单孔焊环，底部焊有托板。坠砣杆的型号规格根据其放置坠砣块数量的不同分为三种：17 型、20 型和 30 型。型号中的数字表示坠砣杆所悬挂坠砣的数量。

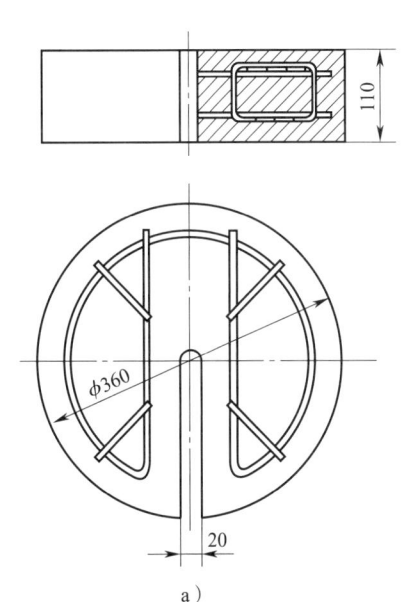 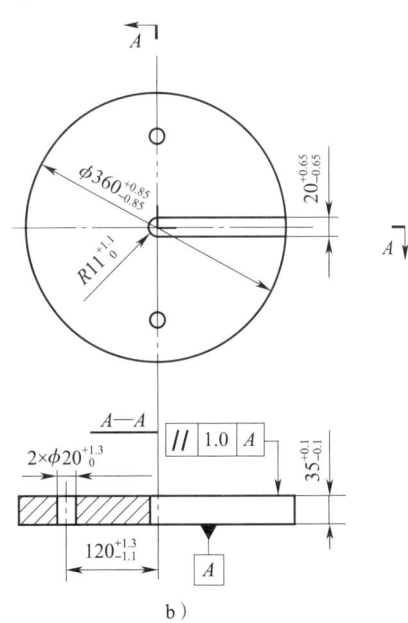

图 3—14 坠砣

a) 钢筋混凝土坠砣 b) 铁坠砣

补偿装置重量允许偏差为额定重量的±2%,坠砣串重量应包括坠砣杆、坠砣抱箍及连接的楔形线夹重量。运行速度在160~200 km/h时,对补偿坠砣重量提出了更严格的要求,补偿坠砣串的质量允许偏差为±1%。同一锚段两坠砣串质量的相对偏差不大于1%。

(2)补偿装置的安设与要求。补偿装置串接在锚段内线索两端与支柱固定处,根据接触悬挂类型的不同要求补偿装置有不同的结构。

半补偿时,接触线带补偿器(即补偿装置)多采用两滑轮组结构,滑轮组的传动比为1:2,即坠砣块的重力为接触线标称张力的一半。

全补偿时,接触线与承力索两端均带补偿器,接触线补偿器的安设与半补偿相同。承力索补偿器则采用三滑轮组式,传动比为1:3。采用传动比比较大的滑轮组时,坠砣串的块数减少了,这是有利的一面,但坠砣串上升和下降的距离也会按倍数增大,从而减小了补偿器的补偿范围,不利于施工和维修。

在运营线路上,当接触线因磨耗使其截面逐渐减小时,坠砣串块数也会相应地减少,使接触线维持一定的张力可以防止出现断线事故,线索的张力是由线索的抗拉断力除以安全系数决定的。铜或铜合金接触线在最大允许磨耗面积20%的情况下,其强度安全系数不应小于2.0。承力索的强度安全系数:铜或铜合金绞线不应小于2.0;钢绞线不应小于3.0;钢芯铝绞线、铝包钢和铜包钢系列绞线不应小于2.5。

不同材质、不同截面积线索选用张力不同时,坠砣的重量(片数)和传动比会有所不同。

早期电气化铁道接触网全补偿安装采用了接触线、承力索在支柱异侧下锚的安装方式。运行表明,这种安装方式下,支柱顶端的定滑轮顺线路方向上的偏角不可调整,造成补偿绳和滑轮轮槽发生偏磨,严重时补偿绳可能从轮槽中脱出。目前,补偿装置的安装趋于使用同侧下锚,即接触线、承力索在支柱同侧下锚,如图3—15所示。同侧下锚时,补偿滑轮在补偿绳的拉力作用下和补偿绳在一条直线上,可以减少偏磨,但要注意防止承力索补偿绳和接触线补偿滑轮上的双环杆相磨。

为了防止在外力作用下(如风力),坠砣串摆动侵入行车限界,补偿装置装设有限界架。提速以后,对限界架进行了改进,在坠砣上加装坠砣抱箍,使坠砣只能沿着坠砣限制导管的方向上下移动,从而增强了坠砣稳定性,但是要注意防止坠砣抱箍卡滞限制导管的发生。

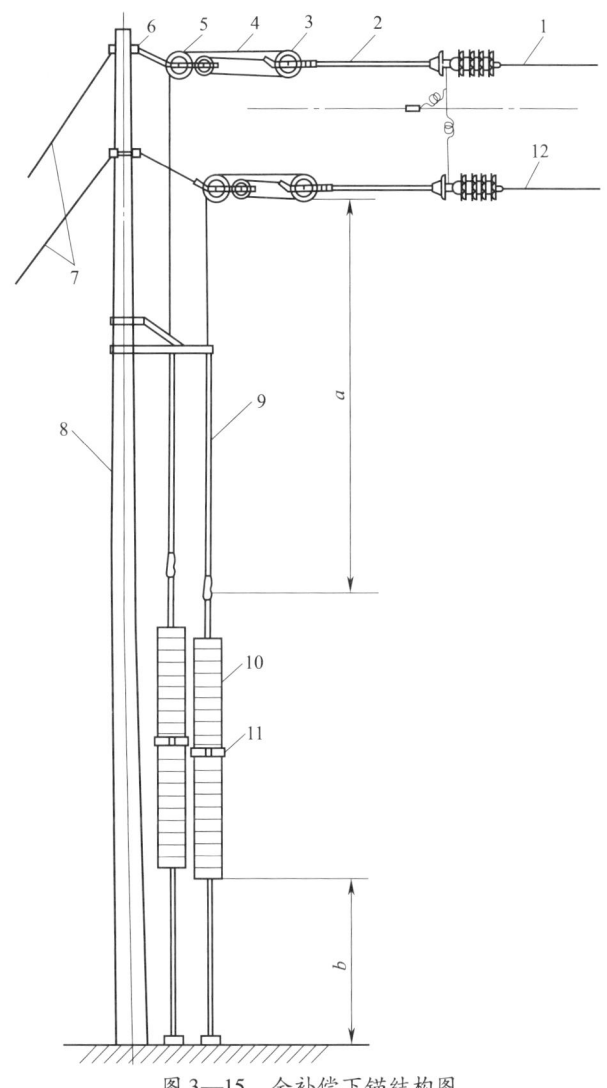

图 3—15 全补偿下锚结构图

1—承力索　2—杵环杆　3—动滑轮　4—补偿绳　5—定滑轮　6—承锚角钢
7—拉线　8—锚柱　9—限制导管　10—坠砣　11—坠砣抱箍　12—接触线

为了平衡锚柱承受的线索顺线路方向的张力，锚柱要设置下锚拉线。拉线的固定有两种方法，一种是埋设锚板固定，一种是混凝土现浇地锚。

(3) 补偿器的 a、b 值

1) 坠砣杆耳环孔中心至补偿（定）滑轮下沿的距离为 a 值。坠砣串最下面一块坠砣的底面至地面（或基础面）的距离称为补偿器的 b 值。补偿器 a、b 值随温度变化而发生变化，接触线和承力索补偿器的 a、b 值不相等。

补偿器靠坠砣串的重力使线索的张力保持平衡。当温度变化时，线索的伸缩使坠砣串上升和下降，当坠砣串升降超出允许范围时（如下降过多使坠砣串底面接触地面或上升过多使坠砣杆耳环杆卡在定滑轮槽中），都会使补偿器失去作用。因此用补偿器的 a、b 值来限定坠砣串的升降范围。

为了使补偿器不失去补偿作用，对补偿器 a、b 值提出以下要求。

在最低温度时，a 值应大于零；在最高温度时，b 值应大于零。铁道部颁发的"接触网运行检修规程"规定，补偿器 a、b 值的最小值不小于 200 mm，在进行接触网设计时，a、b 值不小于 300 mm。

2）a、b 值的计算及坠砣安装曲线在不同温度时，补偿器 a、b 值不同，其计算方法如下：

$$a = a_{\min} + nL\alpha(t_x - t_{\min})$$
$$b = b_{\min} + nL\alpha(t_{\max} - t_x)$$

式中　$a_{\min}$——设计时规定的最小 a 值，mm；

$b_{\min}$——设计时规定的最小 b 值，mm；

$t_{\min}$——设计时采用的最低气温，℃；

t_x——安装或调整作业时的温度，℃；

$t_{\max}$——设计时采用的最高气温，℃；

n——补偿滑轮传动系数（即传动比的倒数）；

L——锚段内中心锚结至补偿器间的距离，mm；

α——线索的线胀系数。

为了施工和维修的方便，利用上述公式，根据不同的温度和中心锚结至补偿器间的距离，可以计算出多组 a、b 值。将计算结果标注在图中，通过描点作图绘制出补偿器安装曲线，供施工和维修人员参照调整，准确控制坠砣串的高度。

新线架设时，接触网线索存在初伸长问题，即线索承受张力后，会蠕变延伸。线索的初伸长会影响到接触网施工时补偿器 b 值。新线考虑线索延伸时，其 a、b 值的计算公式为：

$$a = a_{\min} + n\theta L + nL\alpha(t_x - t_{\min})$$
$$b = b_{\min} + n\theta L + nL\alpha(t_{\max} - t_x)$$

式中　θ——新线延伸率；承力索为 3.0×10^{-4}；接触线取 6.0×10^{-4}。

新线的延伸会影响补偿装置的安装曲线，安装时应考虑线索超拉伸长后坠砣位置仍应符合设计要求，图 3—16 所示为下锚补偿装置安装曲线图。

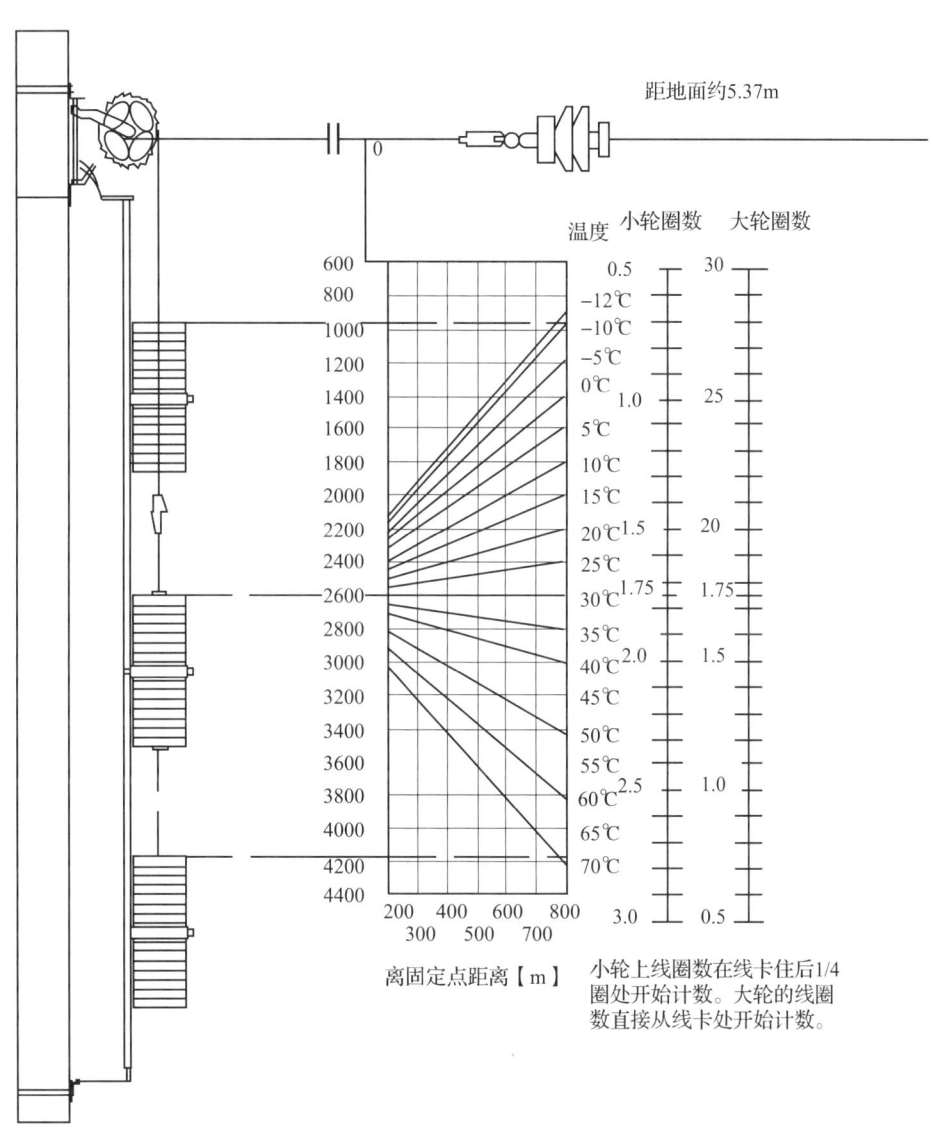

图 3—16 下锚补偿装置安装曲线图

5．鼓轮式张力补偿装置

鼓轮式张力补偿装置，这种下锚方式可以在无中心锚结状态下防止接触悬挂的窜动。这种全补偿下锚方式的特点就在于用平衡板将承力索与接触线平行地"并联"在一起下锚，以便只利用一套特殊的补偿滑轮（鼓轮）装置就可以预防整个接触悬挂地窜动。利用锚段两端全补偿下锚装置的坠砣，通过补偿绳对整个锚段的接触悬挂施加规定的张力，此张力在悬挂中承力索与接触线之间的分配取决于平衡板上中间与绝缘子串的联结点和其两端与承力索、接触线的联结点之间两段距离的比值。

这种方式中所用的特殊补偿滑轮（鼓轮）叫作变比补偿鼓轮（鼓轮传动），其外形结构及主要尺寸如图3—17所示。

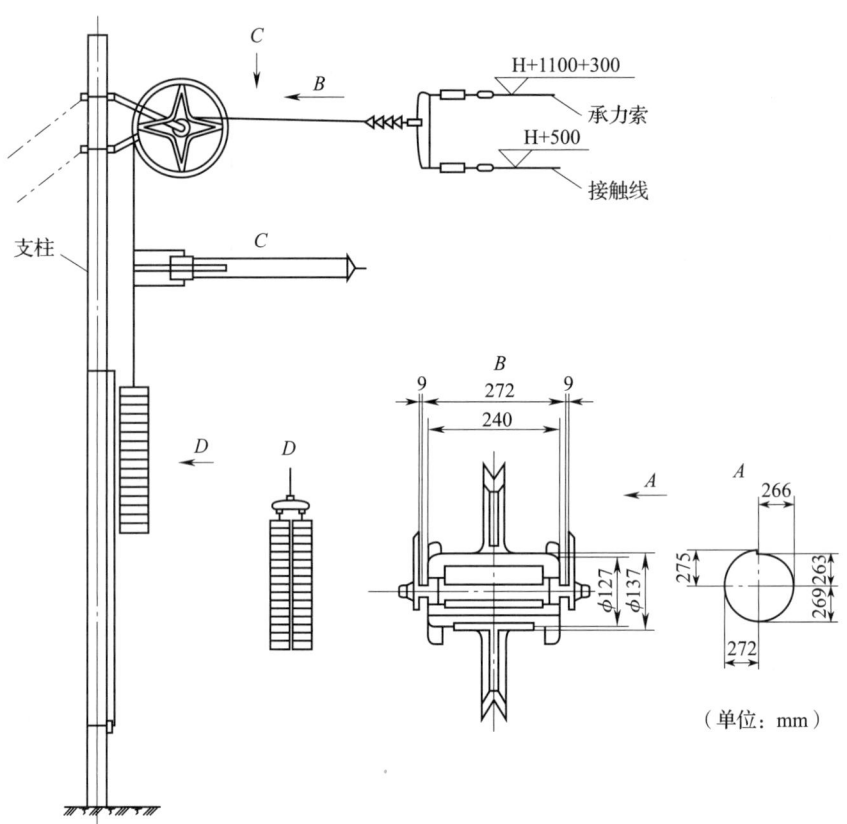

图3—17 鼓轮式张力自动补偿装置

由图3—17中的B向可见，这种补偿鼓轮中央有一根轴，轴的两端装有滚动轴承，形成一体的鼓轮，靠其两端的轴承孔套于轴承外圈撑于滚动轴承上，并可绕轴自由旋转。在鼓轮零件上，直径较小（$\phi 127 \sim \phi 137$ mm）的鼓轮部分具有由中间向两端缩小的锥度，鼓轮是和滑轮在一起的，滑轮直径约是鼓轮的4倍，滑轮上具有一个沟槽，补偿绳在沟槽内转动，具有沟槽形状的滑轮外廓为特质的涡状曲线形状，其尺寸如图3—17中的A向所示。半径由263 mm逐渐均匀增大至269 mm、275 mm，平均每隔30°增大1 mm。该涡状曲线其实就是一段所谓的阿基米德螺线，其方程以极坐标表示为：

$$\rho = a\theta + r_0 \quad (0° \leqslant \theta \leqslant 360°)$$

式中　ρ——滑轮外廓半径，mm；

　　　θ——滑轮回转角度，(°)；

　　　a、r_0——常数。

对于上述尺寸的滑轮，常数r_0取值为263 mm；a取值为1/30 mm。

由于采用了阿基米德螺线形的滑轮沟部外廓，当补偿鼓轮回转时，鼓轮的传动比随回转角度θ的变化而变化，从而施加于接触悬挂的张力也会相应变化，参看图3—17中的B向，即张力将随鼓轮的顺时针或逆时针回转而相应减少或增加，其回转角、传动比与施于悬挂的张力三者间的关系见表3—7。

表3—7　　　　　　　鼓轮回转角、传动比与接触悬挂张力的关系表

悬挂（+）缩（−）值（mm）	回转角度	补偿鼓轮的传动比	接触悬挂张力（当坠砣总重为6.25 kN时）
−440	−360°	420∶1	26.25
−330	−270°	415∶1	25.937 5
−220	−180°	410∶1	25.625
−110	−90°	405∶1	25.312 5
0	0°	400∶1	25.00
+110	+90°	395∶1	24.687 5
+220	+180°	390∶1	24.375 0
+330	+270°	385∶1	24.062 5
+440	+360°	380∶1	23.75

带变化鼓轮补偿装置具有防止接触悬挂窜动的作用。假设由于某种原因，接触悬挂由左方补偿鼓轮一侧向右方补偿鼓轮一侧窜动了220 mm，则左方一侧鼓轮将回

转 $-180°$，由表 3—8 可知，其对接触悬挂施加的张力（拉力）将由 25.00 kN 增至 25.625 kN；而右方一侧鼓轮将回转 $+180°$，其对悬挂的拉力将由 25.00 kN 减至 24.375 kN，从而锚段两侧补偿装置间产生 1.25 kN 的张力差，张力差的方向向着左方，从而将接触悬挂拽向左方，直至消除此窜动、两侧张力平衡（皆为 25 kN）为止。

6. 棘轮式张力补偿装置

上海地铁接触网的正线段大多采用棘轮式补偿装置，外形及结构如图 3—18 所示。棘轮装置的棘轮与其他工作轮共为一体，没有连接复杂的滑轮组，安装空间比铝合金滑轮补偿装置小很多，可以解决空间受限时的补偿问题。棘轮本体大轮直径为 566 mm，小轮直径为 170 mm，传动比为 1:3，补偿绳为柔性不锈钢丝绳，比普通不锈钢丝绳性能更好，工作荷重有 30 kN、36 kN 两种，主要优点是具有断线制动功能，正常工作状态下，棘齿与制动卡块之间具有一定间隙，棘轮可以自由转动；当线索断裂后，棘轮和坠砣在重力作用下下落，棘齿卡在制动卡块上，从而可以有效地缩小事故范围、防止坠砣下落侵入限界。

棘轮装置具有转动灵活、传动效率高（与铝合金滑轮补偿装置相当）、防腐性能好、使用寿命长等优点，但价格较高。由于棘轮本体形状复杂、轮径大、薄壁部位多，因而制造上对设备的要求很高，同时对铸造技术水平的要求也很高。

图 3—18b 中所示的棘轮补偿安装曲线，下面标注的 300~800 m 数字是半个锚段的长度（中心锚结到补偿器距离），左侧数字从上到下是对应温度下坠砣的安装高度。安装曲线右侧对应的安装温度是 -40~$80℃$，这一点与中国原来采用的计算最高温度不一样，中国的最高温度从南方至北方一律采用 40℃。这里采用 80℃，实际上是在最高计算温度上加了 40℃，它是考虑承力索和接触线在满电流负荷运行中，线索可能产生的最高温度。在这种情况下，承力索和接触线的伸长所形成的位移不会导致坠砣串的底部着地。

棘轮补偿装置在应用中有多种安装形式，图 3—18b 中所示的接触线、承力索补偿棘轮为上下布置，这种布置对支柱高度、容量要求较高；另外一种为承力索、接触线下锚棘轮水平布置，分别安装在支柱的两侧；还有承力索、接触线共用一个棘轮的并联棘轮补偿装置，在实际工程中都有采用。安装后，棘轮轴必须处于水平位置，坠砣钢丝绳运行时不得拽过棘轮的齿面。注意补偿绳在棘轮上的缠绕方向，如图 3—18c 所示。

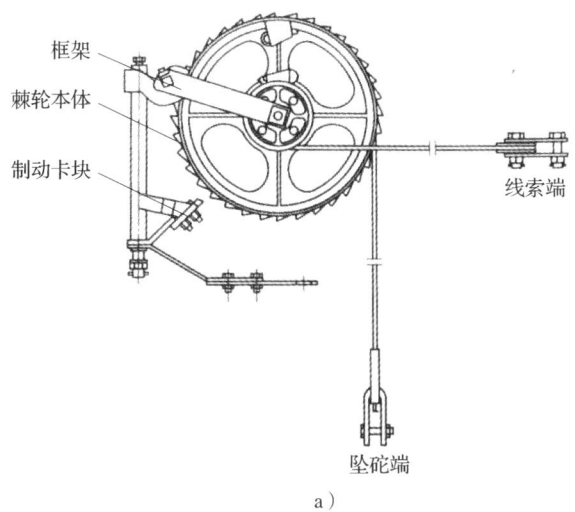

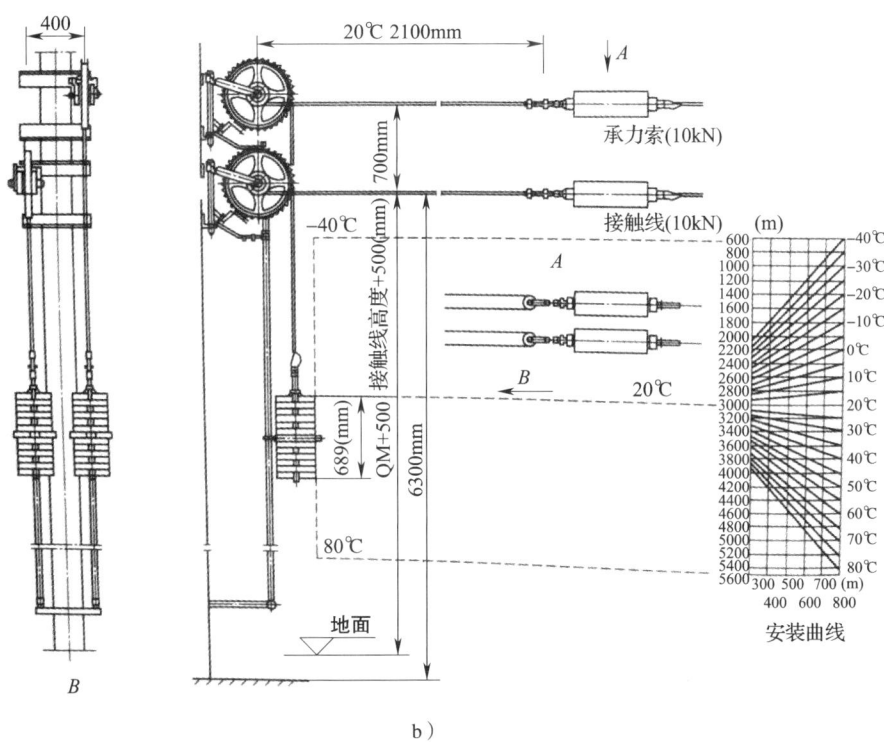

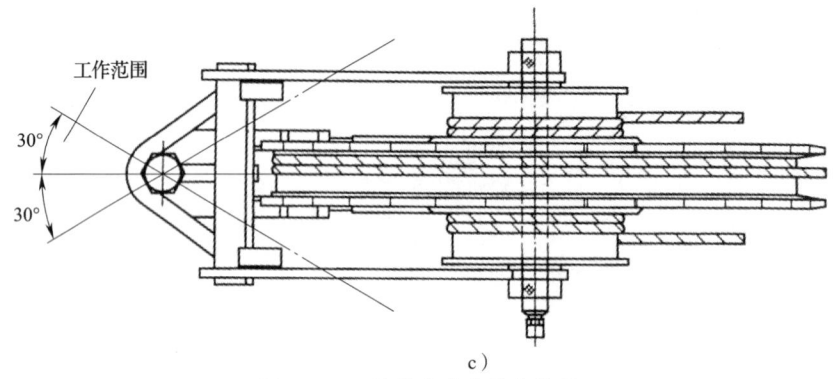

图 3—18 棘轮式张力补偿装置

a) 结构示意图 b) 安装图 c) 补偿棘轮俯视图

7. 弹簧式补偿装置

上海地铁各个停车场中多股道的软横跨都使用弹性补偿器。若不采用补偿装置，则在气温升高时，软横跨会因此松弛造成接触网下坠；或是钢柱承受额外的大张力，严重威胁接触网安全，如图 3—19 所示。

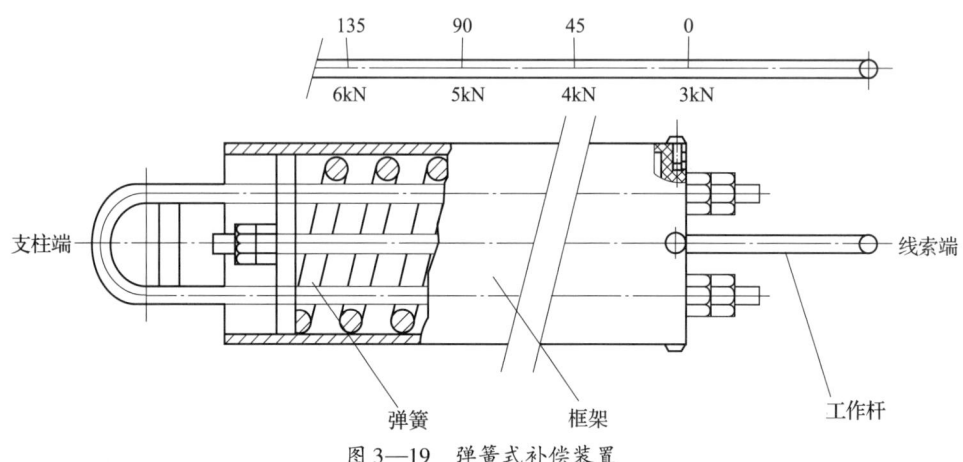

图 3—19 弹簧式补偿装置

弹性补偿器工作原理为虎克定律。其内部固定有一个弹簧，弹簧具有一定的初始压缩力。当软横跨定位绳伸长时，弹簧被释放，工作杆收回拉紧软横跨定位绳；当软横跨定位绳收缩时，弹簧被压缩，工作杆伸出，使软横跨定位绳的张力保持在一定范围内。目前，弹性补偿器有 0—3 kN、3—6 kN 两种型号。弹性补偿器具有结构简单、安装方便、价格低廉等优点。

8. 张力补偿装置的检修标准

对张力自动补偿装置的要求有两点：其一是补偿装置应灵活，在线索内的张力发生缓慢变化时应能及时补偿，传送效率不应小于97%；其二是具有快速制动作用，一旦发生断线事故或其他异常情况，线索内的张力迅速发生变化时，补偿装置还应具有一种制动功能。一般对于全补偿的承力索内的补偿装置，如果不具备这种功能，还需专门增加断线制动装置，以防止在一旦发生断线时，坠砣串落地而出现事故扩大、恢复困难的情况。

3.2.6 补偿绳

1. 补偿装置的 a 值、b 值

补偿装置的 a 值（补偿绳回头末端至轮式补偿器的小轮底线距离）和大、小轮补偿绳在棘轮上的缠绕圈数应符合安装曲线的要求。补偿装置的 b 值（坠砣底部距地面的距离）最小不得小于 200 mm。

2. 补偿装置制动块与棘轮齿间的距离

补偿终端的断线自动制动装置应可靠，其制动块与棘轮齿间的距离为 15~20 mm。

3. 下锚张力补偿装置的调整

下锚补偿装置检调需按以下内容进行。

（1）作业准备

1）人员配备：4人。

2）工器具：验电器、接地线两根、个人工具两套、卷尺、牛油枪等。

（2）作业步骤

1）测量补偿装置的 a、b 值并记录。

2）记录制动板至棘轮的距离。

3）用扳手将注油孔螺母松开，用牛油枪对准注油孔加入牛油，完毕后，拧紧螺母。

4）将牛油涂在补偿绳上。

5）观察补偿绳是否有断股、散股、重叠等现象。

6）检查大、小轮补偿绳是否有摩擦棘轮现象，小轮补偿绳张力是否一致，平衡轮是否处于水平平衡状态。

7）检查坠砣是否上下活动灵活。

3.2.7 接触网线索

1. 接触线

接触线是直接和受电弓滑板相接触并摩擦的，电动列车从接触线上取得电能。因

此，接触线既要有足够的机械强度，又要有良好的电气性能。

接触线制成带沟槽的圆柱状，沟槽便于安装线夹和固定接触线，同时又不影响受电弓取流。接触线底面与受电弓接触的部分呈圆弧状。不同的接触线类型和截面适用于不同的使用场合。架空接触线的首选截面为圆形。接触线截面积的选择主要取决于所需的电流、电压的稳定性和施加的张力。

直流牵引系统如果要求牵引力大就必须安装称为双接触线的平行接触线。

由于铜和铜合金有较高的导电性、张力、硬度及其承受温度变化和抗腐蚀的能力，硬拉电解铜和铜合金已成为全球使用的导线材料。暴露在空气中的铜的表面形成一层硬的、能导电且不会阻止电流流动的氧化层。

银（0.1%）或镁（0.5%）的合金添加剂用来进一步改善铜线的机械性能和热性能，从而得到具有较高张力的铜线。

接触线的磨损是由滑过的受电弓造成的。此外，用于受电弓和接触线接触的材料组合也对这些部件的磨损率有影响。铜接触线与碳滑板的组合使磨损率达到最低。钢和铜滑板会导致相当高的磨损率。由于磨损使接触线截面积减小，从而使载流量下降，在这种情况下，如果不按比例减小施加的接触压力就会增加抗拉应力，所以允许磨损率被限制为原截面积的 20%～30%。确定是否达到磨损限度的标准是在磨损最严重的点上测量其截面积。若接触线磨损均匀则使用寿命较长，其基本要求取决于架空接触网和受电弓之间最好的相互作用，而它是由设计、运行速度以及精确安装和充分维护情况来决定的。

（1）铜接触线。铜接触线规格、尺寸及技术性能见表 3—8。标准 TB/T 2810 中规定的铜接触线的规格、尺寸见表 3—9，铜接触线技术参数见表 3—10。

表 3—8　　　　铜接触线规格、尺寸及技术性能参数表（DIN43141）

型号	标称截面积 (mm^2)	尺寸 (mm)		电气性能			力学性能					参考单位质量 (kg/km)	含氧量 (%)
		c	d	20℃时电阻率≤ ($\Omega \cdot mm^2/m$)	载流量≥（A）		扭转（至破坏）圈数	反复弯曲（至破坏）		伸长率≥ (%)	抗拉强度≥ (N/mm^2)		
					风速 0.6 (m/s)	风速 1 (m/s)		弯曲半径 (mm)	次数≥				
Ri	120	4	13.2	0.017 86	490	560	5	30	6	3.5	330	1 070	0.040 0

注：1. 参考单位质量按密度 8.96 g/cm³ 计算。
　　2. 载流量条件：环境温度为 40℃，最高允许工作温度为 80℃。

表3—9　　　　　　　　铜接触线规格、尺寸参考表（TB/T 2810）

型号	标称截面面积（mm²）	计算截面面积（mm²）	尺寸及偏差（mm）							角度及偏差		参考单位质量（kg/km）
			A ±1%	B ±2%	C ±2%	D +4% -2%	E	K	R	G ±1°	H ±1°	
CT	120	121	12.9	12.9	9.76	7.24	6.80	4.35	0.40	27	51	1 082

注：参考单位质量按密度8.94 g/cm³计算。

表3—10　　　　　　　　铜接触线技术参数（TB/T 2810）

型号	标称截面面积（mm²）	电气性能		力学性能					杨氏模量（MPa）	含氧量≤（%）
		20℃时电阻率≤（Ω·mm²/m）	载流量≥（A）	拉断力≥（kN）	伸长率≥（%）	扭转（至破坏）圈数	反复弯曲（至破坏）			
							弯曲半径（mm）	次数≥		
CT	120	0.017 86	560	41.75	3.0	3	25	8	124 000	0.040 0

注：载流量条件：环境温度为35℃，最高允许工作温度为95℃。

（2）铜银合金接触线。银合金接触线规格、尺寸（TB/T 2821）见表3—11。银合金接触线规格、尺寸及技术性能（DIN43141）见表3—12。铜银合金接触线技术参数（TB/T 2821）见表3—13。

表3—11　　　　　　　　银合金接触线规格、尺寸参考表（TB/T 2821）

型号	标称截面面积（mm²）	尺寸（mm）		电气性能			力学性能					参考单位质量（kg/km）	含银量（%）
		c	d	20℃时电阻率≤（Ω·mm²/m）	载流量≥（A）		扭转（至破坏）圈数	反复弯曲（至破坏）		伸长率≥（%）	抗拉强度≥（N/mm²）		
					风速0.6（m/s）	风速1（m/s）		弯曲半径（mm）	次数≥				
Ris	120	4	13.2	0.017 86	750	830	5	30	6	3.5	350	1 070	0.08~0.12

注：1. 参考单位质量按密度8.96 g/cm³计算。

　　2. 载流量条件：环境温度为40℃，最高允许工作温度为150℃。

表3—12　　银合金接触线规格、尺寸及技术性能参数表（DIN43141）

型号	标称截面面积（mm²）	计算截面面积（mm²）	尺寸及偏差 mm							角度及偏差 ±1°		参考单位质量（kg/km）
			A ±1%	B ±2%	C ±2%	D +4%/-2%	E	K	R	G	H	
CTHA	120	121	12.9	12.9	9.76	7.24	6.80	4.35	0.40	27	51	1 082

注：参考单位质量按密度8.94 g/cm³计算。

表3—13　　铜银合金接触线技术参数（TB/T 2821）

型号	标称截面面积（mm²）	电气性能		力学性能						银含量（%）
		20℃时电阻率≤（Ω·mm²/m）	载流量≥（A）	拉断力≥（kN）		伸长率≥（%）	扭转（至破坏）圈数	反复弯曲（至破坏）		杨氏模量（MPa）	
				未软化	软化后			弯曲半径（mm）	次数≥		
CTHA	120	0.017 86	750	42.35	38.12	2.8	5	25	8	124 000	0.08~0.12

注：载流量条件：环境温度为40℃，最高允许工作温度为150℃，风速为0.6 m/s。

（3）铜镁合金接触线。铜镁合金接触线规格、尺寸及技术性能见表3—14。

表3—14　　铜镁合金接触线规格、尺寸及技术性能参数表（DIN/EN50149）

型号	标称截面面积（mm²）	E（mm）		20℃时电阻率≤（Ω·mm²/m）	伸长率≥（%）	抗拉强度≥（N/mm²）	拉断力≥（kN）	扭转（至破坏）圈数≥	反复弯曲（至破坏）		参考单位质量（kg/km）
		AC	BC						弯曲半径（mm）	次数≥	
Rim	120	13.2	12.85	0.239	5	490	57.0	5	30	6	1 035~1 099

注：参考单位质量按密度8.89 g/cm³计算。

2. 绞线

在接触悬挂中，绞线用于悬挂和张拉目的，并作为导线使用。在早期接触悬挂中也采用镀锌钢导线承力索、横承力索和定位索。简单钢导线的主要缺点是容易被腐蚀。带树脂保护的高强度钢软绞线用作能承受高机械载荷的滑轮补偿绳，而只承载自身净重的加强线、旁路馈电线和其他馈电线则采用铝导线。

承力索的作用是通过吊弦将接触线悬挂起来。要求承力索能够承受较大的张力和具有抗腐蚀能力，并且在温度变化时弛度变化较小。

铜承力索导电性能好，可作为牵引电流的通道之一，和接触网并联供电，降低压损和能耗，且抗腐蚀性能提高。但铜承力索消耗铜多，造价高且机械强度低，不能承受较大的张力，温度变化时弛度变化也大。TJ表示铜绞线，数字表示面积。

（1）铜绞。铜绞线的结构尺寸参数见表3—15。软铜绞线技术性能参数见表3—16。

表3—15　　　　　　　软铜绞线的结构尺寸参数表（DIN43138）

型号	标称截面面积（mm²）	计算截面面积（mm²）	根数	单线直径（mm）	绞线外径±5%（mm）	绞合方式	参考单位质量±8%（kg/km）
TJR	16	16.3	49	0.65	5.9	正规绞合	152
	25	26.1	133	0.50	7.5		246
	35	37.6	133	0.60	9.0		353
	50	51.2	133	0.70	10.5		482
	70	72.7	189	0.70	13.0		685
	95	99.7	259	0.70	14.7		935
	120	118.5	336	0.67	16.4		1 120
	150	150.1	392	0.70	18.3		1 420
	185	185.1	525	0.67	20.4		1 745
	210	209.8	595	0.67	21.5		1 980
	240	245.2	637	0.7	23.1		2 320
	300	296.6	637	0.7	25.4		2 800

注：参考单位质量按密度8.89 g/cm³计算。

表 3—16　　　　　软铜绞线技术性能参数表（DIN43138）

型号	标称截面面积（mm²）	抗拉强度 ≥（N/mm²）	伸长率 ≥（%）	20℃时电阻率 ≤（Ω·mm²/m）	载流量≥（A）	
					风速 0.6（m/s）	风速 1.0（m/s）
RTJ	16	300	25	0.017 241	135	155
	25				180	205
	35				225	255
	50				280	310
	70				340	370
	95				420	460
	120				485	535
	150				570	625
	185				660	720
	210				720	780
	240				785	850
	300				895	920

注：载流量条件：环境温度为40℃，导体工作温度为80℃。

（2）硬铜绞线的结构尺寸。硬铜绞线的结构尺寸参数见表3—17。硬铜绞线技术性能参数见表3—18。

表 3—17　　　　　硬铜绞线的结构尺寸参数（DIN48201）

型号	标称截面面积（mm²）	计算截面面积（mm²）	绞线结构 根数/直径（mm）	绞线外径 ±5%（mm）	参考单位质量±8%（kg/km）	绞合方式
TJ	10	10.02	7/1.35	4.1	90	正规绞合
	16	15.89	7/1.70	5.1	143	
	25	24.25	7/2.10	6.3	218	
	35	34.36	7/2.50	7.5	310	
	50	49.48	7/3.00	9.0	446	
		48.35	19/1.80	9.0	437	
	70	65.81	19/2.10	10.5	596	
	95	93.27	19/2.50	12.5	845	
	120	116.99	19/2.80	14.0	1 060	
	150	147.11	37/2.25	15.8	1 337	
	185	181.62	37/2.50	17.5	1 649	
	240	242.54	61/2.25	20.3	2 209	
	300	299.43	61/2.5	22.5	2 725	

注：参考单位质量按密度8.89 g/cm³计算。

表3—18 硬铜绞线技术性能参数表（DIN48201）

型号	标称截面面积（mm²）	综合拉断力 ≥（kN）	单丝抗拉强度 ≥（N/mm²）	20℃时电阻率 ≤（Ω·mm²/m）	载流量 ≥（A）
TJ	10	4.02	422	0.017 86	90
	16	6.37			125
	25	9.72			160
	35	13.77			200
	50	19.84			250
	50	19.38			250
	70	26.38			310
	95	37.39			380
	120	46.90			440
	150	58.98			510
	185	72.81			585
	240	97.23			700
	300	120.04			800

注：载流量条件：风速为0.6m/s，环境温度为35℃，导体工作温度为70℃。

（3）节径比，见表3—19。

表3—19　　　　　　　　　　节径比

根数	节径比范围			
	第一层	第二层	第三层	第四层
7	10~14	10~14	—	—
19	10~16	10~14	—	—
37	10~17	10~16	10~14	—
61	10~17	10~16	10~15	10~14

（4）铜镁绞线。铜镁合金软绞线的结构尺寸及技术性能参数见表3—20。铜镁合金硬绞线的结构尺寸及技术性能参数见表3—21。

表3—20　　　　　铜镁合金软绞线的结构尺寸及技术性能参数

型号	标称截面面积（mm²）	计算截面面积（mm²）	绞线结构 股数/根数/直径（mm）	绞线外径 ±5%（mm）	参考单位质量±8%（kg/km）	单线强度≥（N/mm²）	综合拉断力≥（kN）	0℃时电阻率≤（Ω·mm²/m）
THJR	10	9.6	7/7/0.5	4.5	89	116	5.68	0.027 73
	16	16.3	7/7/0.65	5.9	152	195	9.56	
		16.3	12/7/0.5	6.2	152	116	9.74	
	25	26.1	19/7/0.50	7.5	246	116	15.43	
	35	37.6	19/7/0.60	9.0	353	167	22.21	

注：参考单位质量按密度8.89 g/cm³。

表3—21　　　　　铜镁合金硬绞线的结构尺寸及技术性能参数（DIN48201）

型号	标称截面面积（mm²）	计算截面面积（mm²）	绞线结构 根数/直径（mm）	绞线外径±5%（mm）	参考单位质量±8%（kg/km）	综合拉断力≥（kN）	载流量≥（A）
THJ	10	10.02	7/1.35	4.1	90	5.88	75
	16	15.89	7/1.70	5.1	143	9.33	100
	25	24.25	7/2.10	6.3	218	14.24	130
	35	34.36	7/2.50	7.5	310	20.17	160
	50	49.48	7/3.00	9.0	446	28.58	200
		48.35	19/1.80	9.0	437	28.39	200
	70	65.81	19/2.10	10.5	596	38.64	245
	95	93.27	19/2.50	12.5	845	54.76	305
	120	116.99	19/2.80	14.0	1 060	67.57	350
	150	147.11	37/2.25	15.8	1 337	86.37	410
	185	181.62	37/2.50	17.5	1 649	106.63	465
	240	242.54	61/2.25	20.3	2 209	142.40	560
	300	299.43	61/2.5	22.5	2 725	175.80	635
	—						

注：1. 参考单位质量按密度8.9 g/cm³计算。

2. 载流量条件：风速为0.6 m/s，环境温度为35℃，导体工作温度为70℃。

3. 合成纤维绳

用聚酯丙烯纤维制成的各类合成纤维绳用于合成树脂腕臂的紧固、滑轮悬挂和软横跨。这些绳索起到机械和绝缘的作用。

3.2.8 锚段

1. 接触网分段及形式

分段绝缘器设在车站、渡线、存车线、车辆厂等地。为了保证工作人员的作业方便及人身安全，将接触网在电的方面分成独立的区段。

分区绝缘器安设在上述独立区段的两端，其结构既能保证供电的分段，又能使受电弓平滑地通过该设备。分区绝缘器大多应配合隔离开关使用，以便使分区绝缘器两端的接触线当开关闭合时都能带电；当隔离开关打开时，独立的区段中则没有电，便于在该独立区段中进行装卸或停电作业。

分区绝缘器的种类较多，现在上海地铁使用的有西门子、AF 公司、加朗公司和浙江旺隆公司出产的分段等多种类型。

分段有重型和轻型两种形式：

（1）重型分段适用于主线和主线交叉渡线，绝缘部件为爬电距离 440 mm、抗拉 130 kN 的绝缘子，并带有消弧角，便于大电流通过。

（2）轻型分段适用于停车场和库线，其绝缘材料为绝缘板制成。

分段的作用是作为电分段使用（一般与隔离开关合用）。

2. 机械分段

接触悬挂中的承力索和接触线在延续到一定的长度后可分成一个个相互独立的线段，这些相互独立的线段即为接触网的机械分段。机械分段的作用是缩小事故范围。

3. 锚段关节

两个相邻锚段的衔接部分称为锚段关节。

锚段关节的作用是保证电力机车的受电弓能平滑、安全地由一个锚段过渡到另一个锚段并且取流情况良好。

按用途可将锚段关节分为非绝缘锚段关节和绝缘锚段关节。非绝缘锚段关节具有机械分段作用，故又称为电不分段锚段关节；绝缘锚段关节不仅具有机械分段作用，还具有同相电分段作用，故又称为电分段锚段关节。

电分段锚段关节两悬挂各带电部分之间，以及在转换支柱处两接触线的水平和垂直距离要符合规定，其误差不超过 10%。对于四跨电分段，其中心支柱处两接触线距轨面的高度应相等。分段绝缘子串与锚支定位滑轮间的距离在任何情况下不得小于 800 mm。三跨机械分段锚段关节转换支柱之间的两接触线要在相互平行的两个铅垂面内,其水平距离应为 100 mm,误差不超过 30 mm;转换支柱工作支定位点处两接触线的垂直距离应保持为 200~250 mm,链形悬挂锚支的接触线在动滑轮处要比工作支的接触线抬高 500 mm。中心锚结的位置要使两边接触悬挂的补偿条件基本相同。中心锚结线夹要紧固,保持铅垂状态,该处承力索、接触线距轨面的高度可比正常情况下大 20~100 mm。中心锚结线夹两边锚结绳的张力、长度均应力求相等,锚结绳不应松弛,两端分别用两个相互倒置的钢线卡子固定,卡子间的距离及锚结绳的外露长度均为 100~150 mm,外露部分用绑线扎紧。

4. 三跨非绝缘锚段关节

对于三跨锚段关节,当跨距不小于 55 m 时,非工作支接触线高于工作支接触线 600 mm;当跨距在 45~55 m 之间时,非工作支接触线高于工作支接触线 500 mm;对于五跨锚段关节,靠近下锚支柱第一根转换柱处的非工作支接触线高于工作支接触线 500 mm,靠近下锚支柱第二根转换柱处的非工作支接触线高于工作支接触线 150 mm。接触线分段绝缘子下裙边应高于工作支接触线 100 mm,且距定位点为 3.3 m。两接触线工作转换点的高度应尽量一致,允许误差为 20 mm。

3.2.9 接触悬挂

1. 接触悬挂的定义和基本要求

接触悬挂均是由相隔一定距离的悬挂点架空悬挂的,l、T、f 是三个主要悬挂参数。悬挂点之间的距离 l 称为跨距,地面架空式接触网跨距就是支柱与支柱之间的水平距离。f 称为弛度,它表示接触线在跨距中间位置与悬挂点水平连接的距离,弛度大也即接触线对走行钢轨高度一致性差。张力 T 表示接触线所受到的拉力。弛度和张力是随着跨距、接触线重量、气温变化而变化的量值。弛度和张力随气温变化引起接触线的热胀冷缩而变化,气温上升,张力下降、弛度增大,反之,气温下降,张力增大、弛度减小。地面架空式接触网的弛度和张力还受到风力大小、结冰多少的影响。

2. 与接触悬挂状态有关的参数

(1) 承力索和接触线

1) 接触线和承力索分别采用 120 mm² 银铜合金线和 120 mm² 或 150 mm² 铜线,额定张力为 16 kN;承力索采用 120 mm² 的绞线,额定张力为 16 kN。

2) 接触线磨损程度不得大于 33%,其磨损分为三个等级,标准中对于 RiS 接触线的残存高度的规定:一级是 12.0~11.0 mm;二级是 10.9~10.2 mm;三级是 10.1~9.2 mm。

3) 承力索与接触线的张力和弛度应符合安装曲线的规定。预留弛度为当量跨距的 1‰。

4）接触线中心锚结处与补偿器端的张力差不得超过其额定张力的15%，承力索中心锚结处与补偿器端的张力差不得超过其额定张力的10%。

5）承力索在直线地段应位于线路中心的正上方，允许误差为150 mm。在曲线地段承力索与接触线之间的连线应垂直于轨面连线，允许向曲线内侧偏差不超过100 mm，但不得偏向曲线外侧。

6）接触线在直线地段要布置成之字形，曲线地段要布置成受拉状态，其之字值、拉出值和跨中偏移要符合要求（指设计值），允许误差为30 mm。

7）悬挂点处接触线距轨面的高度应符合要求（指设计值），允许误差为30 mm。相邻定位点接触线距轨面的高度差允许为20 mm。接触线距轨面的高度发生变化时，其工作支的坡度不超过1‰，困难情况下不超过2‰。

8）接触线在水平面内改变方向时，工作支水平转角不大于5°，非工作支水平转角不大于10°。

9）承力索与接触线的磨耗和损伤按下列规定整修或更换：当承力索与接触线的磨耗和损伤不能满足该线通过的最大电流及机械强度安全系数时，若是局部磨耗和损伤，则可以加电气补强线。

10）当事故或磨耗到极限时，一个锚段的接头、补强和断股的总数应符合下列规定（不包括分段、分段和下锚接头）：一个锚段不得超过4处，接头距悬挂点应不小于2 m，两接头之间的距离应不小于80 m。

（2）吊弦与弹性吊索

1）接触网吊弦采用16 mm^{2}的铜绞线。

2）吊弦采用整体吊弦和整体带载流环吊弦。吊弦的安装位置和长度应符合吊弦布置和安装长度表的要求，吊弦长度允许误差为2 mm。吊弦在无偏移温度时，应保持铅垂状态，其在垂直于线路方向的倾斜率不得大于1/10。

3）整体带载流环吊弦的载流环长度为200 mm，与接触线连接处的载流环应与行车方向相一致，而与承力索连接处的载流环则反之。

4）吊弦线夹在直线处应保持铅垂状态，曲线处应与接触线的倾斜度一致。

5）整体吊弦之间的距离应符合要求，间距不得大于12 m，允许误差为±100 mm。区间和车站相邻线路和吊弦位置应相互对应。

6）非工作支下锚时，距下锚点25 m范围内接触线和承力索之间不得安装吊弦。

7）弹性吊索安装于曲线半径不小于1 200 m的线路区段。区间的定位采用正定位时，弹性吊索为18 m；定位采用反定位时，弹性吊索为14 m。在停车场，当软横跨跨距不小于 50 m 时，弹性吊索为 18 m；当跨距小于 50 m 时，弹性吊索为 14 m。

8）当弹性吊索为 18 m 时，额定张力为 3 kN，在弹性吊索内，定位点两侧各安装两根整体吊弦，吊弦分别距定位点距离为 2.5 m 和 6 m；当弹性吊索为 14 m 时，额定张力为 1.7 kN，在弹性吊索内，定位点两侧各安装一根整体吊弦，吊弦距定位点距离为 2.5 m。

9）弹性吊索的安装在无偏移温度时两端的长度应相等，允许误差不超过 100 mm，弹性吊索两端用并联线夹与承力索连接，弹性吊索靠近下锚侧预留 200 mm。

10）吊弦与弹性吊索不得有断股、松股和接头。

11）特殊线段磨耗不允许超过 33%。

12）新线不得有接头。

13）一个锚段的接头线夹不允许超过 4 个。

14）接触线张力应符合实际要求，接触线的施工应符合安装曲线图。

15）不允许有扭面、硬弯、偏磨和烧伤痕迹。

16）承力索的断股不允许超过 20%。

17）一个锚段的加强线不允许超过 8 处，一个锚段的接头线夹不允许超过 6 个。

18）承力索的张力应符合实际要求，吊弦的安装尺寸：跨距间距为 10 m，应受力，无烧损、无断股松动，其偏移角度应符合安装曲线图。

19）在极限温度下，不得大于吊弦长度的 1/3。

3．接触悬挂的类型

接触悬挂分为简单悬挂和链形悬挂两种。

（1）简单悬挂。简单悬挂是一种直接将接触线固定在支持装置上的悬挂方式，有简单接触悬挂和弹性简单接触悬挂（通过弹性吊索再悬挂接触线）两种形式。

简单悬挂结构简单、用料省、维修简单，但弛度大、弹性不均，使行车速度受限制。弹性简单接触悬挂若在弛度和弹性方面有所改善，则行车速度可得到提高。

（2）链形悬挂。链形悬挂是接触线通过吊弦悬挂到承力索，承力索固定在支持装置上的悬挂方式，有简单链形和弹性链形等多种形式。

链形悬挂有承力索和吊弦，使接触线增加了悬挂点，从而减少了弛度，提高了弹性和稳定性，行车速度得到了较大的提高。吊弦是接触网链形悬挂中承力索和接触线间的连接部件。吊弦的作用是通过吊弦线夹将接触线悬挂到承力索上，调节吊弦的长度可以保证接触线距轨面保持一定高度，以改善受流质量。吊弦分为弹性吊弦、整体吊弦、载流整体吊弦和可调吊弦。

（3）链形接触悬挂的结构分类包括承力索、吊弦、接触线。与电动列车受电弓直接接触的是接触线，接触悬挂方式很多。

1）接触网承力索。接触网承力索的作用是通过吊弦将接触线悬挂起来。承力索还可承载一定的电流来减小牵引网阻抗，降低电压损耗和能耗。

承力索根据材质可分为铜承力索和钢承力索，钢承力索需采取防腐措施。

2）接触网吊弦。在链形悬挂中，接触线通过吊弦悬挂在承力索上。按其使用位置是在跨距中、软横跨上或隧道内有不同的吊弦类型，吊弦是链形悬挂中重要组成部件之一。

在链形悬挂中安设吊弦，使每个跨距中在不增加支柱的情况下，增加了对接触线的悬挂点，这样使接触线的弛度和弹性均得到改善，提高了接触线的工作质量。另外，通过调节吊弦的长度来调整接触线对轨面的高度保证，使其符合技术要求。吊弦是一个整体吊弦，减小了检修工作量，提高了接触悬挂的工作特性。

3）接触网导线。接触网导线也称为接触线，是接触网中重要的组成部分之一。电力机车运行中其受电弓滑板直接与接触线摩擦，并从接触线上获得电能。接触线的性能、截面积的选择应能满足牵引供电计算的要求。

接触线一般制成两侧带沟槽的圆柱状，其沟槽为便于安装线夹并按技术要求悬吊固定接触线位置而又不影响受电弓滑板的滑行取流。接触线下面与受电弓滑板接触的部分呈圆弧状，称为接触线的工作面。

4. 链形接触悬挂的结构分类

链形悬挂根据悬挂链数分为单链形悬挂和双链形悬挂；根据张力的补偿方式可分为无补偿、半补偿和全补偿链形悬挂；根据悬挂点处吊弦形式可分为简单链形悬挂和弹性链形悬挂；根据承力索和接触线的相对位置分为直链形、半斜链形和斜链形悬挂。

5. 接触悬挂的检查

（1）吊弦的检查

1）检查吊弦均匀布置，并处于张力状态，无偏磨，不允许有散股，不应有锈蚀现象。

2）检查吊弦长度，使其满足高度和弛度的要求。

3）吊弦线夹不得有裂纹和烧伤痕迹，紧固螺栓无松动。

4）吊弦偏移角度和方向应符合安装曲线图。

5）吊弦线鼻应无松动、拉脱现象，心形环完好，并方向一致，无侵限界现象。

（2）吊索的检查

1）滑轮吊索处于张力状态，滑轮完好，转动灵活。

2）双耳吊索两边张力均匀。

3) 吊索无烧伤、断股现象,心形环完好。

4) 定位线夹无打弓,接触线无偏磨。

3.3 线路的相关知识

3.3.1 道岔

1. 道岔的种类

(1) 单开道岔。单开道岔 (Simple Turnout) 的主线为直线,侧线由主线向左侧或右侧岔出 (见图 3—20),使一条线路通向两条线路。它由转辙器、辙叉、护轨和连接部分组成。单开道岔是线路连接中采用较多的一种道岔,约占各类道岔总数的 90% 以上。为了提高单开道岔的过岔速度,除了可以采用辙叉号数较大的道岔外,还可以采用活动心轨辙叉,以从根本上消除有害空间。

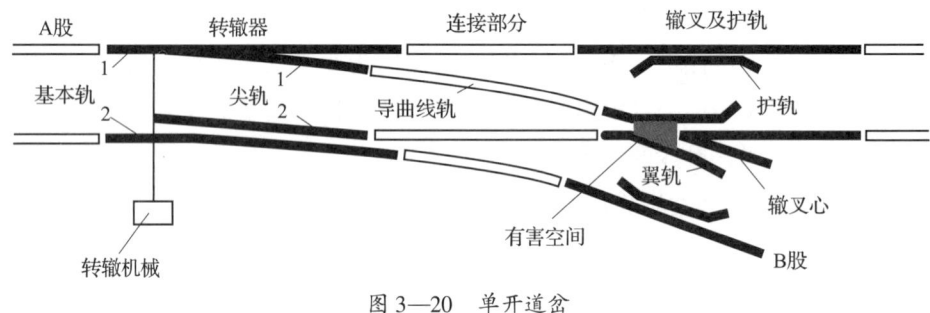

图 3—20 单开道岔

(2) 复式道岔 (见图 3—21)。复式道岔分为对称式和不对称式。

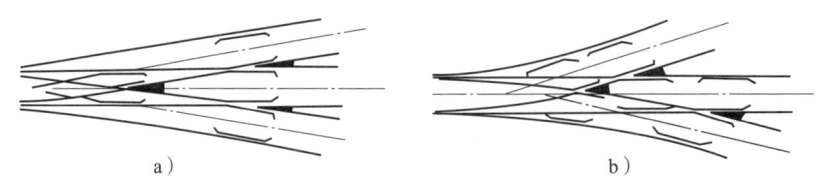

图 3—21 复式道岔
a) 对称式 b) 不对称式

(3) 交分道岔 (见图 3—22)。两条线路相互交叉,列车不仅能够沿着直线方向运行,而且能够由一直线转入另一直线。交分道岔有单式和复式之分。

(4) 渡线 (见图 3—23)。渡线是利用道岔或固定交叉连接两条相邻线的设备,可以分为单渡线和交叉渡线。

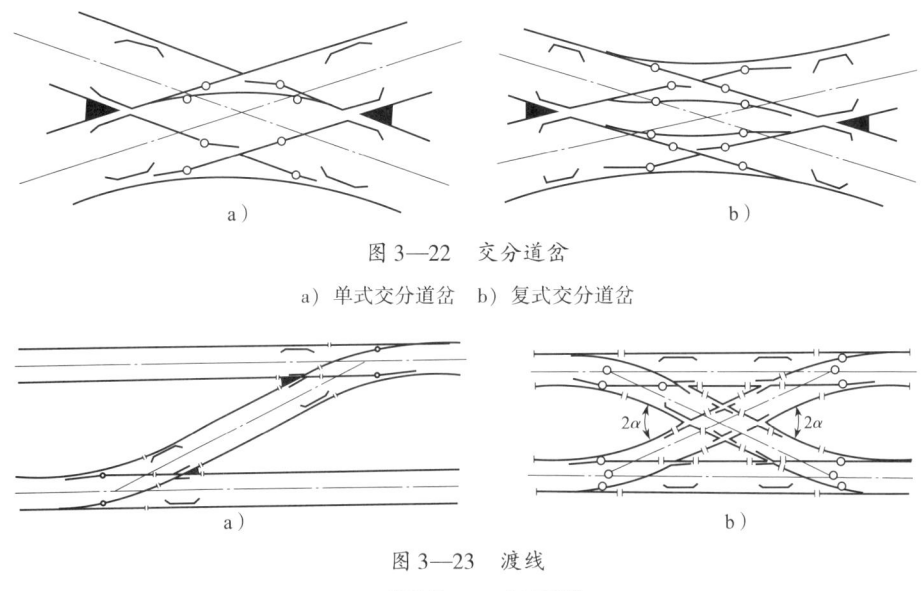

图 3—22 交分道岔

a) 单式交分道岔　b) 复式交分道岔

图 3—23 渡线

a) 单渡线　b) 交叉渡线

2. 道岔的组成

道岔由基本轨、转辙器及其控制机械、尖轨、导曲线轨、辙叉及护轨、辙叉心组成。

3.3.2 起道

1. 线路起道原因

城轨安全运行要求钢轨轨枕下的道碴坚实、钢轨平直（直道）。但由于各种原因常常导致道碴松动，钢轨一高一低，因此需要进行维护。线路起道作业就是为了轨道列车运行的平稳和安全，用专门机具将轨枕、钢轨抬高，进行捣固的一种线路维护作业。

2. 线路起道作业条件

单股起道不得超过 30 mm，若需大于 30 mm 的起道，应联合工务共同调查研究后确定具体起道高度。

进行混凝土轨枕无缝线路与轨温有关的起道作业时，应按规定的起道作业轨温条件办理。混凝土轨枕地段的伸缩区，半径为 600~800 m 曲线段进行起道作业时，应按一般规定轨温上下限各缩小 5℃，对于半径小于 600 m 的地段，按规定各缩小 10℃；普通线路 25 m 钢轨地段，若在轨温超过 30℃ 的条件下进行起道作业，应事先在轨温 25℃ 左右时松动接头螺栓，适当放散钢轨温度应力，或将接头螺栓扭矩调整为 300~400 N·m。

起道地段要有足够的道碴。全面起道的起道量普遍超过 40 mm 时，一般应用仪器测量并设置起道标桩，按标起道。

3. 线路起道作业程序

（1）核对量具。起道作业前，由起道负责人对当日使用的各种量具进行检查核对，保证测量准确。由起道机手检查起道机状态是否完好。

（2）调查划撬。调查和确定标准股，直线以左股为标准股，曲线以下股为标准股，每隔 20 m 或 25 m 为一点，将计划起道量标记在钢轨上。

（3）压打道钉。先撤出找平用的垫板，若为重点起道作业，对捣垫结合处应该计划撤出或保留垫板，然后压打道钉，调整胶垫及拧紧扣件。

（4）指挥起道。全面起道时，由看道指挥人按各点标记的起道量，先将标准股上各点起够，各点之间用目测找平。将标准股起出一段后，返回起好对面股水平。根据封锁时间掌握起道长度，当日无法完成整个起道任务的应做好顺坡。

（5）起标准股。起道机 4 手要按照看道指挥人的手势扒好起道机窝，垂直将起道机放置于适当位置，直线和曲线下股放在钢轨里口，曲线上股放在外口，木枕地段可放在接缝下，混凝土枕地段和无缝线路应放在接缝、焊缝以外的轨枕孔内。

（6）起对面股。由起道人掌握，当标准股起出一段线路，应返回找回对面股水平，两股钢轨同时推进。

3.3.3 拨道

1. 道岔拨道作业条件

线路中心位移不得超过 ±30 mm；一侧拨道量累计不得大于 1 200 mm；并不得侵入界限。

2. 道岔拨道作业程序

（1）调查工作量，安排作业计划。

（2）根据作业计划，准备材料及工具。

（3）办理施工封锁登记。

（4）扒松岔枕头石碴，拨道量较大或道床较坚实时扒开岔枕头石碴。撤除防爬设备。

（5）按计划先拨正道直股方向，然后以直股为准，做好曲股的支距和各部间隔。

（6）拨道量较大时，拨道结束后进行捣固。

（7）回填石碴，并整平夯实。

（8）安装防爬设备。

（9）作业结束后会同有关人员共同检查，确认符合技术要求，通知车站，开通道岔，注销登记，清理现场并转移。

3.4 检修刚性接触网

3.4.1 刚性架空接触网

1. 刚性架空接触网形式与优缺点

架空接触网系统是给电动车辆提供持续电能的特殊供电设备,需从可靠性、可维护性、安全性、功能扩展性以及工作稳定性等多方面加以考虑。一般对架空接触网系统有以下要求:

(1) 架空接触网系统应安全、可靠,满足列车最高行车速度的要求,保证受电弓良好地取流。

(2) 地下段架空接触网一般采用刚性或柔性悬挂方式;地面及高架线路一般采用柔性悬挂方式;车场线采用柔性悬挂方式。

(3) 架空接触网采用直流供电方式,额定电压为 1 500 V 或 750 V,架空接触网导线的总截面应能满足远期高峰小时列车取流的要求。

(4) 悬挂方式应结构简单,便于安装、维修和运行。架空接触网的设备和器材应耐腐蚀、寿命长、少维修。

(5) 架空接触网绝缘距离应符合国家标准的要求,即带电体对接地体的距离:对于直流 750 V 系统,静态为 25 mm,动态为 25 mm;对于直流 1 500 V 系统,静态为 150 mm,动态为 100 mm。

(6) 架空接触网设备除与车辆有相互作用的设备外,任何情况下不得侵入设备限界。

(7) 架空接触网系统应架设全线贯通的架空地线,所有与架空接触网带电部分通过绝缘隔离的金属部分皆应连接至架空地线。

2. 刚性架空接触网布置

刚性架空接触网一般适用于地下段,而不应用于地面及高架桥。地面及高架桥若要采用刚性架空接触网则必须安装专门支架来悬挂支撑,故其投资较大。

汇流排一般由铝材制成,重约 5.9 kg/m,一般 12 m 一段,安装时用中间接头将其连接为一体。刚性悬挂目前允许行车速度为 120~140 km/h。柔性悬挂的受电弓同样可以在刚性悬挂中使用。

刚性架空接触网汇流排本身可承受较大的电流,所以目前采用的均为单根接触线的汇流排。

刚性架空接触网的技术参数有接触线高度、跨距长度、锚段长度、接触导线坡度、拉出值以及锚段关节等。

(1) 接触线高度。隧道内刚性悬挂接触线工作支的悬挂点距轨面连线的高度一般为 4 040 mm，最低不得低于 4 000 mm。

(2) 跨距长度。刚性架空接触网悬挂点的正线最大跨距：曲线为 6~8 m，直线为 8~10 m。相邻两跨距之比不宜大于 1.25∶1。

(3) 锚段长度。锚段长度一般为 200~250 m，最大锚段长度不超过 300 m。

(4) 接触导线坡度。刚性架空接触线高度变化时，其坡度不宜大于 2‰。

(5) 拉出值。刚性架空接触网 500 m 长度内的拉出值一般为 ±200~±250 mm。

3. 刚性架空接触网部件

刚性接触网主要适用于隧道内，由支撑、绝缘子、汇流排线夹、汇流排、铜银接触导线、地线等组成。其也有电连接、分段绝缘器、中心锚结、锚段关节、刚柔过渡、供电开关引线等相关的设备，不需要馈线。

(1) 支撑。汇流排支撑装置是通过锚栓固定在隧道顶部。一般锚栓采用高强化学锚栓，安全方便。锚栓在安装完成要做拉力试验。

使用这种支撑，可以通过调整螺栓来实现垂直方向的调整，拉出值可以通过调整支架的绝缘子位置来实现。汇流排的热胀冷缩通过悬挂夹上的滑动来实现。

(2) 绝缘子。目前主要采用了广水电瓷厂和苏州电瓷厂的产品。其高 100 mm，直径为 200 mm，外露螺栓为 M16，外露长度一般为 55 mm。

(3) 汇流排线夹。汇流排线夹（见图 3—24）不能和铝排发生电腐蚀，必须使用铝或者铜铝合金。用于悬挂汇流排的悬挂夹由两个半夹通过 CHCM8 的螺栓连接组成，螺栓紧固力矩是 8 N·m。这种悬挂方式非常简单，无须特殊工具就可以拆卸，并且方便维护。

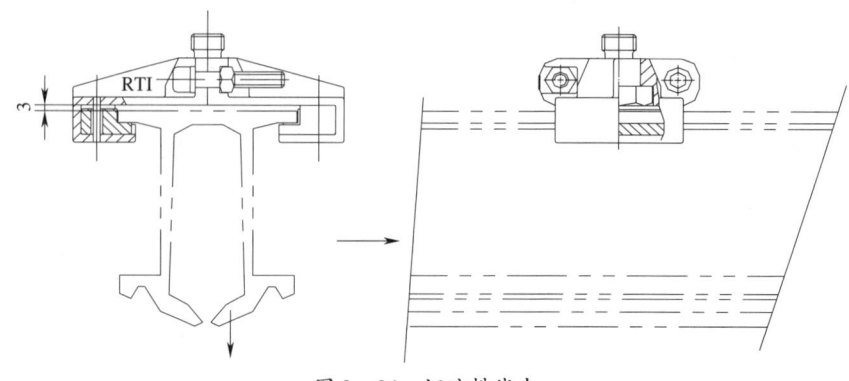

图 3—24 汇流排线夹

悬挂夹的作用是承受汇流排的重量。悬挂夹必须确保能够承受汇流排的重量和受电弓通过时施加的压力，并在意外发生时防止汇流排脱落。在垂直方向悬挂夹可以承受 2 000 N 的拉力。这可以通过在悬挂夹上方的固定螺栓和一个类似于铝排形状的钢件之间施加一个向下的力来试验，拉力每秒增加 500 N 直到出现机械损伤为止。

为了避免汇流排伸缩的拉力和在伸缩时产生硬点，汇流排必须能够在汇流排内滑动。因此，汇流排通过穿在其中间的 50 mm 长特氟龙螺栓固定在悬挂夹上。

悬挂夹不能卡死铝排。相反，应该轻轻地挂住铝排，并且在受电弓通过时允许其抬高从而避免硬点。这是通过铝排和悬挂夹间 3 mm 的间隙实现的。

为了避免铝排的内部应力，汇流排必须可以自动适应弯道和拉出值的变化。为实现这一目的，悬挂夹设计为可以围绕其顶部的固定在钢结构上的 M16 的螺栓旋转。

（4）汇流排。铝排的外形如图 3—25 所示。

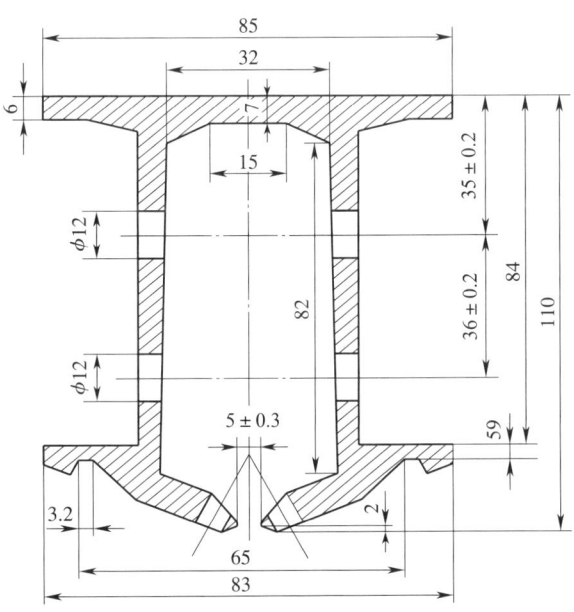

图 3—25　铝排外形图

1）汇流排高度：110 mm。

2）汇流排顶部宽度：85 mm。

3）汇流排的最大电阻率：$15.5 \times 10^{-6}\ \Omega \cdot mm^2/m$。

4）汇流排载流：3 700 A。

5）汇流排重量：5.9 kg/m。

6）制造长度。单位制造长度为定尺长度 $12\,000_{-5}^{\ 0}$ mm，定尺长度的制造允许偏差为 -5 mm，其两端无切口余量。这种设计制造便于安装、维护。

7）表面质量。汇流排表面不允许有裂纹、腐蚀斑点和硝盐痕迹；汇流排表面允许有不超过缺陷所在部位壁厚公称尺寸 8% 的起皮、气泡、表面粗糙和局部机械损伤，但最大深度不得超过 0.5 mm；汇流排需加工的部位的表面上的允许缺陷深度不得超过加工余量。

8）夹口的弹性。为了确保铝排的夹口可以牢固地夹住接触线，必须检查夹口能够被撑开放入接触线并且不会产永久变形。一旦接触线嵌入之后，铝排的弹力足以使得接触线被夹紧。

试验是在 400 mm 长的试样上进行的。试验前，夹口的开口是 5 mm。

接触线的两个沟槽根部间的距离一般是 6.9 mm。这个距离相当于在 41 mm 的铝排上加 11.8 kg 的力，或者是在 10 mm 的铝排上加 2.8 kg 的力。

安装接触线时，一般是施加 25 kg 的力把夹口撑开至 9 mm。撤除外力后，如果有 0.35 mm 的变形是允许的。

9）铜铝间的相对膨胀。为了不影响汇流排的正常伸缩，有必要检查铜和铝的伸缩是否在同一个范围。试验过程如下：将一段接触线嵌入铝排，在 20℃ 时测量各部分的长度，温度升至 50℃ 时再次测量相关长度。表 3—22 所示为铜和铝的伸缩范围。

表 3—22   铜和铝的伸缩范围   mm

	20℃的长度	50℃的长度	实测伸长	理论伸长
铜	1 026.2	1 026.8	0.6	0.4
铝	1 026	1 026.6	0.6	0.7

上面的测量数据表明铜铝的膨胀量是相等的（0.6 mm），而根据理论计算应该有 0.3 mm 的差别，这说明铝排的夹口的夹力可以避免出现铜线比铝排膨胀小的情况。

（5）接头（连接板，见图 3—26）。连接板用于连接相邻的铝排。连接板在设计时考虑了换线小车的通过。

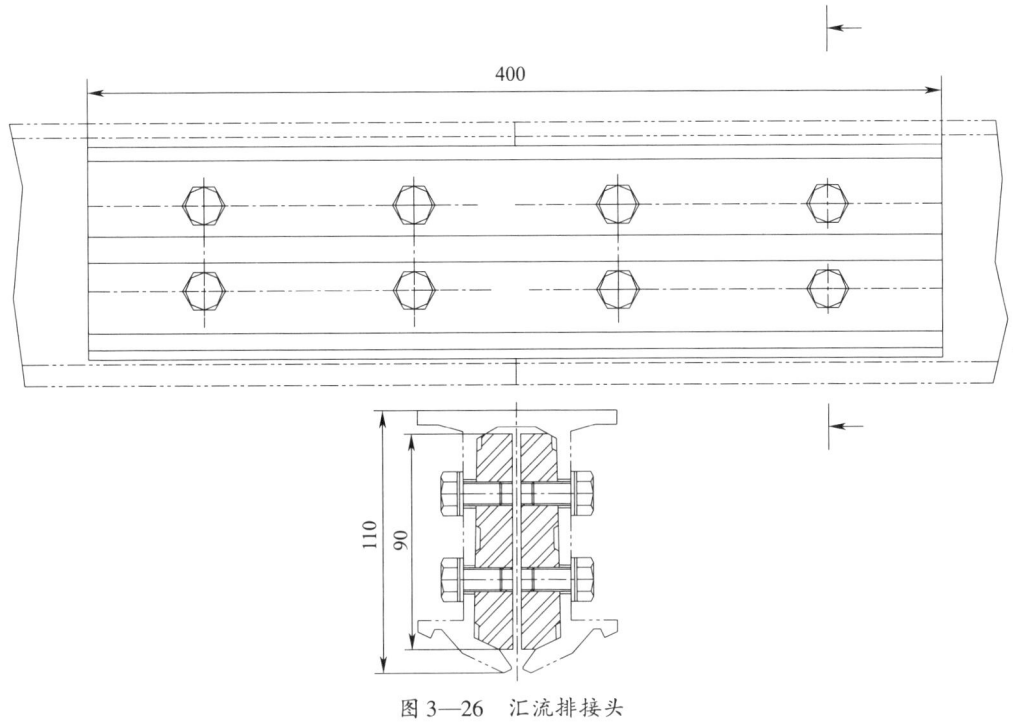

图3—26 汇流排接头

为了保持物理性能的连续性（包括机械和电气性能），连接板采用和铝排同样材质的铝合金制造。

考虑到连接板的上面通常接触不是很好，在每块连接板的表面上加工了两条凹槽，用来和铝排接触。

除了凹槽之外，必须保证相连接的铝排的对正。为此，每块连接板具有适合自动的外形。

每块连接板有8个安装固定用的 M8 螺栓的孔。每个螺栓头和铝排的中间放一个平垫和弹垫。为了保持孔洞完好，紧固力矩不能超过 20 N·m。

连接板的截面面积是 1 150 mm²，长度是 400 mm。

（6）弯头（终端，见图3—27）。弯头由一端弯曲的 7.5 m 的汇流排制成。弯头的斜面长 1 500 mm，端部抬高 70 mm，这是为了满足最大斜度不超过 1/20。弯曲处的半径是 6 m。弯曲时必须保证汇流排夹口的开口在 4.7~5.3 mm 之间。在弯头另一端钻有连接用孔。

弯头安装在每段的端部，用做膨胀接头、绝缘分段或者是道岔。斜面部分是出于安全的需要。实际上，在膨胀接头处的弯头可按下面方法调整：受电弓从一段弯头的直线部分过渡到另一弯头的直线部分，不接触斜面部分。

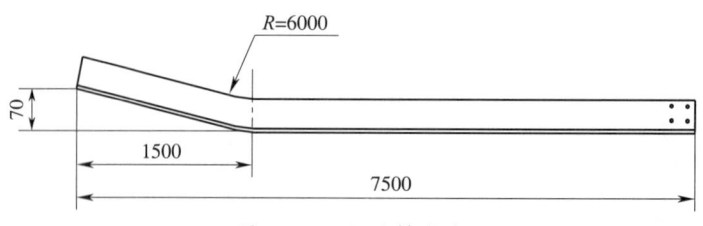

图 3—27 汇流排终端

（7）过渡元件（见图 3—28）。过渡元件的长度为 5 m，它是由普通铝排经过加工其顶面而制成。加工是为了减小惯量和增加末端的弹性，这些措施是为了使受电弓可以无硬点地从柔性网向刚性网过渡，同时又不削弱受电弓的接触压力。

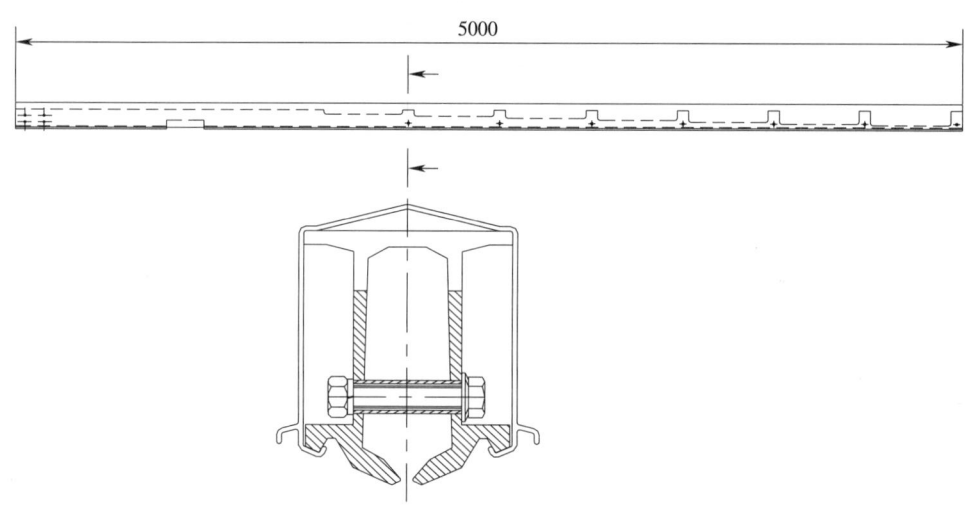

图 3—28 汇流排过渡元件

然而这样加工又减小了铝排夹口夹持铜线的弹力。在铝排上间隔 480 mm 共钻了 7 个通孔，并用 15 N·m 的力矩紧固 7 个 M10 的不锈钢螺栓。安装这些螺栓之后，夹口的弹力就可以得到保证。

在过渡元件的底面有一个 60 mm × 200 mm 的缺口用来放置接触线的固定夹，这个固定夹可以防止接触线因受到柔性网接触线的拉力而在铝排内滑动。在另一端钻有 8 个用于安装连接板的孔。

（8）中心锚结。中心锚结是为防止温度变化、汇流排及导线的滑动变化而设置的。其作用与柔性接触网的中心锚结差不多。刚性中心锚结如图 3—29 所示。

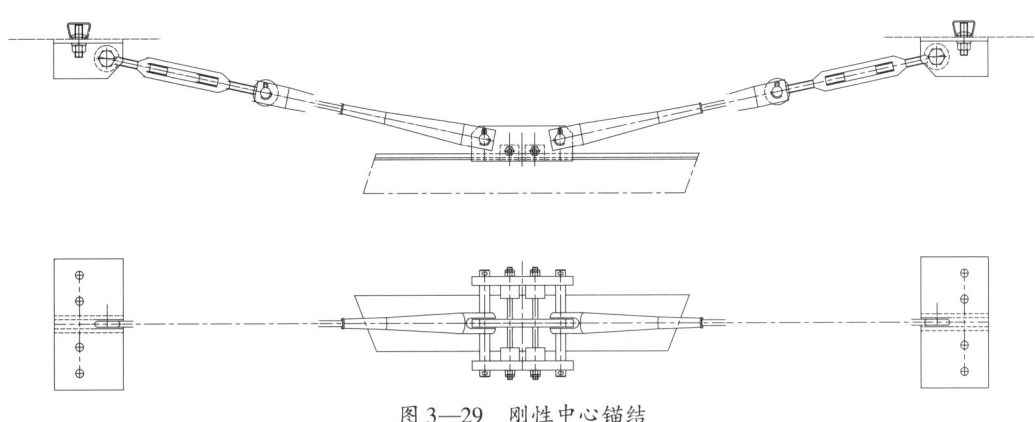

图 3—29 刚性中心锚结

（9）刚性电连接线夹（见图 3—30）。本装置是用于电缆和汇流排、汇流排段间的电气连接。

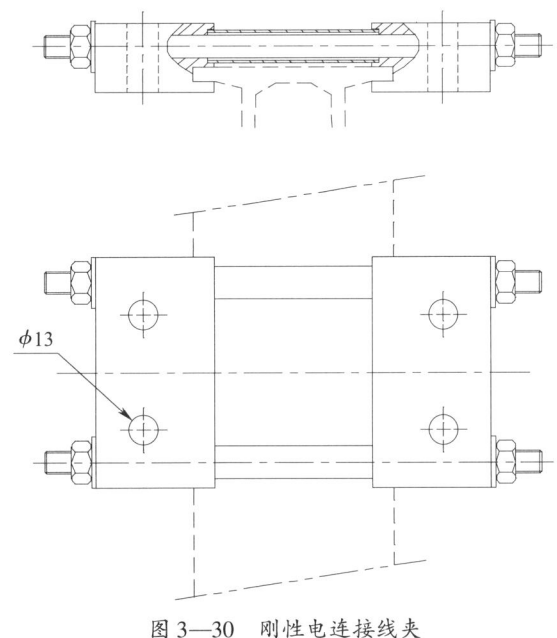

图 3—30 刚性电连接线夹

每套连接块由两个水平夹持在汇流排上方的半块正对着连接而成，两个半块用 M10 的不锈钢螺栓连接，紧固力矩是 15 N·m。两个半夹中间的沟槽是为了限制和调整铝排的夹口。

每个连接块钻有两个直径 13 mm 的孔，用于安装电缆的接线端子。如果使用铜电缆，必须在连接板上涂抹导电油脂。

每个半块长 100 mm。馈电板和铝排的接触面积是 1 000 mm^2，可以通过 1 200 A 的电流。如果电流大于 1 200 A，就要使用多个连接板。

（10）接地装置。为了确保检修时工人的安全，必须通过专用的接线柱将接触网接地。接线柱一般用于柔性网的接地，不能直接用于刚性网。接地装置安装在铝排的上面，有一根 16 mm 的杆用于接地。

每个接地装置由四个用于固定铝排的半夹组成。半夹用 CHCM8 的不锈钢螺栓正对着连接，螺母可以被半夹自锁，紧固力矩为 8 N·m。刚性接地夹如图 3—31 所示。

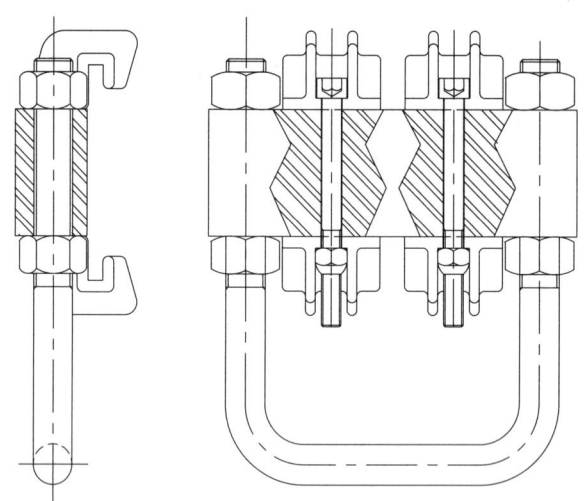

图 3—31　刚性接地夹

3.4.2　刚性架空接触网分段

刚性架空接触网一般适用于地下段，而不应用于地面及高架桥。地面及高架桥若要采用刚性架空接触网则必须安装专门支架来悬挂支撑，投资较大。

汇流排一般由铝材制成，重约 5.9 kg/m，一般 12 m 一段，安装时用中间接头将其连接为一体。刚性悬挂目前允许的行车速度为 120~140 km/h。柔性悬挂的受电弓同样可以在刚性悬挂中使用。

1. 刚性架空接触网跨距长度

刚性架空接触网悬挂点的正线最大跨距：曲线为 6~8 m，直线为 8~10 m，相邻两跨距之比不宜大于 1.25:1。

2. 刚性架空接触网锚段长度

锚段长度一般为 200~250 m，最大锚段长度不超过 300 m。

3．刚性架空接触网的接触线高度

隧道内刚性悬挂接触线工作支悬挂点距轨面连线的高度一般为 4 040 mm，最低不得低于 4 000 mm。

4．刚性架空接触网拉出值

非绝缘锚段关节两支悬挂的拉出值一般分别为 ±100 mm，中心线之间距离为 200 mm，误差为 ±20 mm。

绝缘锚段关节两支悬挂的拉出值一般分别为 ±150 mm，中心线之间距离为 300 mm，误差为 ±20 mm。

5．刚性悬挂锚段关节工作支与非工作支关系

锚段关节转换悬挂点处非工作支不得低于工作支，可以比工作支高出 0～1 mm。

6．刚性架空接触网锚段关节

刚性架空接触网的锚段关节由平行布置的两汇流排组成，汇流排重叠区域的长度为 6.6 m。其中非绝缘锚段关节两平行汇流排间距为 200 mm，绝缘锚段关节两平行汇流排间距为 300 mm。

刚性架空接触网的锚段关节由平行布置的两汇流排组成，汇流排的重叠区域的长度为 6.6 m。刚性架空接触网非绝缘锚段关节两平行汇流排间距为 200 mm；绝缘锚段关节两平行汇流排间距为 300 mm。

7．刚性架空接触网锚段关节绝缘距离

刚性架空接触网设备和车辆在任何情况下都应满足的最小净空尺寸与柔性架空接触网相同。

3.4.3 刚性架空接触网汇流排的定位与支撑

1．汇流排型材的弯曲特点

汇流排型材水平方向弯曲最多次数为 8 次；汇流排型材水平方向人工弯曲最小半径为 80 m；水平方向机械预弯最小半径为 45 m。

2．汇流排在隧道中的使用

汇流排之所以用在隧道中是因为对空间的需求很小。实际上，汇流排本身（包括铝排和接触线）仅仅需要 110 mm 的空间。算上支撑装置和电气安全距离（DC750 V～1 500 V），从汇流排的接触面到隧道的顶部也只需要 300 mm。

汇流排的支撑装置固定在隧道顶部。支撑装置由固定铝排的悬挂夹、绝缘子悬吊槽钢、固定螺栓、槽钢底座（矩形隧道）等零件组成。一般是通过调整固定螺栓来调

整整个支撑结构的安装高度，汇流排的导高误差范围控制在 3 mm。

3. 汇流排支撑装置的调整

在弯道处的坡度调整：支撑装置必须与轨道弯道处的坡度相适应。支撑装置需要提供的调整范围是 ±245 mm，和传统的接触网一样，汇流排在运行方向上布置成"S"形。拉出值的实际形状看起来像正弦形状。在温差小于 40℃ 的位置，每段膨胀的最大长度不能超过 250 m。

3.4.4　汇流排接头

参见"3.4.1 刚性架空接触网/3. 刚性架空接触网部件/（5）接头"的详细内容。

3.4.5　刚柔过渡

过渡元件的长度为 5 m，它是由普通铝排经过加工其顶面而制成。加工是为了减小惯量和增加末端的弹性，这些措施是为了使受电弓可以无硬点地从柔性网向刚网过渡，同时又不削弱受电弓的接触压力。刚柔过渡如图 3—32 所示。

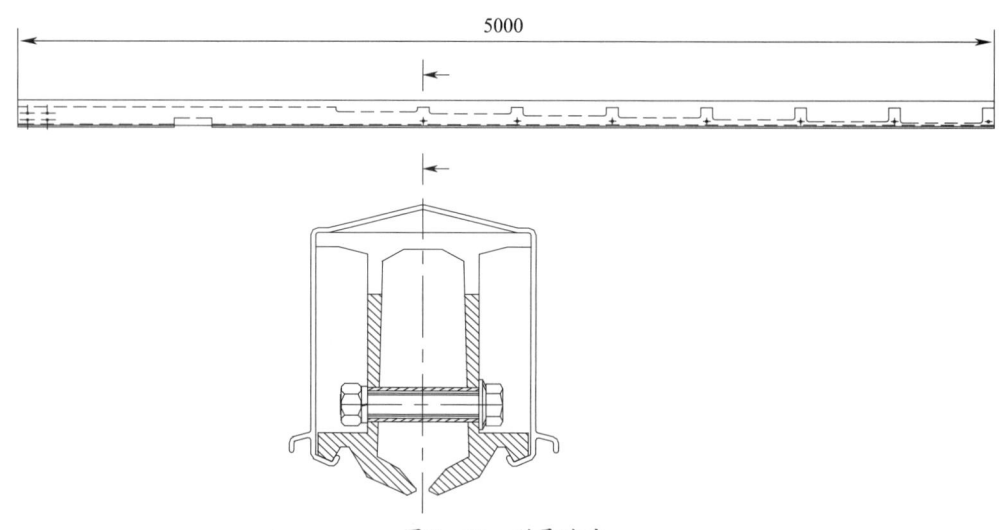

图 3—32　刚柔过渡

然而这样加工又减小了铝排夹口夹持铜线的弹力。在铝排上间隔 480 mm 共钻了 7 个通孔，并用 15 N·m 的力矩紧固 7 个 M10 的不锈钢螺栓。安装这些螺栓之后，夹口的弹力就可以得到保证。

在过渡元件的底面有一个 60 mm×200 mm 的缺口用来放置接触线的固定夹，这个固定夹可以防止接触线因受到柔性网接触线的拉力而在铝排内滑动。在另一端钻有 8 个用于安装连接板的孔。

3.4.6 刚性悬挂接触线

1. 架线装置的架线流程

在汇流排上安装好架线小车，调整架线小车，将接触导线从汇流排终端端头嵌入汇流排。架线小车的操作程序如下：

在汇流排上安装换线小车时，首先松开螺栓 B，以空出滚轮 A 安装需要的侧面轨腰的位置。然后调整螺栓 D，使得滚轮 C 把沟槽的间距扩大至需要的尺寸。

为了保证换线小车的正确位置，将螺栓 B 旋至轨腰侧面，把滚轮 A 导入其运行面。

调整好换线小车之后（滚轮 C 进入凹槽，滚轮 A 的侧面接触良好），旋转螺栓 D 以扩大滚轮 C 的间距。当接触线可以嵌入铝排的夹口中时，滚轮 C 的间距就可以了。滚轮 C 的间距也不能太大，否则接触线不能很好地嵌入，并且移动换线小车需要的牵引力会很大。确认接触线没有扭曲，其两侧的沟槽准确地对着铝排的夹口。调整好滚轮 C 的间距并检查接触线嵌入在正确位置后，旋转螺栓 F 以升高滚轮 E，将接触线压入夹口的正确高度。

拖动换线小车，铝排被撑开，接触线就被嵌入，然后夹口闭合卡住接触线。安装过程中，注意在接触线上涂好油脂，并且没有扭曲的铝排和铝排对正，进一步保证从换线小车出来的接触线的两侧凹槽准确嵌入夹口。

安装好注油器，启动电动注油装置，把导电油脂注入接触线两凹槽内。注油器始终处于放线小车前方，在接触导线上顺畅滑行。

架线小车用拉线固定于前端牵引支架上，由车辆带动前进，牵引支架适时调整使牵引方向始终位于汇流排正下方，牵引支架与接触线铜导槽组联动，接触导线展放顺滑自然。牵引支架设有紧急脱扣装置，在列车前进中，当遇到架线小车被卡住时，拉线应能随时脱离牵引支架，防止拉坏整个汇流排结构。

架线作业车组以 2 km/h 的速度匀速架线。架线小车前设一人负责检查调整，使接触线燕尾端位于汇流排开口正下方，平行于汇流排。架线小车后左右各设一人仔细检查接触线嵌入状况，当发现接触线嵌入不到位时，应及时停车，退回架线小车（张力放线车不得后退），退出此段线，重新用架线小车嵌入汇流排。

接触线架设至汇流排末端时，在架线小车到达汇流排弯曲端前，放线车辆停车。人工匀力拉动架线小车，把接触线导入汇流排终端，锁紧终端螺栓，接触线沿终端方向顺直外露 100～150 mm，用钢锯断开接触线，并用锉刀将端头打磨平整光洁，并将其向上弯曲，从汇流排卸下架线小车。

拆除第一、第二定位点处的临时锚固装置。

2．架线装置的架线工艺

接触导线嵌入汇流排前必须在两凹槽内均匀注入导电油脂，应无遗漏。放线时接触线不得有损伤、扭曲，在锚段内无接头、无硬弯。人工匀力拉动架线小车，把接触线导入汇流排终端，锁紧终端螺栓，接触线沿终端方向顺直外露 100～150 mm，用钢锯断开接触线，并用锉刀将端头打磨平整光洁，并将其向上弯曲，从汇流排卸下架线小车。

3．架线小车的使用要求

（1）接触导线嵌入汇流排前必须在两凹槽内均匀注入导电油脂，应无遗漏。

（2）导线不得有损伤、扭曲，在锚段内无接头、无硬弯。

（3）架线小车应调整好工作状态，导线与汇流排贴合，当导线未完全嵌入汇流排时，应倒回架线小车将导线拉出，重新嵌入。

（4）分段绝缘器和汇流排终端处的导线端头应严格按照设计和产品安装技术要求处理，端头平整光洁，不应碰弓及出现硬点，螺栓紧固力矩应符合设计或产品安装技术要求。

3.4.7 刚性悬挂安装

1．刚性悬挂分段绝缘器的安装技术要求

（1）分段绝缘器主体平行轨平面。

（2）分段绝缘器无打弓现象。

（3）紧固件应齐全，连接牢固可靠，紧固力矩应符合设计要求。

（4）对导板上的碳粉、尘埃、油污进行清扫。

（5）绝缘部件表面清洁，无破损、老化现象。

2．分段绝缘器上的两极靴的间距

（1）分段绝缘器主体平行轨平面。

（2）分段绝缘器无打弓现象。

（3）紧固件应齐全，连接牢固可靠，紧固力矩应符合设计要求。

（4）对导板上的碳粉、尘埃、油污进行清扫。

（5）绝缘部件表面清洁，无破损、老化现象。

（6）分段绝缘器上的两极靴之间的距离应为 150 mm，允许误差 +5 mm。分段绝缘器中点偏离线路中心线不应大于 50 mm。刚性悬挂分段绝缘器带电体距接地体或不同供电分区带电体、不同供电分区运行车辆受电弓的距离应符合设计要求：静态不小于 150 mm，动态不小于 100 mm。刚性悬挂分段绝缘器距相邻刚性悬挂定位点的距离允许误差为 ±200 mm。

3. **刚性悬挂单开道岔悬挂点拉出值**

道岔处在受电弓可能同时接触两支接触线范围内两支接触线应等高，在受电弓始触点渡线接触线应与正线接触线等高或高出正线接触线 1 mm，单开道岔悬挂点的拉出值距正线汇流排中心线一般为 200 mm，允许误差为 ±20 mm。

4. **刚性悬挂隔离开关的安装技术要求**

隔离开关的所有部件、附件应齐全，无损伤变形及锈蚀，瓷件应无裂纹及破损。手动操动机构安装距地宜为 1.1～1.2 m，允许误差为 100 mm。隧道内隔离开关触头带电部分至顶部建筑物的距离不应小于 500 mm。

5. **架空地线的安装技术要求**

架空地线及所用金具的规格、类型应符合设计要求，架空地线不得有两股以上的断股。架空地线的弛度应符合设计要求，在最大弛度时必须保证架空地线及其金具距接触网带电体的距离大于 150 mm。一个锚段内架空地线断股补强数和接头数不超过 1 个。

3.4.8　接触轨调整及其设备的安装

1. **接触轨调整**

（1）接触轨初调

1）接触轨高度的初调：逐点调整各定位点接触轨至设计标高，检查各绝缘支架紧固件是否齐全稳固。

2）侧面限界的初调：逐点调整各定位点接触轨侧面限界值至设计值。

3）接触轨工作面的调整：调整整体绝缘支架，检测接触轨接触面与轨面的平行度，避免接触轨面发生偏磨现象。

4）接触轨扣件的调整：调整接触轨扣件及接触轨托架，在保证接触轨标高和平行度的基础上满足接触轨在温度变化时能顺线路自由滑动。

5）膨胀接头、端部弯头的调整：初步调整膨胀接头、端部弯头处标高和侧面限界至设计值，保证膨胀接头和端部弯头在接触轨伸缩时能顺畅滑动。

（2）接触轨细调

1）标高及侧面限界的细调：在接触轨初调后，精细调整各定位点标高及侧面限界至设计值。

2）接触工作面的调整：调整整体绝缘支架，检测接触轨接触面与轨面的平行度，避免接触轨面发生偏磨现象。

3）膨胀接头、端部弯头的细调：精细调整膨胀接头、端部弯头处标高和侧面限界值至设计值，细调接触面平行度，保证使集电靴能够平滑、顺畅地滑动。

（3）综合检测调整

1）接触面标高、侧面限界的综合检测：用接触轨综合测量仪逐点检查接触轨标高及侧面限界值，对超过允许偏差范围的进行调整，填写接触轨标高及侧面限界值检查记录。

2）膨胀接头、端部弯头处的检测：利用接触轨综合测量仪、水平尺、钢卷尺等检测膨胀接头、端部弯头的各项参数，不合格者应进行调整。

3）绝缘距离的检查：接触轨带电体距接地体的绝缘距离应满足 150 mm，测量、检查接触轨带电体与周围接地体及其他设备的绝缘距离是否满足设计要求，并做好记录。不合格者应查找原因，通知相关各方到现场处理解决问题。

4）限界检查：检查有无其他设备侵入接触轨限界，一旦发现问题，属于接触轨安装部分的应及时处理，属于其他设备侵入接触轨限界的，应及时反馈给监理工程师和业主，并妥善解决。

（4）技术要求

1）接触轨标高和侧面限界值应符合设计要求，接触轨标高允许的安装误差为 ±3 mm，相邻的悬挂点相对高差一般不得超过所在跨距值的 0.5‰，侧面限界值允许误差为 ±5 mm。

2）接触轨钢带接缝应平滑、无明显阶梯，接触轨钢带接缝高差要使用接触轨打磨机具打磨，保证平滑顺畅。

3）接触轨带电体对接地体的距离：静态不应小于 150 mm，动态不应小于 100 mm。

4）接触轨的布置不应出现明显的折角。

（5）安全注意事项

注意保护接触轨系统，防止其他施工人员蹬踏或碰撞接触轨。

2．避雷器的安装

（1）操作流程

避雷器预配 → 避雷器安装 → 电缆敷设安装

（2）操作要领

1）预配：检查避雷器是否完好，清洁避雷器绝缘子、配齐其零部件，检查产品合格证、技术文件、安装手册是否齐全。检查完毕后，将其进行初步组装。

2）安装：按施工设计图纸先安装避雷器支架，再安装避雷器。

3）电缆敷设：按设计图纸及现场测量数据加工预制好电缆长度及接线端子，敷设电缆并打卡、固定，然后将电缆连于避雷器之上。

（3）技术要求

1）避雷器本体外观应无损坏，绝缘棒应完好、整洁，零件应配备齐全，产品合格证、产品技术文件和安装手册应齐全。

2）避雷器严格按照设计要求和安装手册规范进行安装。

3）避雷器上固定螺栓的紧固力矩要满足设计要求。

（4）注意事项

1）避雷器要轻拿轻放，以防损伤或损坏。

2）避雷器的安装必须使用力矩扳手安装，紧固力矩应符合要求。

3. 隔离闸刀的安装

（1）操作流程

底座安装 → 隔离开关安装 → 连轨电缆安装 → 隔离开关调试 → 号码牌印制

（2）操作要领

1）根据设计图纸给出的隔离开关位置进行现场测量，检查隔离开关的安装位置限界和安装空间是否符合设计要求，在无其他设备干扰和限界及空间符合的条件下，隔离开关的安装位置应尽量靠近接触轨端的电连接接头。

2）用墨斗弹出水平直线，定出固定底座钻孔孔位，垂直于墙壁钻孔，安装螺栓。

3）安装固定底座，调整底座端正，其隔离开关安装面水平。

4）将隔离开关安装在固定底座上，调整隔离开关及操动机构至墙壁的距离符合设计要求，隔离开关与操动机构应处于同一垂直面上。

5）调整操动机构行程至闭合位，使隔离开关刀闸处于闭合位，安装操纵杆，其安装角度应符合设计要求。

6）调整三联隔离开关处于同一水平直线上，安装隔离开关间的接线板。

7）调试隔离开关和操动机构开合同步到位，隔离开关的动触头和静触头的中心线重合。

8）安装隔离开关至接触轨引线电缆，使其安装美观且弯曲自然。实测接线端子长度，按电缆绝缘层厚度调节剥切刀深度，剥除绝缘防护层，露出裸铜线芯，根据接线端子的压接工艺进行制作压接两端的接线端子。

9）将连接电缆按设计要求联结到隔离开关和接触轨电连接接头上，保证螺栓紧固力矩满足设计要求、所有接触面均匀涂抹导电油脂。

10）将所有底座用接地电缆与接地扁钢相连接。

11）电动隔离开关调试和配合变电所隔离开关联调。

12）按设计要求印制隔离开关号码牌。

（3）技术要求

1）隔离开关的安装位置应符合设计要求，严格按设计和产品技术文件要求安装。

2）隔离开关的本体外观应无损坏，零件应配套齐全，绝缘子应完好、整洁，主接头接触良好，绝缘测试值、主回路接触电阻值应符合国家标准、设计要求或产品技术文件要求。

3）隔离开关底座安装时，应保证两底座安装面水平，且间距符合设计要求；多组隔离开关并列安装时，应保证所有底座安装面都在同一水平面上，且各底座间距应符合设计要求。

4）隔离开关安装时应保证隔离开关到墙壁或其他接地体的绝缘距离符合设计要求；隔离开关打开时，刀口距接地体、墙壁的最小距离应符合设计要求。

5）隔离开关的中心线应铅垂，操纵杆垂直于操动机构轴线，连接应牢固无松动现象，铰接处活动灵活。

6）隔离开关应分合顺利可靠，且分、合位置正确，角度应符合产品技术文件要求。触头接触良好，无回弹现象。操动机构的分合闸指示与开关的实际分合位置应一致。电动开关的手动操作应与遥控电动操作的动作一致；隔离开关的机械联锁应工作正确可靠。

7）隔离开关刀口部分涂抹导电油脂，机构的连接轴、转动部分、传动杆涂抹润滑油。

8）隔离开关150 mm^2 直流连轨电缆连接正确规整。按接触轨随温度变化伸缩要求，预留位移长度，弯曲方向与接触轨伸缩方向相同，电缆不应扭拖接触轨。电缆应平行整齐排列，不能压叠；电缆支架应安装牢固，布置均匀合理；电缆应弯曲自然，线路布置应尽量短。

9）隔离开关的所有底座都与接地扁钢相连通，且接地可靠。

（4）注意事项

1）隔离开关的绝缘子应采用麻布软袋包扎保护。

2）安装调试完毕后，所有隔离开关均应处于分闸位置，所有操动机构加锁，严禁随意操动隔离开关。

3）变电所送电前，在隔离开关电源侧进行可靠接地，并悬挂明显的接地标志。

4．均回流箱的安装及均回流电缆的敷设

（1）操作流程

均回流箱的安装 → 均回流电缆的敷设 → 均回流电缆与钢轨的焊接

（2）操作要领

1）均回流箱安装。均（回）流箱严格按设计位置和设计要求安装，支架安装稳固，绝缘子的绝缘性能良好，安装位置空间应能保证均（回）流电缆与均（回）流箱连接自然平顺。

2）均回流电缆敷设。首先确定均（回）流电缆与钢轨的焊接点，信号"S"棒应已安装或位置应已确定，按照设计的焊接位置，现场复核与信号"S"棒的距离是否符合要求，焊接点距信号"S"棒的中心距离应符合信号专业要求。

均（回）电缆沿电缆支架敷设，敷设规整绑扎稳固，至钢轨焊接点部分采用固定卡固定在整体道床上，电缆弯曲自然，固定卡布置规整稳固。

电缆与均（回）流箱连接端，按接线端子长度剥切电缆外护套，按接线端子压接规范用电动压接机压接接线端子，接线端子与电缆导体连接到位，电气接触良好。然后将接线端子与均（回）流箱铜板可靠连接。电缆弯曲半径应符合要求，弯曲自然且布置整齐美观。

电缆与钢轨焊接端，将电缆铜芯分成三股，分别安装压接三个 $50\ mm^2$ 接地端子。接线端子与电缆导体应连接紧密，电气接触良好。

3）均回流电缆与钢轨焊接。用手提式磨光机将焊接点处的钢轨锈蚀彻底清除，磨面光洁。

将电缆沿钢轨焊接点整齐排列，使用光焊机将接线端子逐个与钢轨焊接，连接紧固，接线端子与钢轨接触面应符合要求，排列整齐美观。焊接完毕，裸露部分应涂防腐漆。

（3）技术要求

1）均回流箱的安装位置应符合设计要求，且安装稳固，绝缘子的绝缘电阻和空气绝缘距离应符合设计要求。

2）均回流电缆与均回流箱应连接牢固，接触面积符合要求，导通良好，电缆应弯曲自然、布置美观。

3）均回流电缆与钢轨的焊接位置应能满足信号专业的要求，且安装应符合设计要求，与钢轨的焊接稳固，电气导通良好。焊接时要注意焊枪的焊接角度与线端子垂直并保持稳定。

(4) 注意事项

1）必须由信号专业确定或安装好"S"棒位置后，定出均回流电缆与钢轨的焊接位置，才能敷设均回流箱至钢轨的电缆。

2）均回流电缆沿整体道床敷设部分做好包扎保护，以防被过往车辆及人员损伤。

3）焊接点处的钢轨锈蚀必须彻底清除，焊接面平整光洁。

5．电连接的安装

(1) 操作流程

电连接电缆的预制 → 电连接的安装

(2) 操作要领

1）电连接电缆的预制

根据现场两个电连接接头的距离、接触轨与道床的高度等数据计算连接电缆的长度。

裁剪软电缆，截面要整齐。将软电缆两端各剥开 70 mm 露出电缆导体，将电缆导体穿入 0 号铜铝过渡电连接线夹的压线孔内，必须将电缆导体穿到孔的根部，使用电动液压机进行压接，压模应符合规范和设计要求。

2）电连接现场安装

按照电连接装配图纸的要求，在需要安装电连接的两个接触轨锚段间安装电缆电连接，将电缆用电缆固定卡固定好。注意相接触的接触面均匀涂抹导电油脂。电连接电缆应布置美观、合理，弯曲应满足相关要求，紧固力矩应符合设计要求。

(3) 技术要求

1）电连接电缆所用型号、材质、数量应符合设计要求，并预留足够的因温度变化使接触轨产生伸缩而需要的长度，弯曲方向与接触轨的移动方向应一致。电连接电缆不得损伤现象。

2)电连接安装位置应符合设计要求,在任何情况下均应满足带电距离要求。

3)电连接电缆与铜铝过渡线夹压接应良好,符合规范和设计要求。

4)电连接的各接触面都应均匀涂抹导电油脂。线夹应安装端正牢固,螺栓紧固力矩应符合设计要求。

(4)注意事项

1)电连接电缆不应有损伤,否则应更换。

2)电连接安装前应清洁电连接接头及线夹的接触面,不应有灰尘、脏物。

6. 接地扁钢及回所电缆的安装

(1)操作流程

接地扁钢及回所电缆的预配 → 接地扁钢及回所电缆的安装

(2)操作要领

1)对现场实际进行测量,计算接地扁钢需要加工钻孔的位置,进行加工预制;在需要接地扁钢回所处,测量所需回所电缆长度并进行长度预制、接线端子压接。

2)安装接地扁钢,并按设计扭矩要求拧紧安装紧固螺栓;按相关电缆敷设原则安装回所电缆,并将回所电缆连接到变电所接地母排上。

(3)技术要求

1)接地扁钢安装要牢固可靠,施工必须按设计要求进行。

2)回所电缆的安装要符合设计要求及相关标准。

(4)注意事项

1)安装时注意不要磕碰、损伤或损坏接地铜排和电缆。

2)安装后注意接地扁钢的防盗保护。

7. 防护罩的安装

(1)操作流程

防护罩支撑块的安装 → 防护罩的加工 → 防护罩的安装 → 检查

(2)操作要领

1)防护罩支撑块的安装:按设计要求的防护罩支撑块间距将防护罩支撑块均匀地布置于接触轨上,并将其摆正、装好。

2)防护罩的加工:按接触轨实际跨距测量并计算所需接触轨防护罩长度,按该长度用专用防护罩切割工具截取防护罩,各切口要磨平且保证防护罩在加工过程中无损坏。

3）防护罩的安装：先安装接触轨防护罩，然后安装端部弯头防护罩、电连接接头防护罩、绝缘支架防护罩、中锚防护罩、膨胀接头防护罩。具体施工方法为先将防护罩扣到防护罩支撑块上，然后慢慢压下防护罩，并使防护罩下沿的防护罩扣槽扣于防护罩支撑块之上。

4）检查：检查已安装的防护罩，看是否有防护罩没完全卡入防护罩支撑块的，防护罩接头是否完好，各种类型的防护罩是否安装匹配，防护罩有无损坏等。

（3）技术要求

1）防护罩要严格按设计要求尺寸进行加工，加工后的切口要打磨光滑。

2）要确保防护罩已完全卡住防护罩支撑块。

3）各种类型的防护罩一定要对号入座、匹配安装。

（4）注意事项

1）在运输、安装、加工过程中不要将防护罩损坏、扯裂。

2）在安装防护罩过程中不要损坏防护罩支撑块。

8. 接触轨、柔性悬挂过渡的安装

（1）接触轨、柔性悬挂过渡的安装方式。根据以往施工的几条线，一般出入段线正线与车辆段之间采用的是正线接触轨与车辆段柔性接触网相过渡的方式。

（2）安装范围。过渡段架空柔性接触网部分由车辆段承包商负责供货及安装，过渡段架空柔性接触网与接触轨之间的电连接电缆由车辆段承包商负责安装；过渡段接触轨部分由正线供电系统承包商负责安装调整。

（3）协作施工。积极与车辆段承包商联系，厘清接口关系，密切配合，完成三轨系统与柔性接触网过渡的安装及调整。

（4）安装要求。过渡段安装与车辆段承包商联合测量，按设计要求和分界点安装调整接触轨，积极配合车辆段承包商，配合施工，顺利地完成该过渡工程。

3.4.9 接触轨安装后的检测和运行前的验收

1. 接触轨状态的检测

在接触轨系统工程安装项目完成之后，竣工验收之前，将组织人员对安装的接触轨系统进行综合检测，检查接触轨系统的施工质量。检测可分为静态检测和动态检测两种，具体内容为检测接触轨系统的各种静态参数和动态参数，使之满足设计要求和验收标准。

（1）静态参数的检测。静态参数的检测主要包含以下检测项目：

1）标高检测。使用接触轨综合测量仪对接触轨的标高进行检测、调整，使其满足设计要求及验收标准。

2）侧面限界的检测。使用接触轨综合测量仪对接触轨的侧面限界进行检测、调整，使其满足设计要求及验收标准。

3）与轨面平行度的检测。使用接触轨综合测量仪对接触面与钢轨平面的平行度进行检测、调整，使其满足设计要求及验收标准。

4）接触轨接缝和钢带平滑度的检测。使用钢卷尺、水平尺、游标卡尺和塞尺等器具测量检查接触轨连接缝的大小和接触轨钢带平滑度是否满足设计要求和验收标准。

5）整体绝缘支架与接触轨面垂直度的检测。使用接触轨综合测量仪、钢卷尺和水平尺等工具检查整体绝缘支架与接触轨面的垂直度是否满足设计要求和验收标准。

（2）动态参数的检测。动态参数的检测主要是指通过限界检查、冷滑和热滑试验对三轨系统的工作状态进行检测，主要检测三轨系统限界、靴轨动态工作状态。

2．限界检查

（1）限界检测车的制作。依据限界设计施工图纸设计制作限界检测车，限界检测车在设计和制造时应充分考虑到各种形式的线路断面、各种设备允许的最大限界。限界检测车可调节限界尺寸的功能可适用于高架桥、隧道等多种线路断面，包括沿线各车站段和高架桥段及隧道段。限界检测车通过地铁公司组织的检测验收后方可投入使用。

（2）限界检查组织。限界检查车在限界检查前编组，检查车正常为逆向行驶，但不受正反向行驶的限制，限界检测车与轨道牵引车组成列车组，车辆按每小时5公里低速运行。

限界检查车设指挥员1人，行车引导员1人，操作员4人，测量超限员两人，记录员1人，牵引车司机1人。

限界检查由地铁建设事业总部组织，由沿线各系统、各车站承包商参加。

（3）限界检查范围。对沿线所安装的各种设备、车站站台、隧道净空及所有设施是否侵限进行检测，并报告侵限物的超限值。

根据以往限界检查的情况，主要侵限可能在沿线电缆支架、车站站台板、沿线临时线缆、隧道壁上安装的设备等。有的线路专门设置的紧急疏散平台也可能造成侵限。接触轨限界是本次限界检查的一个重点，并注意安装的隔离开关等设备底座是否侵限。

（4）限界检查

1）限界检查前先进行线路出清检查，所有沿线临时设施应全部清除。

2）限界检查分检查、复检、电客车运行前复检三次，第一次检查在三轨系统冷滑试验前进行。沿全线检查运营列车可能达到的所有地方的限界，检查车组以 5 km/h 的速度低速行驶。遇侵限物时，检测车应发出报警信号和侵限部位指示，停车对侵限处进行复测，记录侵限物的名称、位置、侵限值。全线检测完毕，将侵限记录汇总报地铁建设总部，发侵限整改单至相关单位并限期整改。

3）第一次限界检查所有侵限问题整改完毕后，进行第二次复核检查。电客车进入线路进行热滑前进行第三次限界复查，不允许有任何侵限情况存在。

3. 冷滑试验

（1）冷滑试验准备

1）安全接地检查：变电所受电后，检查所有与变电所相接的隔离开关都必须打开并已加锁，在隔离开关电源侧，挂接有明显标记的临时接地线，进行可靠接地。

2）限界检测：限界检测车对所有接触轨设备进行检测，解决所有的侵界问题。

3）冷滑车辆组织：包括轨道车和运营客车，轨道车牵引，运营客车试验。在运营客车集电靴处安装摄像监视设备。在运营客车内通过监视设备能观测到集电靴的运行状态的全貌，由专人监视记录和录像。

4）线路清障：冷滑试验前，将要开通的线路上的各种障碍全部拆除，使其满足冷滑试验车运行的要求。

（2）冷滑主要检查内容

1）检查接触轨标高、侧面限界值是否在设计允许范围内。

2）观测接触轨接缝是否平滑，有无突变或跳动。

3）检查接触面与轨面的平行度，不应出现偏磨现象。

4）检查集电靴通过膨胀接头、端部弯头时往返转换是否平滑接触，有无脱靴或刮靴的危险。

5）检查集电靴至接地体的距离是否符合规定。

6）检查从隔离开关到接触轨的电缆连接是否正确、稳固。

7）检查电连接电缆有无偏斜、刮靴现象。

8）检查有无其他设备或物体侵入接触轨限界。

（3）冷滑方式。冷滑试验分三次往返进行：

1）第一次冷滑速度为 5 km/h，检查每一处支撑点、电连接接头、端部弯头、膨胀接头、开关及引线连接、金具接地等所有部件，检查每处安装状态、绝缘距离、限界、过渡状态、标高、侧面限界值等。

2）第二次冷滑速度为 20 km/h，在第一次冷滑检查缺陷全部克服完成后进行，主要检查侧面限界值、电分段、断轨、线岔过渡、膨胀接头等的过渡状态。

3）第三次冷滑速度为 60 km/h，在前两次检查问题全部克服后进行，检测高速冷滑靴轨的运行状态，集电靴冷滑应平稳顺畅，与接触轨接触良好。

（4）冷滑试验后的调整。在冷滑试验后，用冷滑作业车组按问题记录单逐项检查调整，对存在问题的端部弯头、膨胀接头等过渡状态用集电靴检测调整，直至集电靴双向往返过渡平稳顺滑。

4．绝缘测试

（1）绝缘测试前应完成并检查确认下列工作：

1）隔离开关和所有绝缘支架已经全部清洁干净。

2）接触轨上所有临时接地线和所有临时措施均已全部撤除。

3）电动隔离开关设置在"当地控制"挡，全部隔离开关均应处于"打开"位置，并已全部上锁。

4）与牵引所相连的各隔离开关，在电源侧应挂有明显标记的临时接地线，且连接可靠。

5）接触轨上的临时设施、侵入的脚手架等设备已经全部撤除。

6）施工人员已全部撤离接触轨绝缘测试区段。

7）线路已巡视完毕，且无故障。

（2）测试工机具的准备。用低净空作业车沿线逐区段进行绝缘测试，准备 2 500 V 兆欧表两台，500 V 兆欧表 1 台，带夹子表线两条。扳手两套，备绝缘子 4 只。

（3）绝缘测试地点

1）各独立供电区段。

2）电分段处。

（4）绝缘测试方法

1）在接触轨与接地扁钢间串接 2 500 V 兆欧表进行绝缘测试，并保持 1 min。

2）在理想干燥的条件下，其绝缘电阻值应大于 $1.5\ M\Omega/km$；对困难、潮湿区段和供电电缆较长地段进行绝缘测试时，允许使用 500 V 兆欧表，最小绝缘电阻值应不小于 $0.1\ M\Omega$。

3）对测试不合格的区段应立即进行分析检查，采用分段排除法，找出故障点，排除故障后重新测试。

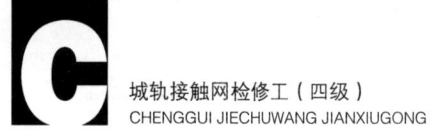

5. 接触轨受电

送电前应检查并确认下列各项：

（1）验收中及冷滑试验中发现影响送电的接触轨各项缺点已克服完毕。

（2）沿线侵入供电限界的有关障碍物已全部确认排除。

（3）所有临时保护接地线已全部拆除。

（4）各种标志、警示标均已安装齐全。

（5）送电通知已经张贴，各施工单位已经收到送电通知，各站进入线路的通道已由车站承包商封锁。

（6）隔离开关刀闸位置正确。

（7）轨回流电缆经检查确认已接通并接触良好。

（8）绝缘测试结果已通过送电小组确认，符合设计要求。

（9）送电前检查无误后，报告送电小组，由送电小组执行送电方案，向接触轨送电。

（10）接触轨送电后，在每个供电臂的末端采用验电器验电，当验电器的指示灯或鸣笛发出指示后证明该区段已送电成功。

6. 热滑及短路试验

（1）热滑试验。热滑试验由地铁公司组织，采用地铁运营列车进行热滑试验，在集电靴处安装摄像监测设备，监视全线集电靴的运行状态，特别是电分段、膨胀接头、断轨处的运行状态，摄像监测设备与三轨系统带电体之间保持电气绝缘距离。热滑试验往返三次，第一次列车运行速度为 35 km/h，第二次列车运行速度为 60 km/h，第三次为列车正常运行速度。对有火花的位置做好记录，热滑试验后进行检查处理。

（2）短路试验

1）牵引供电系统进行直流短路试验时，接触轨专业做好以下材料准备：

①配置截面积不小于短路试验规定值的接地线。

②配置临时短路用电连接接头，电连接接头与接触轨的接触面均匀涂抹导电油脂，电连接接头与接触轨的接触面积不小于短路试验规定值，并且接触稳固、导通良好。

2）接地线挂接时严格按安全操作规定执行：

①挂接时，先接好钢轨线夹，后接接触轨接地线夹。

②拆除时，先撤离接触轨线夹，后撤下钢轨线夹。

③操作时,操作人员穿绝缘鞋、戴绝缘手套。

3)严格按短路试验操作程序和指令执行。挂接好接地线后,经检查确认无误后,全体人员远离短路点至 20 m 以外,做好安全防护后,方可向短路试验小组报告,并监视短路点。在得到明确指令确认已停电且不再送电后,挂好临时接地棒后方可靠近短路点。

7. 工程验收

(1) 承包商自检和工程预验。分项、分部、单位工程完工后,首先由承包商组织进行自检。在自检的基础上确认该部分工程的合同内容已全部竣工,完成质量等级的自评定,并按业主规定备齐竣工文件材料后,报监理工程师审查批准组织进行工程预验。组织以项目经理为组长,由项目经理部、安质部、技术部和物资部组成的验收小组,由监理工程师主持进行全面自检。按验收组检查提出的整改意见,及时组织人力进行整改和完善。整改完毕后,验收组进行复验。验收组检查满意,通过工程预验后,以书面形式通知监理工程师,并送一份副本交业主备案(包括业主要求提供的电子文件)。

(2) 竣工初步验收。已完成预验并按整改意见修复完毕的分部或单位工程,以书面形式向监理工程师申请竣工初验验收报告。监理工程师对提出的初步验收要求进行预审,审查认为条件具备后,组织竣工验收会议。监理工程师组织对工程实体和竣工档案进行全面检查,提出整改意见。

对验收组提出的整改意见,及时组织力量进行整改,提前进行复检,直至验收组满意。监理工程师组织复查,合格后签发"竣工证书(初验)",作为竣工初验结束的依据。

(3) 竣工正式验收。对已经初步验收完成的合同全部项目工程,提交竣工正式验收申请及成套文件资料,驻地监理部审查该合同工程已具备竣工正式验收条件后,由业主确定进行正式验收。业主对工程实体和竣工档案检查认可后,签发"竣工证书(正式验收)",作为竣工正式验收结束的依据。

(4) 工程移交。合同范围内的工程内容全部通过竣工正式验收后,经监理工程师对现场实体和竣工资料复查合格后,签发工程移交证书,工程进入缺陷责任期。严格遵照业主制定的工程竣工验收管理办法及相关规定,做好工程验收和工程移交工作,及时按验收组提出的整改意见组织精干力量对缺陷进行整改,直至业主满意。

3.5 绝缘支座

3.5.1 绝缘支座的类型、结构、作用、材质

绝缘支座是接触轨系统中支撑接触轨并起绝缘作用的装置，一般分为绝缘子式、整体绝缘支架式和分体式绝缘支座。其中上部受流与下部受流的整体绝缘支座又不相同。

接触轨整体绝缘支架由玻璃纤维增强材料（GFRP 玻璃钢）采用 SMC 模压成型工艺制造。玻璃钢接触轨托架和绝缘支座的设计是通过各自接触面的齿槽咬合，经螺栓连接在一起的。齿槽咬合起垂直限位的作用，同时接触轨安装时可进行上下微调；接触轨托架与接触轨扣件也经螺栓连接成一整体，接触轨扣件设计成具有一定特殊结构，可防止接触轨扣件沿接触轨铺设方向左右摆动；绝缘支座的结构设计应使整体绝缘支架具有良好的受力性能，满足各种可能负荷出现的受力要求，绝缘支座的长孔可使整体绝缘支架在水平方向上有 30 mm 的调整余量，在垂直方向上有 40 mm 的调整余量，从而保证了接触轨的相关安装距离。

1 500 V 下部接触受流接触轨系统的整体绝缘支架由玻璃纤维增强树脂采用模压工艺制造。主要包括支架本体、接触轨托架、接触轨扣件（即卡爪），如图 3—33 所示。

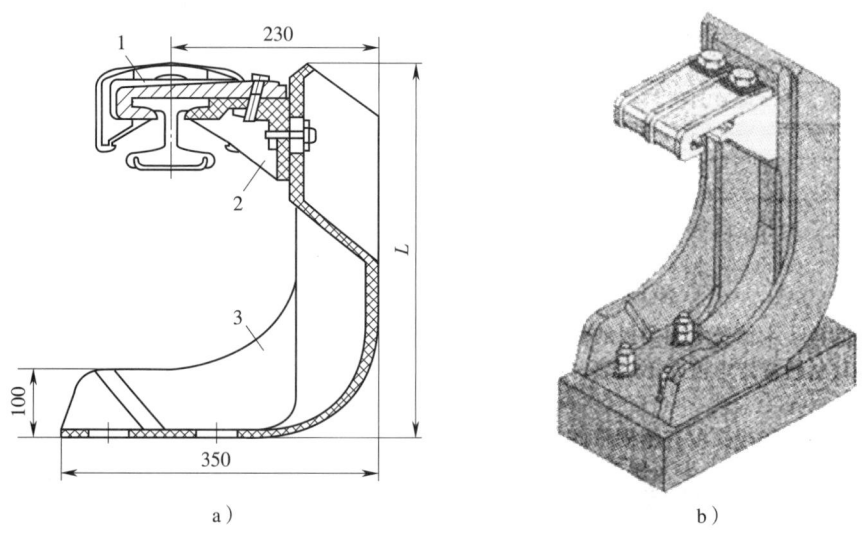

图 3—33 下接触式整体绝缘支架式绝缘支座

a）结构图　b）效果图

1—卡爪　2—托架　3—支架本体

3.5.2 整体绝缘支架的检修维护

1．范围

对绝缘支架、支架底座进行全面详细的检查，包括紧固螺栓、支架底座、绝缘支架及连接螺栓等，对松动、不符合要求的进行维护处理。

2．内容

（1）检查绝缘支架紧固螺栓是否紧固，有无松动。

（2）检查绝缘支架有无变色、表层剥落、裂纹及其他异常现象。

（3）检查绝缘支架底座有无镀锌层脱落、锈蚀现象。

（4）检查绝缘支架与接触轨的对正情况。

3．质量标准

（1）整体绝缘支架无损伤变形等。紧固件齐全，安装牢固可靠，各连接螺栓的紧固力矩满足设计要求，卡爪及托架固定螺栓力矩均为 44 N·m。

（2）整体绝缘支架纵向轴线垂直于线路中心线，横向轴线平行于线路中心线。

（3）整体绝缘支架以及接触轨托块的防滑齿完好，同时齿间正确咬合。

（4）接触轨托块和卡爪完好无损坏，其横向轴线应平行于线路中心线，以满足接触轨能顺线路方向顺畅滑动的要求。

（5）各镀锌螺栓无变形，镀锌层和螺纹完好，预留调节余量满足设计要求，螺栓外露部分要涂抹防腐油。

3.5.3 绝缘支座的维修方法

1．绝缘支座倾斜时，观察判断倾斜的原因，如果是由于中锚绝缘支座受力不均等引起，宜把该锚段调顺，使中锚绝缘支座恢复正常，若支座出现裂纹应进行更换，如果是由于接触轨伸缩时接触轨扣件卡滞引起，则调整接触轨扣件，把绝缘支座调正。

2．绝缘支座有裂纹，影响使用时应更换。

3．按规定清扫绝缘支座。

4．紧固件的检查调整。首先检查各防松标记是否有变化，无变化时可不作调整，有变化时需把防松标记擦除，重新用力矩扳手按规定的力矩紧固，然后再用油漆标记笔画上防松标记。

5．锚固螺栓的检查处理。底座螺栓基础出现异常，螺栓受力不能保证要求时，可按规定改移该支座。

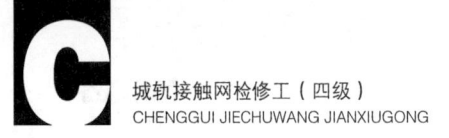

技能要求

接触线拉出值调整

操作准备

调整在准备方面以检调工器具为主:接地棒、验电器、常用扳手、0.75 t 手扳葫芦、绳子、激光测距仪、手电筒、安全用具、钩头扳手、车梯、钢卷尺、扭面器等。

操作步骤

步骤 1 申请要令,电调下达准许作业的命令后,验电接地。

步骤 2 将梯车推到调整的定位点处。测量拉出值,正定位时读数为正,反定位时读数为负。

步骤 3 拉出值调整。

(1) 直线区段,接触线的横向受力比较小,一般用手推就可以卸去定位器的受力,调整时将定位器线夹卸松,移动支持器或定位环线夹,使导线拉出值达到标准后,将卸松的线夹紧固。

(2) 曲线区段,定位器受力较大,调整拉出值需用 0.75 t 手扳葫芦进行;其调整步骤如下:

1) 将 0.75 t 手扳葫芦挂在支柱的适当位置,滑轮绳绑在定位点处的导线上,由辅助人员拉绳至定位器不受力为止。

2) 定位器线夹卸松,移动支持器或定位环线夹,使导线拉出值达到标准后,将卸松定位器线夹紧固。

3) 当调整完毕后,放松滑轮绳进行复测,使拉出值达到标准后卸去 0.75 t 手扳葫芦。

步骤 4 作业完毕后,测量该处的拉出值是否达到要求。

步骤 5 工作结束,工作负责人对人员、工器具及材料进行清点,拆除接地线后撤离现场。

步骤 6 消令登记。

步骤 7 工作完毕后回基地填写相应的报表。

操作要求

1. 拉出值误差为 ±30 mm。

2. 定位管坡度为 1/10 ~ 1/5。

3. 定位管露头为 20~50 mm。

4. 双接触线的两线间距为 40 mm。

5. 定位器应处于受拉状态。

6. 定位管不应有锈蚀情况；各个螺栓应能达到紧固力矩。

导线高度调整

操作准备

调整在准备方面以检调工器具为主：接地棒、验电器、常用扳手、0.75 t 手扳葫芦、绳子、手电筒、安全用具、钩头扳手、车梯、激光测距仪、钢卷尺、扭面器等。

操作步骤

步骤 1　申请要令，电调下达准许作业的命令后，验电接地。

步骤 2　将梯车推到调整的定位点处。

步骤 3　导高测量。

(1) 将测量杆挂于靠近定位线夹的接触线上。

(2) 测量点下方钢轨上放置一道尺，使道尺与线路垂直。

(3) 将激光测距仪置于道尺上。

(4) 打开激光，使得红点对准导线底面中央处。

(5) 读出读数，加上道尺高度即为导线高度。

步骤 4　导高调整。

(1) 调整前应先对导线及承力索的补偿张力、拉出值、吊弦偏移和定位器、腕臂偏移及倾斜度等进行复核，使之符合要求。

(2) 取下旧吊弦。

(3) 将新吊弦（下端未压接）更换上，通过调整吊弦高度来测量导线高度是否适合，达到要求后进行压接。

步骤 5　工作结束，工作负责人对人员、工器具及材料进行清点，拆除接地线后撤离现场。

步骤 6　消令登记。

步骤 7　工作完毕后回基地填写相应的报表。

注意事项

1. 先使第一吊弦点达到设计高度，注意必须使相邻吊弦起一定的辅助作用。

2. 将其他吊弦松开,调整最低吊弦达到规定的高度。
3. 安装其他吊弦,使其平滑受力。
4. 复核各悬挂点的高度,使其均达到规定的高度设计值。
5. 用导线扭面器校正接触线工作面。

技术要求

接触线的高度应符合设计要求,两定位点之间的导高允许误差为 ±20 mm。

刚性设备调整

可参考第 2 章的技能要求"刚性接触网设备的安装"。

接触轨垂直高度、水平距离的测量

操作准备

接触轨测量尺、钢卷尺、作业报表,如图 3—34 所示。

图 3—34 接触轨垂直高度、水平距离的测量工具准备

操作步骤

步骤 1 测量用具的检查

接触轨测量尺外观检查：测量尺本体完整无破损，数值表读数清晰，并查看测量尺本体上的合格证日期是否在规定的时间内。接触轨检测尺的刻度清晰、准确；测量前必须保证刻度在初始值。

步骤 2 测量

测量接触轨的垂直高度、水平距离的测量：测量尺必须与被测的接触轨受流面中轴线垂直，测量完毕后将读数记录于作业报表内。接触轨垂直高度的测量如图 3—35 所示，接触轨中心线距线路中心水平距离的测量如图 3—36 所示。

图 3—35 接触轨垂直高度的测量

图 3—36 接触轨中心线距线路中心水平距离的测量

技术标准

接触轨垂直高度为（200±5）mm，接触轨水平距离为（1 550±5）mm，如图 3—37 所示。

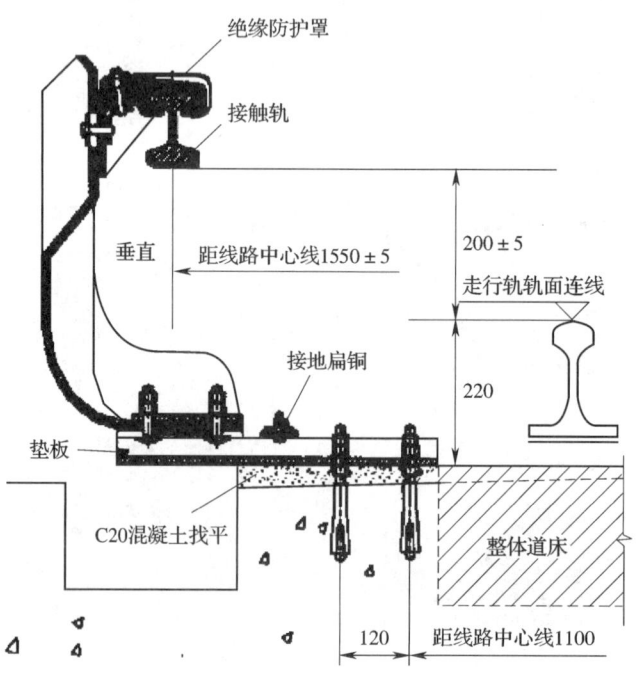

图 3—37 测量技术标准

本章测试题

一、判断题（将判断结果填入括号中，正确的填"√"，错误的填"×"）

1. 制定接触网周期修维修制度的依据是设备的磨损理论和老化规律，并据此制定修程。（　　）

2. 带电金属对水泥构件的绝缘限界检查要求为 1 100 mm。（　　）

3. 接触线大修项目周期按规定的磨耗限度。（　　）

4. 定位器是由镀锌钢管、套筒焊接而成。（　　）

5. 正定位是指拉出值拉向支柱一侧，此时定位器受拉，拉力产生的弯矩使定位器有向下的趋势，当电动列车受电弓通过定位点时，该点向上抬升，弹性较好。（　　）

6. 软定位能承受拉力，也能承受压力。（　　）

7. 吊弦按在跨中位置的不同分为普通环节吊弦、支柱定位处吊弦、软横跨吊弦、隧道内直吊弦、防风吊弦等。（　　）

8. 整体吊弦的吊弦载流环长度为（200±10）mm。（　　）

9. 承力索和接触线的架设在经过多个跨距之后必须在两个终端加以固定，称为终锚。（　　）

10. 带变化的鼓轮式张力补偿装置具有防止接触悬挂断线的作用。（　　）

二、单项选择题（选择一个正确的答案，将相应的字母填入题号内的括号中）

1. 对于非绝缘锚段关节，（　　），是锚段关节处多发故障的主要原因。

    A. 拉出值调整不当　　　　　　B. 接触线有硬点

    C. 工作支抬高量不足　　　　　D. 非工作支抬高量不足

2. 接触网的非常规检查包括（　　）。

    A. 清扫绝缘子　　　　　　　　B. 自然灾害过后巡查

    C. 下锚 a、b 检查　　　　　　D. 导高测量

3. 为了使定位管保持水平，一般用两条斜线拉线将定位管吊住，固定在（　　）上。

    A. 接触线　　　B. 承力索　　　C. 吊弦　　　D. 腕臂

4. 在定位点处保证接触线与电动列车受电弓滑板中心线有一定（　　）。这个在直线区段叫作接触线的之字值，在曲线区段就是拉出值。

    A. 距离　　　B. 纵向水平分力　　　C. 横向水平分力　　　D. 偏移量

5. 半补偿时，接触线带补偿器，多采用（　　）组结构。
   A. 一个滑轮　　　B. 两个滑轮　　　C. 三个滑轮　　　D. 四个滑轮

本章测试题答案

一、判断题

1. √　2. √　3. √　4. ×　5. ×　6. ×　7. √　8. ×　9. ×
10. ×

二、单项选择题

1. D　2. B　3. B　4. A　5. B

理论知识考试模拟试卷及答案

城轨接触网检修工（四级）理论知识试卷

注 意 事 项

1. 考试时间：60 min。
2. 请首先按要求在试卷的标封处填写您的姓名、准考证号和所在单位的名称。
3. 请仔细阅读各种题目的回答要求，在规定的位置填写您的答案。
4. 不要在试卷上乱写乱画，不要在标封区填写无关的内容。

	一	二	总分
得分			

得 分	
评分人	

一、判断题（第 1~30 题。请将判断结果填在题后的括号中，正确的填"√"，错误的填"×"。每题 1 分，共 30 分）

1. 支柱按功能分为中间柱、转换柱、锚柱、软横跨柱、桥柱等。（　）
2. 拉线基础基坑开挖时严格按规定尺寸进行，下锚方式与基础型号相对应，当基坑位于路基边坡时，基坑深度以最低点量取。（　）
3. 预制拉线，一般采用皮尺实测拉线长度。（　）
4. 支柱负荷越大，支柱基础底面处所受的负荷也越大。（　）
5. 所谓接触网结构中的支持装置是指用以支持接触网悬挂并将其重量传递给支柱或其他建筑物的结构。（　）
6. 腕臂安装在支柱上，用以定位接触悬挂，并起传递负荷的作用。（　）
7. 腕臂的选用应保证其技术要求，并力求经济合理。（　）
8. 腕臂及水平拉杆通过绝缘子对地绝缘。（　）
9. 弓形腕臂形式的悬挂属简单悬挂方式。（　）

10. 腕臂不能有弯曲、永久性变形、严重锈蚀和裂纹。（ ）

11. 中心锚结的作用是为了防止由于各种原因而使导线向一侧滑动，从而保证了接触线有良好的工作状态。（ ）

12. 在绝缘锚段关节和非绝缘锚段关节处，两组接触悬挂在机械方面是相互联系的。（ ）

13. 绝缘子表面应无污渍和积灰。（ ）

14. 绝缘锚段关节中心柱处的两定位处等高。（ ）

15. 对接触网的检修工作要进行综合安排，对测量和检查出的缺陷，除危及安全需及时整修外，应尽量将各种调整、修换的工作有机地结合进行，减少停电时间和停电范围，提高检修效率。（ ）

16. 在直接带电作业过程中，人员必须保持与接触网等电位，同时必须保证人体对地的绝缘。（ ）

17. 线岔始触点刮弓、线岔是站场接触网的关键设备之一，数量多，情况复杂，条件各异，是事故多发的重要部位。（ ）

18. 隧道内的直吊弦一般由两节组成，第一节采用固定的吊弦长度，第二节做成可调节长度。（ ）

19. 承力索和接触线的架设，经过多个跨距之后必须在两个终端加以固定，称为终锚。（ ）

20. 弹簧式补偿装置能较好地保持强力恒定，且动作范围不受限。（ ）

21. 补偿装置在进行接触网设计时，a、b 值不小于 300 mm。（ ）

22. 接触悬挂高度变化相对于时间的变化曲线称为接触悬挂的动态特性。（ ）

23. 多链形接触悬挂包括承力索在内具有两条辅助索。（ ）

24. 接触网架设后，施工现场的数据（导高、之字值等）和技术参数有一定的误差，因此需要对架设后的接触网进行调整。（ ）

25. 汇流排伸缩部件能在一定范围内自由伸缩，同时又能满足机械性能的要求。（ ）

26. 汇流排接头既要保证被连接的两根汇流排机械上良好对接，又要有足够大的接触电阻，确保导电性能良好。（ ）

27. 刚性悬挂中心锚结的主要作用是防止接触悬挂窜动。（ ）

28. 隧道内刚性悬挂接触线工作支悬挂点距轨面连线的高度一般为 4 040 mm，最低不得低于 4 000 mm。（ ）

29. 刚性架空接触网的锚段关节由平行布置的两汇流排组成,汇流排重叠区域的长度为 6.6 m。（　　）

30. 绝缘锚段关节两支悬挂的拉出值一般分别为 ±200 mm。（　　）

得　分	
评分人	

二、单项选择题（第 1~70 题。请选择一个正确的答案,将相应的字母填入题内的括号中,每题 1 分,共 70 分）

1. 黏性土按工程地质可分为（　　）、一般黏土、淤泥和淤泥质土、红黏土四种。
   A. 老黏土　　　　B. 新黏土　　　　C. 硬黏土　　　　D. 软黏土

2. 里程标有公里标、半公里标和（　　）。
   A. 百米标　　　　B. 万米标　　　　C. 厘米标　　　　D. 微米标

3. （　　）主要观察接触悬挂及其支撑装置和定位装置的状态。
   A. 昼间步行巡视　B. 夜间步行巡视　C. 登车巡视　　　D. 车梯巡视

4. （　　）的主要内容是巡视绝缘部件无破损和烧伤情况；补偿装置无损坏,转动灵活、无卡滞；a/b 值范围；回流和接地连接良好；无因外界施工、绿化树木等侵入接触网限界情况。
   A. 步行巡视　　　B. 车梯巡视　　　C. 登电客车巡视　D. 检测车巡视

5. 支柱和基础是用以承受接触悬挂和支持装置的（　　）,并将接触悬挂固定在规定的高度。
   A. 力矩　　　　　B. 负荷　　　　　C. 重量　　　　　D. 力

6. 支柱按其（　　）可分为中间柱、转换柱、中心柱、锚柱、定位柱、道岔柱、软横跨柱、硬横跨柱和桥柱等。
   A. 用途　　　　　B. 名称　　　　　C. 受力状况　　　D. 位置

7. 单腕臂柱结构形式上下行接触网（　　）相互独立。
   A. 电气　　　　　B. 机械　　　　　C. 位置　　　　　D. 电气与机械

8. 门形架两支柱中心线连线应与线路中心线（　　）。
   A. 平行　　　　　B. 垂直　　　　　C. 相交　　　　　D. 重合

9. 在曲线地段,支柱应设置在曲线外侧；缓和曲线上,支柱应设在线路（　　）。
   A. 内侧　　　　　B. 外侧　　　　　C. 内侧或外侧　　D. 以上都不对

10. 支柱侧面限界是指轨面处（　　）与线路中心的距离。
   A. 支柱外侧　　　B. 支柱内侧　　　C. 支柱中心线　　　D. 支柱位置

11. 钢筋混凝土支柱的支柱容量是指支柱的（　　）所能承受的最大许可弯矩值。
   A. 地面处　　　B. 轨面高度处　　　C. 上腕臂固定处　　　D. 顶端

12. 钢支柱从用途分可分为（　　）、桥支柱、软横跨支柱和硬横跨支柱。
   A. 腕臂柱　　　B. 绝缘柱　　　C. 支撑柱　　　D. 以上都不对

13. 反向腕臂能够在满足定位器（　　）的要求下固定定位器。
   A. 受压　　　B. 定位　　　C. 固定　　　D. 受拉

14. 在中间支柱上，至安装（　　）腕臂，悬吊接触悬挂。
   A. 1个　　　B. 2个　　　C. 3个　　　D. 4个

15. 绝缘腕臂的外径一般为（　　）。
   A. 38 mm 和 50 mm　　　B. 48 mm 和 60 mm
   C. 58 mm 和 70 mm　　　D. 68 mm 和 80 mm

16. 两相邻悬挂点等高相对差不得大于（　　）。
   A. 10 mm　　　B. 15 mm　　　C. 20 mm　　　D. 25 mm

17. 中心锚结拉线拉力应均衡适度，两端拉力应一致，中锚点（　　）。
   A. 不能出现弛度　　　　　　B. 不能出现正弛度
   C. 不能出现负弛度　　　　　D. 能出现弛度

18. 线岔处接触线的定位为（　　）定位。
   A. 标准　　　B. 非标准　　　C. 简单　　　D. 以上都不对

19. 电连接线夹与汇流排安装后滑动荷重应不小于（　　）。
   A. 1.0 kN　　　B. 2.0 kN　　　C. 3.0 kN　　　D. 4.0 kN

20. 安装于接触悬挂与隔离开关之间的是（　　）。
   A. 隔离开关电连接　　　　　B. 锚段关节电连接
   C. 股道电连接　　　　　　　D. 横向电连接

21. 锚段关节电连接器安装在（　　）。
   A. 承力索和接触线之间　　　B. 锚段关节处
   C. 道岔处　　　　　　　　　D. 股道间

22. （　　）是对接触网设备进行清扫、除锈、涂油、检查、调整、零部件更换等，以保持和恢复接触网的正常技术状态。
   A. 巡视　　　B. 清扫　　　C. 检测　　　D. 检修

23. （　　）的项目为巡视、检测、检修中发现影响电客车运行的较大缺陷。

A. 定期检修　　　　B. 临时检修　　　　C. 定期巡视　　　　D. 临时巡视

24. 螺栓检查和紧固的检查周期是每（　　）个月一次。

A. 1　　　　　　　B. 3　　　　　　　C. 6　　　　　　　D. 12

25. 试车线直线段接触网的拉出值为（　　）。

A. ±200 mm　　　B. ±250 mm　　　C. ±300 mm　　　D. ±400 mm

26. （　　）属于大修内容。

A. 成批更换磨耗、损坏到限的接触线

B. 对磨损、锈蚀到限的接触线进行整修、补强或局部更换

C. 对接触网进行检测、清扫、涂油

D. 对损坏的零部件进行修换

27. （　　）的核心是实施严格的技术维护措施，即严格按相应设备技术标准进行相应的检修，使设备达到和恢复既有功能及标准。

A. 状态修　　　　B. 周期修　　　　C. 大修　　　　　D. 小修

28. （　　）负责直接实施状态修的各项计划、标准、措施以及落实状态修的程序控制和质量控制的循环管理。

A. 技术室　　　　B. 领工区　　　　C. 工区　　　　　D. 财务室

29. （　　）的作用是确定受电弓与接触网的系统功能，它是通过接触网检测车、巡检车的运行检测来实现有关项目及技术参数的检查。

A. 状态检查　　　B. 功能检查　　　C. 非常规检查　　　D. 全面检查

30. 定位装置要承担接触线水平负载，并将其传递给（　　）。

A. 支柱基础　　　B. 吊弦　　　　　C. 承力索　　　　D. 腕臂

31. 定位装置由定位管、（　　）、定位线夹及连接零件组成。

A. 支柱基础　　　B. 定位器　　　　C. 吊弦　　　　　D. 腕臂

32. 普通定位器是用（　　）加工制成的，尾部焊有定位钩。

A. 镀锌钢管　　　B. 铁管　　　　　C. 铜管　　　　　D. 铝管

33. 特型定位器多用于（　　）。

A. 地面段定位和多线路腕臂支柱　　　B. 地面段定位和单线路腕臂支柱

C. 隧道定位和单线路腕臂支柱　　　　D. 隧道定位和多线路腕臂支柱

34. 定位方式一般有正定位、反定位、软定位、（　　）及单拉定位等。

A. 上部定位　　　B. 中部定位　　　C. 下部定位　　　D. 组合定位

35. 正定位安装是由定位器的一端利用定位线夹固定接触线,另一端通过（　　）与定位管衔接,定位管又通过定位环固定在腕臂上。

　　A. 绝缘子　　　　B. 吊弦　　　　C. 腕臂　　　　D. 定位环

36. （　　）用于曲线半径 R 小于 1 000 m 的区段。

　　A. 正定位　　　　B. 反定位　　　　C. 硬定位　　　　D. 软定位

37. 软定位安装中,弯管定位器通过（　　）股定位拉线固定在绝缘腕臂上的定位环里。

　　A. 1　　　　B. 2　　　　C. 3　　　　D. 4

38. 限抬定位器中的限位间隙的施工允许偏差为（　　）。

　　A. ±1 mm　　　　B. ±2 mm　　　　C. ±3 mm　　　　D. ±4 mm

39. 在定位管与腕臂管间安装防风支撑装置,使定位管与腕臂间有一刚性连接固定,遇较大风力时,能有效限制接触线的（　　）,从而达到消除风力引起弓网故障的目的。

　　A. 抬高　　　　B. 硬点　　　　C. 弹性　　　　D. 偏移

40. 通过调节（　　）可以保证接触悬挂的结构高度和接触线距轨面的工作高度。

　　A. 吊弦　　　　B. 接触线　　　　C. 承力索　　　　D. 定位器

41. 普通环节吊弦在链形悬挂中应用相当广泛,采用直径 4 mm 的（　　）制成环节型。

　　A. 铜线　　　　B. 镀锌铁线　　　　C. 铝线　　　　D. 塑料线

42. 动滑轮（　　）。

　　A. 不可以改变受力方向　　　　B. 不可以省力
　　C. 不可以移动位置　　　　D. 改变受力方向、省力和移动位置

43. 坠砣块一般采用（　　）制成,每块约重 25 kg。

　　A. 铜　　　　　　　　　　　　B. 铝
　　C. 混凝土或灰口铸铁　　　　　D. 塑料

44. 补偿绳卷绕大小圈的总圈数为（　　）。

　　A. 1 圈　　　　B. 2 圈　　　　C. 3 圈　　　　D. 4 圈

45. 张力补偿装置的 a、b 值应符合安装曲线图,最小不能小于（　　）。

　　A. 100 mm　　　　B. 150 mm　　　　C. 200 mm　　　　D. 250 mm

46. 承力索的接头是指对承力索进行（　　）的一种特殊安装结构形式。

　　A. 纵向电气连接　　　　　　　B. 纵向机械连接

C. 横向电气连接　　　　　　　　D. 纵向机械和电气连接

47. 使用钢线卡子进行补强线与被补强承力索固定时，断股头两侧的钢线卡子应各安装（　　）个。

A. 1　　　　B. 2　　　　C. 3　　　　D. 4

48. 一个锚段内接触线接头和补强线段的总数不得超过：锚段长度在 800 m 及以下时为 4 个；锚段长度超过 800 m 时为（　　）。

A. 6 个　　　B. 8 个　　　C. 10 个　　　D. 12 个

49. 电气磨耗是由于运行中受电弓与接触线接触不良或受电弓（　　）等情况引起的电火花或电弧而造成的接触线蚀耗。

A. 电弧　　　B. 烧熔　　　C. 摩擦或冲击　　　D. 离线

50. 接触悬挂中的承力索和接触线在延续到一定的长度后分成为一个个相互独立的线段，这些相互独立的线段即为接触网的（　　）。

A. 电气分段　　B. 机械分段　　C. 供电线段　　D. 补偿线段

51. 接触悬挂是由承力索、接触线、吊弦及其相连接的（　　）组成的，它是以跨距为周期长度重复出现的连续系统。

A. 悬挂装置　　B. 支持装置　　C. 定位装置　　D. 机械装置

52. 受电弓沿接触线滑行的整个过程中，受电弓对接触线的压力（　　）。

A. 呈动态变化　　　　　　　　B. 呈静态变化
C. 呈波动状态　　　　　　　　D. 连续保持不变

53. 接触线在（　　）位置与悬挂点水平连线的距离称为弛度。

A. 悬挂点　　B. 跨距最低点　　C. 跨距中央　　D. 跨距最高点

54. 在一个锚段内，（　　）变化而发生变化的。

A. 张力是随弛度　　　　　　　B. 弛度是随张力
C. 张力与弛度是各自　　　　　D. 张力与弛度随电流

55. 链形悬挂可以在某一温度下使接触线处于（　　）状态，使接触线至轨面保持相等的高度。

A. 正弛度　　B. 负弛度　　C. 无弛度　　D. 张力

56. 弹性链形悬挂可提高支柱点处的弹性，减少支柱点处和跨距中部（　　）差距，提高接触悬挂的弹性均匀程度。

A. 张力　　　B. 弛度　　　C. 弹性　　　D. 导高

57. 未补偿链形悬挂所有线索（　　）。

A. 一端硬锚、一端补偿下锚

B. 两端均为硬锚

C. 两端均为弹簧下锚

D. 一端可调螺栓下锚、一端液气补偿

58. 全补偿链形悬挂在温度和（　　）变化时，各线索的张力保持不变。

A. 负荷　　　　B. 电流　　　　C. 受电弓抬力　　　　D. 拉出值

59. 刚性架空接触网是将传统的接触线夹装在汇流排中，用汇流排取代了承力索，汇流排的当量铜截面为（　　）。

A. 1 000 mm^2　　B. 1 200 mm^2　　C. 1 400 mm^2　　D. 1 600 mm^2

60. 刚性架空接触整个悬挂布置成正弦波的形状，一个锚段形成半个正弦波，各悬挂点与受电弓中心的距离一般不大于（　　）。

A. 100 mm　　B. 200 mm　　C. 300 mm　　D. 350 mm

61. 地下段架空接触网一般可以采用（　　）。

A. 刚性悬挂方式　　　　　　　　B. 柔性悬挂方式

C. 刚性或柔性悬挂方式　　　　　D. 都不能使用

62. 跨中弛度不得大于跨距值的1‰，且不应出现（　　）。

A. 正弛度　　B. 负弛度　　C. 弛度　　D. 拉出值

63. 汇流排终端到相邻悬挂点的距离为（　　），允许误差：+200 mm；-100 mm。

A. 600 mm　　B. 750 mm　　C. 1 200 mm　　D. 1 800 mm

64. 汇流排燕尾槽处单边张开2.2 mm最多次数为（　　）。

A. 5次　　B. 10次　　C. 15次　　D. 20次

65. 汇流排的导高误差范围控制在（　　）以内。

A. 1 mm　　B. 2 mm　　C. 3 mm　　D. 4 mm

66. 贯通式刚柔过渡处两支刚性悬挂接触线应等高，两支悬挂点的拉出值±100 mm，间距为（　　），允许误差为±20 mm。

A. 100 mm　　B. 150 mm　　C. 200 mm　　D. 250 mm

67. 刚性悬挂的槽钢底座、悬吊槽钢、绝缘横撑、悬垂吊柱、T形头螺栓等构件无变形，镀锌层完整，应有不少于（　　）的调节余量。

A. 5 mm　　B. 10 mm　　C. 15 mm　　D. 20 mm

68. 刚性接触线拉出值最大的调整范围是（　　）。

A. ±5 mm　　B. ±10 mm　　C. ±15 mm　　D. ±20 mm

69. 架设刚性接触线的顺序是（　　）。
A. 安装架线小车、安装注油器、注油、接触线导入汇流排、终端处理
B. 安装注油器、安装架线小车、接触线导入汇流排、注油、终端处理
C. 安装注油器、安装架线小车、注油、终端处理、接触线导入汇流排
D. 安装注油器、安装架线小车、注油、接触线导入汇流排、终端处理

70. 刚性接触线放线速度与滑引速度相应，放线速度建议为（　　）。
A. 1 km/h　　　　B. 2 km/h　　　　C. 4 km/h　　　　D. 8 km/h

城轨接触网检修工（四级）理论知识试卷答案

一、判断题（第1～30题。请将判断结果填在题后的括号中，正确的填"√"，错误的填"×"。每题1分，共30分）

1. √ 2. √ 3. √ 4. × 5. × 6. × 7. √ 8. √ 9. ×
10. √ 11. √ 12. × 13. √ 14. √ 15. √ 16. √ 17. √ 18. √
19. × 20. × 21. √ 22. √ 23. √ 24. × 25. × 26. × 27. √
28. √ 29. √ 30. ×

二、单项选择题（第1～70题。请选择一个正确的答案，将相应的字母填入题内的括号中，每题1分，共70分）

1. A 2. A 3. C 4. A 5. B 6. A 7. D 8. B 9. B
10. B 11. A 12. A 13. D 14. A 15. B 16. C 17. C 18. B
19. B 20. A 21. B 22. D 23. B 24. D 25. C 26. A 27. A
28. C 29. B 30. D 31. B 32. A 33. D 34. D 35. B 36. D
37. B 38. A 39. D 40. A 41. B 42. C 43. C 44. D 45. C
46. D 47. C 48. B 49. C 50. B 51. C 52. D 53. C 54. B
55. C 56. C 57. B 58. A 59. C 60. B 61. C 62. B 63. D
64. B 65. C 66. C 67. C 68. B 69. D 70. B

操作技能考核模拟试卷

注 意 事 项

1. 考生根据操作技能考核通知单所列的试题,好好考试准备。
2. 请考生仔细阅读试题单中具体考核内容和要求,并按要求完成操作。
3. 操作技能考核时要遵守考场纪律,服从考场管理人员指挥,以保证考核安全顺利地进行。

注:操作技能鉴定试题评分表及答案是评考员对考生考核过程及考核结果的评分记录表,也是评分依据。

国家职业资格鉴定
城轨接触网检修工(四级)操作技能考核通知单

姓名:

准考证号:

考核日期:

试题1

试题代码:1.2.3。

试题名称:补偿装置的维护。

考核时间:10 min。

配分:20分。

试题2

试题代码:2.1.5。

试题名称:接触网水平腕臂绝缘子的更换。

考核时间:25 min。

配分:40分。

试题 3

试题代码：3.2.4。

试题名称：刚性悬挂导高、拉出值、槽钢水平度的调整。

考核时间：25 min。

配分：20 分。

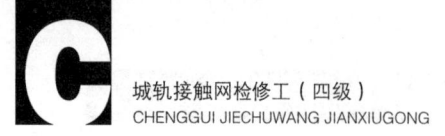

城轨接触网检修工（四级）操作技能鉴定试题单

试题代码：1.2.3。

试题名称：补偿装置的维护。

考核时间：10 min。

1. 操作条件

(1) 柔性接触网线路停役。

(2) 补偿装置状态待维护。

2. 操作内容

(1) 检查补偿装置状态。

(2) 对补偿装置进行维护。

3. 操作要求

(1) 正确选择和使用工器具。

(2) 检查项目不缺项。

(3) 维护项目不缺项。

(4) 维护后使设备满足技术要求。

城轨接触网检修工（四级）操作技能鉴定试题评分表及答案

考生姓名：　　　　　　　　　准考证号：

1. 试题评分表

试题代码及名称			1.2.3 补偿装置的维护		考核时间				10 min
评价要素		配分	等级	评分细则	评定等级				得分
					A	B	C	D	E	
1	检查项目完整	5	A	检查项目不缺项						
			B	检查项目缺一项						
			C	检查项目缺两项						
			D	检查项目缺三项						
			E	检查项目缺三项以上						
2	维护项目完整	5	A	维护项目不缺项						
			B	维护项目缺一项						
			C	维护项目缺两项						
			D	维护项目缺三项						
			E	维护项目缺三项以上						
3	维护后技术状态	10	A	维护后符合技术标准						
			B	一项不符合技术标准						
			C	两项不符合技术标准						
			D	三项不符合技术标准						
			E	三项以上不符合技术标准						
合计配分		20		合计得分						

考评员（签名）：

等级	A（优）	B（良）	C（一般）	D（合格）	E（差）
比值	1.0	0.8	0.6	0.4	0

"评价要素"得分＝配分×等级比值

2. 参考答案

(1) 检查项目

1) 检查坠砣数量、状态,校核补偿张力。

2) 检查坠砣组与限制装置的活动是否灵活、是否有卡滞现象。

3) 检查补偿滑轮及棘轮的活动是否灵活,补偿绳在棘轮上的布置是否符合要求。

4) 检查补偿绳是否有损伤、锈蚀现象及其防腐情况。

5) 检查断线制动装置是否可靠、灵活。

6) 检查"a""b"值是否符合要求。

7) 检查补偿滑轮、平衡板、调节螺栓等的状况。

8) 紧固螺栓、涂油等。

(2) 维护项目及技术标准

1) 补偿器坠砣块叠码整齐,每块坠砣做防锈处理,其总重量符合规定标准,相差不超过2.5%,限制、制动部件作用良好。

2) 运行中补偿器的 a 值(上部坠砣导环至限制管顶端支架的距离)符合安装曲线的要求,在极限温度下不得小于 200 mm;b 值(下部坠砣导环至限制管底端支架的距离)在极限温度下不得小于 200 mm。

3) 补偿棘轮转动灵活,坠砣升降自如。限制管呈铅垂状态,其长度和安装符合规定。

4) 棘轮补偿绳的长度要保证坠砣在极限温度范围内自由伸缩。补偿绳不得有接头和断股。补偿绳在棘轮上的圈数符合要求,缠绕正确,不得有相互叠压现象。

5) 断线制动装置制动可靠,棘轮与舌簧间的间隙(棘轮齿尖与舌簧的最小距离)及其误差要符合规定,且能适应温度的变化要求。

城轨接触网检修工（四级）操作技能鉴定试题单

试题代码：2.1.5。

试题名称：接触网水平腕臂绝缘子的更换。

考核时间：25 min

1. 操作条件

（1）柔性接触网线路停役。

（2）两人辅助推梯车。

2. 操作内容

（1）选择更换绝缘子所需要的工具和材料。

（2）取下旧绝缘子。

（3）更换新绝缘子。

（4）收工具和清理场地。

3. 操作要求

（1）正确选择和使用工器具（含安全器具）。

（2）完成一处户外水平腕臂绝缘子的更换。

（3）调整新装绝缘子及相关设备状态，使之满足运行技术要求。

城轨接触网检修工（四级）

城轨接触网检修工（四级）操作技能鉴定试题评分表及答案

考生姓名：　　　　　　　　准考证号：

1. 试题评分表

试题代码及名称			2.1.5 接触网水平腕臂绝缘子的更换						考核时间	25 min
评价要素		配分	等级	评分细则	评定等级					得分
					A	B	C	D	E	
1	选择工器具及材料	10	A	主要工具、安全工具、测量工具符合要求						
			B	主要工具、安全工具、测量工具缺或错一项						
			C	主要工具、安全工具、测量工具缺或错二项						
			D	主要工具、安全工具、测量工具缺或错三项						
			E	主要工具、安全工具、测量工具缺或错三项以上						
2	作业程序	15	A	作业程序符合要求						
			B	作业程序齐但有颠倒						
			C	作业程序顺序对但缺项						
			D	作业程序缺项且颠倒						
			E	无法完成作业						
3	质量标准	15	A	符合质量标准						
			B	一处不符合质量标准						
			C	两处不符合质量标准						
			D	三处不符合质量标准						
			E	三处以上不符合质量标准						
合计配分		40		合计得分						

考评员（签名）：

等级	A（优）	B（良）	C（一般）	D（合格）	E（差）
比值	1.0	0.8	0.6	0.4	0

"评价要素"得分 = 配分 × 等级比值

2．参考答案

(1) 工器具及材料选择

1) 主要工具：常用扳手、车梯、导高拉出值测量仪、手扳葫芦、钢丝套。

2) 安全用具：接地棒、验电器、安全带、安全帽。

3) 主要材料：腕臂绝缘子。

(2) 作业程序

1) 进行腕臂瓷瓶的更换

①卸载：将腕臂上的承力索和导线重力卸载。

②拆除旧瓷瓶。

③安装新瓷瓶，注意瓷瓶出水孔安装方向朝下。

④加载：将承力索和导线加载到腕臂上。

2) 工作结束后对工器具及材料进行清理。

(3) 质量标准

1) 瓷瓶出水孔方向朝下。

2) 螺栓紧固按照标准力矩。

3) 导高维持更换前数据。

4) 拉出值维持更换前数据。

5) 开口销安装到位，开口角度大于90°。

6) 腕臂绝缘子无破损。

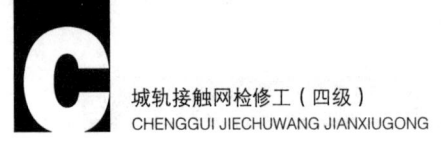

城轨接触网检修工（四级）操作技能鉴定试题单

试题代码：3.2.4。

试题名称：刚性悬挂导高、拉出值、槽钢水平度的调整。

考核时间：25 min。

1．操作条件

（1）刚性接触网线路停役。

（2）两人辅助推梯车。

2．操作内容

（1）选择工作所需的工器具。

（2）调整悬挂导高、拉出值、槽钢水平度。

3．操作要求

（1）正确选择和使用工器具。

（2）操作流程符合规范作业程序。

（3）使调整后的设备状态满足质量标准。

城轨接触网检修工（四级）操作技能鉴定试题评分表及答案

考生姓名：　　　　　　准考证号：

1. 试题评分表

试题代码及名称		3.2.4 刚性悬挂导高、拉出值、槽钢水平度的调整			考核时间					25 min
评价要素		配分	等级	评分细则	评定等级					得分
					A	B	C	D	E	
1	选择和使用工器具	5	A	选择和使用工器具正确规范						
			B	选择工器具有一项错误						
			C	选择工器具有两项错误						
			D	选择工器具有三项错误						
			E	选择工器具有三项以上错误						
2	调整操作	10	A	调整操作规范准确						
			B	调整操作有一项不规范						
			C	调整操作有两项不规范						
			D	调整操作有两项以上不规范						
			E	未能完成调整操作						
3	质量标准	5	A	调整结果符合全部质量标准						
			B	有一项质量标准未达到						
			C	有两项质量标准未达到						
			D	有三项质量标准未达到						
			E	有三项以上质量标准未达到						
合计配分		20		合计得分						

考评员（签名）：

等级	A（优）	B（良）	C（一般）	D（合格）	E（差）
比值	1.0	0.8	0.6	0.4	0

"评价要素"得分 = 配分 × 等级比值

2. 参考答案

（1）工器具的选择

1）主要工具：常用扳手、激光测量仪、火花塞扳手、内六角扳手、放线小车、常用五金工具若干。

2）安全用具：刚性接地棒、刚性验电器、安全帽、安全带。

(2) 作业程序

1）导高的调整。测量调整定位点的导高，做好记录；松开 T 形头螺栓的螺母，使得导高达到要调整的数值；拧紧 T 形头螺栓的螺母，重新测量导高并记录。

2）拉出值的调整。测量调整定位点的拉出值，做好记录；松开绝缘子和垂直悬吊槽钢的紧固螺栓，在垂直悬吊槽钢腰子槽中按照新拉出值移动绝缘子及汇流排定位线夹，使得拉出值达到要求；拧紧螺栓，重新测量拉出值并记录。

3）垂直悬吊槽钢水平度的调整。测量调整定位点的垂直悬吊槽钢两侧最外端的数据（两个），做好记录；松开 T 形头螺栓的螺母，使得这两个数据相等；拧紧 T 形头螺栓的螺母，重新测量垂直悬吊槽钢两侧最外端的数据（两个），并记录。

4）工作结束后由工作负责人对人员、工器具及材料进行清点。

(3) 质量标准

1）全线路导高控制在 ±5 mm 范围内。

2）相邻悬挂点导高的相对高差一般不得超过所在跨距值的 0.5‰，设计变坡段不应超过 1‰。

3）跨中弛度不得大于跨距值的 1‰，且不应出现负弛度。

4）拉出值误差为 ±10 mm。